노동학총서 8

공공성 실현을 위한
공공기관 거버넌스

고려대학교 노동문제연구소
박태주 · 이종선 · 이원희 · 우윤석 · 김성희 · 김종권 · 남태섭

백산서당

발간사

코로나 19 팬데믹을 거치면서 급속하게 진행되고 있는 디지털 전환과 기후 위기에 대응하기 위해서는 공공기관의 역할과 사회적 책임 그리고 이를 뒷받침할 수 있는 새로운 공공이론의 정립이 그 어느 때보다 절실하게 요구되고 있다. 공공기관의 기본 설립목적은 시장실패를 해소하고 시장을 통해 공급하기 곤란한 보편적인 공공서비스를 제공함으로써 국민경제의 성장·발전을 지원하고 전체 국민의 삶의 질을 향상하기 위한 것이라 할 수 있다.

공공기관은 국민의 세금에 기초한 재정으로 운영되는 만큼 공공기관의 운영과 관리는 투명하고 책임성 있게 이루어져야 한다. 무엇보다 공공기관은 자신들에게 부여된 사회적 책무와 공공적 가치를 실현할 수 있도록 기관의 지속가능성과 책임경영체제를 갖추어야 한다. 정부는 2007년 '공공기관 운영에 관한 법률'을 제정하여 공공기관의 자율 경영과 책임경영체제의 확립을 꾀하고 공공기관 지배구조를 통해 공공기관에 부여된 역할과 사회적 책임을 다할 수 있도록 다양한 노력을 기울이고 있다.

이 연구는 공공기관의 공공성 강화와 책임경영을 위한 지배구조 혁신방안의 하나로 공공기관 운영위원회의 위상과 역할을 재점검하고 공공기관 운영위원회의 구성 및 운영을 비롯한 지배구조 혁신을 위한 제도개선 방향을 모색하고 있다. 특히, 이 연구는 신공공관리론에 대한 비판적인 검토를 바탕으로 공공기관 지배구조 개선, 공공기관 경영평가체계 그리고 공공정책 결정 과정에서의 노동 참여방안에 관해 심층 분석함으로써 공공기관의 합리적 지배구조모델을 정립하고 사회적 파트너들의 참여와 협력 방안을 제시하고 있다.

공공기관의 개혁은 새 정부의 핵심과제 중 하나이다. 새 정부의 바람직한 공공정책 및 관리 방향은 '사회적 가치'와 공공성 실현을 위한 노동의 참여와 민주적 거버넌스가 전제되어야 한다. 이를 위해 '사회적 통합'과 '공공성 실현'이라는 관점에서 공공기관의 주요 이해관계자의 자발적 참여와 협력적 거버넌스 구축 그리고 공공정책 및 임금 결정 과정에서 노동자와 시민의 참여를 촉진할 수 있는 정책 방향 및 구체적인 정책 방안을 통해 뒷받침되어야 한다. 특히 공공기관의 지속가능한 발전과 공공성 실현을 위해서는 공공기관 이해관계자 사이의 민주적 거버넌스 구축과 대화 노력이 매우 중요하다는 점을 지적하지 않을 수 없다.

끝으로 이 연구는 한국노총 공공부문 노동조합협의회가 노동문제연구소에 위탁한 프로젝트에 기초한 것으로써 이 자리를 빌려 공공노련 박해철 위원장, 공공연맹 류기섭 위원장 그리고 금융노조 박홍배 위원장님께 감사의 말씀을 드린다. 아무쪼록 이 연구가 공공부문의 노사관계 발전뿐만 아니라 지배구조 개선과 공공기관의 사회적 가치와 공공성 실현에 실질적 도움이 될 수 있기를 바란다.

고려대학교 노동문제연구소장

박지순

차 례

표 차례

그림 차례

제1장

서론

제 1 절

연구 배경 및 목적

1. 연구 배경

공공기관의 설립 목적은 정부의 기업활동을 수행하여 시장실패를 해소하고 시장에서 공급하기 힘든 보편적인 공공서비스를 제공함으로써 국민경제의 성장·발전을 지원하고 전체 국민의 삶의 질을 향상하기 위한 것이다. 공공기관의 존재 이유는 바로 사회적 차원의 보편적 필요와 공공적 사회적 가치 및 사회 안전망을 구축하기 위한 것이라 할 수 있다.

공공기관은 국민의 세금에 기초한 정부 재정으로 운영되는 만큼 공공기관의 운영과 관리는 투명하고 책임성 있게 이루어져야 한다. 또한 공공기관들이 자신들에게 할당된 고유한 공공적 가치를 실현할 수 있도록 기관의 지속 가능성과 자율적 경영이 담보되어야 한다. 하지만 현행 공공기관의 지배구조는 신자유주의 흐름을 반영한 신공공관리론(New Public Management, NPM)[1]의 영향 아래에서 설계됨으

---

1) 신공공관리론(New Public Management)은 전통적인 관료제를 극복하고 작은

로써, 공공재를 생산하는 공공기관이 수익성 지표를 토대로 경영성과를 평가받고 있다. 그 결과 공공기관의 설립 목적인 사회적 가치의 실현과 이를 효율적으로 달성하기 위한 수단으로 제시된 수익성 평가 지표가 공공기관의 합리적 운영에 많은 어려움을 낳고 있다. 따라서 사회적 가치를 강조되는 현 정부의 정책 취지에 맞게 공공기관의 운영과 관리방침에 대한 전면적 재검토가 요구되고 있다. 그뿐만 아니라 내부 구성원들은 임금과 근로조건은 물론 공공적 의사결정 과정에서 배제되는 구조가 계속되고 있어 노동 참여적인 의사결정 구조의 구축이 시급한 실정이다.

현행 「공공기관의 운영에 관한 법률」은 2005년 OECD '공기업 지배구조 가이드라인' 에 근거를 두고 있으나, OECD가 이후 10년의 시행 경험을 반영하여 2015년 공기업 지배구조 가이드라인을 개정함에 따라 국내 「공공기관운영법」에 대한 전면적 재검토 및 개정이 필요한 시점이다. 게다가 2008년 금융위기를 계기로 신자유주의에 이어 공공기관의 운영을 지배했던 신공공관리론이 퇴조함에 따라 이를 대체할 새로운 공공기관 관리방침이 필요한 시점을 맞이하고 있다. 특히, 2022년 대통령선거와 맞물려 현재 공공기관의 지배구조 및 운영에 관한 심층적 연구를 통해 향후 공공기관의 올바른 발전 방향과 지속 가능성의 토대를 제공할 필요는 매우 높다고 할 수 있다. 이를 위해 이 연구에서는 기존의 「신공공관리론」을 비판적으로 검토하고

정부를 구현하기 위해 개발된 행정학 이론이다. 1980년대 마거릿 대처 정부와 로널드 레이건 정부가 추진한 시장 지향적인 정부 개혁에서 비롯되었다. 그 골자는 경쟁의 원리에 기반한 시장 체제를 모방해 정부 관료제의 효율성을 높이자는 것이다. 주요 정책 수단으로 인력 감축, 민영화, 재정지출 억제, 책임 운영기관, 규제 완화 등이 있다.

사회적 가치를 중시하는 새로운 공공이론을 발굴함으로써 공공기관의 공공성 강화 및 대안적 공공기관 지배구조 방안을 모색해 보고자 한다.

2. 연구 목적

이 연구는 공공기관 지배구조 혁신방안과 함께 공공기관 경영평가체계 개선방안을 마련하고 나아가 임금과 근로조건을 비롯한 공공정책 결정 과정에 대한 노동 참여 방안을 마련하는 것을 주요 목적으로 하고 있다. 먼저 연구는 공공기관의 공공성 강화와 민주적 운영을 위한 지배구조 혁신방안을 모색한다. 여기에는 「공공기관 운영에 관한 법률」개정안을 마련하여 공공기관 운영위원회의 위상과 역할을 재점검하고 나아가 공공기관 운영위원회의 구성 및 운영을 비롯한 지배구조 혁신을 위한 제도개선 방향을 제시한다.

둘째, 이 연구는 공공기관 경영평가체계 개선방안을 모색한다. 특히 이 연구에서는 현행 공공기관 운영 및 경영평가체계를 비판적으로 검토하고 새로운 평가체계 및 기준을 제시한다. 이를 위해 공공기관 경영평가의 역할과 기능, 경영평가제도 현황 및 문제점을 분석하고 이를 바탕으로 새로운 공기업과 준정부기관에 대한 경영평가제도를 개선하기 위한 구체적 방안을 제시한다.

셋째, 연구의 또 다른 목적은 공공정책 결정 과정에 대한 노동의 참여 방안을 마련하는 일이다. 즉 공공기관 임금 및 근로조건의 결정과정, 공공기관 운영에 관한 공공정책의 형성과정에 노동의 참여를 통해 공공기관 노사관계 발전방안을 모색한다. 특히 공공기관위원회

운영 경험을 바탕으로 공공기관 노동자의 임금 및 근로조건 결정 과정 참여를 위한 노정 교섭을 제도화하는 방안을 제시한다. 이를 위해 연구는 기획재정부의 일방적인 통제 위주의 방식에서 벗어나 노동존중 사회 실현과 민주적 공공기관 운영방안의 하나로 공공기관 관련 산업·공공정책의 형성과정에 대한 노동의 참여 방안에 초점을 맞추고 있다.

요컨대 이 연구는 공공기관의 지배구조 개선, 공공기관 경영평가 체계, 그리고 공공정책 결정 과정에서의 노동 참여 방안에 관한 심층적인 연구를 통해 새 정부의 올바른 공공기관 지배구조모델 정립과 실질적 노동 참여 강화에 이바지하고자 한다.

제 2 절

주요 선행연구

공공기관 운영위원회를 중심으로 하는 공공기관의 외부지배구조와 경영평가제도의 개선, 그리고 공공기관의 의사결정에 대한 노동조합의 참여 방안과 관련된 연구는 주로 공공기관의 지배구조와 개선 방향이 주를 이룬다. 먼저, 공공기관의 지배구조에 대한 대표적인 연구로는 허경선・라영재(2011)의 『공공기관 성과 향상을 위한 공공기관 지배구조의 연구』(한국조세연구원)와 김철(2015)의 『공공기관의 운영에 관한 법률 개정의 쟁점과 대안: 관료 통제에서 민주적 지배구조로』(사회공공연구원)를 들 수 있다.

허경선・라영재(2011)에 따르면 공공기관의 지배구조는 공공기관의 전략적 의사결정과 경영활동이 국가와 국민의 이익을 위해서 이루어지도록 작동하는 이해관계자들에 의한 견제・감시구조를 의미한다. 이 연구는 국내 공공기관 지배구조의 현황 진단과 개선방안을 제시하는 것을 목적으로 하고 있다. 보고서에 따르면, 국내에서도 2007년 이후 법률과 제도 면에서 OECD 가이드라인에 대한 인식이 매우 높게 나타나지만, 실제 운영 면에서 있어서는 법률과 제도에 부합하지 않은 경우가 많은 것으로 나타나고 있다. 특히 이 보고서에서는 향후 공공기관 지배구조 개선과 관련하여 첫째, 이사회의 실질적 운영, 둘째, 공공기관 이해관계자별 의견을 수렴하기 위한 지속적인 의사소통 장치 마련 등을 제시하고 있다.

김철(2015)은 「공공기관의 운영에 관한 법률」(이하 공운법) 개정의 쟁점을 공공성 중심으로 공공기관 체제의 재구성, 공공기관 외부지배구조의 민주화 및 독립성 강화, 공공기관 내부지배구조의 민주적 재편 및 이해관계자의 참여 확대, 그리고 공공기관 평가제도 개선 및 부채 관리 등을 구분하여 검토한다. 특히 공공기관 외부지배구조의 민주화 및 독립성 강화와 관련하여 공공기관 관리 및 개혁업무를 전담하는 독립적인 정부 기관을 설립하는 것이 중요하다고 강조한다. 이를 위해 현행의 공공기관운영위원회(이하 공운위)를 국무총리실로 이관하는 한편 공운위에 관련 예산에 대한 사전협의권 부여, 공운위 위원장의 민간인(혹은 국무총리와 공동위원장 체제구축), 정부위원 구성의 격상 등을 주장하고 있다. 또한 경영평가제도의 개선과 관련하여 재무적 효율성을 중심으로 한 현행의 '경영평가'를 공공서비스 증진을 전제로 한 공공기관의 민주적이고 자율적인 '운영평가'로 대체하고, 평가 기준으로 공공성을 추가하는 한편 경영평가단을 공운위 산하에 상실조직으로 구성할 필요가 있다는 사실을 강조하고 있다.

공공기관 개선 방향에 관한 대표적인 연구로는 조수진(2015), 김현희・박광동(2015) 등이 있다. 조수진(2015)은 참여연대 행정감시센터, 조세재정개혁센터 주최, 공공기관 개혁 연속토론회 자료집 「이명박 정부 자원외교 사례를 중심으로 본 공기업 제도 개선방안」에서 공공기관 지배구조의 문제점을 개선하기 위한 4대 개선방안으로 첫째, 임원 선임제도 개선, 둘째, 이사회와 감사 책임 강화, 셋째, 공공기관 외부 감독기관 강화, 넷째, 공공기관 사업평가제도 개선 등을 제안하고 있다. 특히 공공기관의 투명한 운영과 감시를 위해 임원추천위원회, 이사회와 공공기관 운영위원회에 대한 노동계 및 시민사회단체 추천인 포함, 감사위원회 위원 자격 및 운영 규정 강화, 공공기관 운영위원회 기능 강화 등을 제안한다.

김현희・박광동(2015)은 공공기관의 사회적 가치 강화를 위한 관련 법제 개선방안 연구"(한국법제연구원)에서 공공기관의 '목적'으로서 사회적 가치와 공공기관의 '조직・작용원리'로서 사회적 가치를 개념적으로 검토하고 이를 토대로 공공기관의 사회적 가치실현을 위한 법제 개선방안을 제시한다. 공공서비스를 제공하는 것이 본연의 임무인 공공기관은 존재 이유 자체만으로도 사회적 가치를 실현하기 위한 존재이나 그동안 우리나라에서의 공공기관은 정부 투자기관 또는 정부산하기관으로서 정부의 편에서 또는 그 아래에서 제약과 통제의 대상이 되면서 관료화되어 왔다. 따라서 공공기관은 정부와 민간을 매개하는 중요한 주체로서, 본연의 임무 외에 자신과 관련된 사회적 가치를 실현할 수 있어야 하고, 이에 국가 및 지방자치단체는 공공기관이 독립적이고 자율적으로 사회적 가치가 있는 활동을 할 수 있는 여건을 조성하여 주는 것이 필요하다는 게 이 연구의 주장이다. 또한, 사회적 가치 기본법안은 공공기관을 사회적 가치를 실현하는 주체로서의 책무를 부여하고 있는바, 공공기관이 이러한 책무를 잘 수행할 수 있으려면 공공기관에 대한 기존 제도의 문제점들을 개선하고, 공공기관이 사회적 가치를 실현할 수 있는 영역과 방법 등에 대한 다양한 시도들을 제도화해야 한다고 주장한다.

그 외에도 『공공부문 정상화 정책 진단(노광표, 2015), 『사회 공공성 제고』(김기우 외, 2016), 『공공기관 노정 교섭 제도화 방안』(박태주・이종선 외, 2017), 『공공기관 경영평가 제도』(정동관 · 김경근 외, 2020) 등 다양한 측면에서 연구가 진행되었다. 노광표(2015)는 "공공부문 정상화 정책 진단과 향후 전망"에서 2013년 하반기 이후 박근혜 정부하에서 추진된 제1, 2단계 공공기관 정상화 조치의 주요 내용 및 추진 과정, 그리고 결과를 비판적으로 검토하고 있다. 이 연구는 공공기관 정상화 조치와 관련 공공기관 노사관계를 대립과 갈등이 아니라 동의를 바탕으로 한 참여적 노사관계로 변화시키는 방안의 하나로 공공부문 단체교섭 구조의 집중화와 집단적 의사소통의 제도화가 중요하다는 점을 지적한다. 또한 '모범 사용자'로서 정부의 역할을 강조하면서 경영평가제도와 '공공기관운영위원회'의 개편을 주장하고 있다.

김기우 외(2016)는 『사회 공공성 제고를 위한 「공공기관의 단체교섭에 관한 법률」 제정에 관한 연구』에서 독일과 프랑스 등 외국 사례에 대한 분석을 통해 초기업 단위 공공 교섭방안을 제시하기 위해 '공공기관의 단체교섭에 관한 법률'(가칭)의 제정에 관한 연구 결과를 제시하고 있다. 특히 이 연구는 많은 공공기관 노동조합들은 현행 공운법 상의 제한요소와 정부 주도로 이뤄지는 공공기관 단체교섭에 주목하고 있다. 그리하여 공공기관의 공공성을 높이기 위해 공공기관 운영위원회 등 지배구조를 개선하고 노동 참여적인 교섭제도를 마련하는 것이 필요하다고 주장한다.

박태주 · 이종선 외(2017)는 『공공기관의 노정 교섭(정책협의) 제도화 방안』에서 공공부문의 노정 교섭방안의 필요성 및 구체적인 방안에 관한 심층적인 연구를 통해 공공기관 노정 사이의 정책협의와 노사 간 집단교섭 방안을 제시하고 있다. 이 보고서에서는 공공기관 노정관계의 바람직한 발전전략을 ① 노정 교섭 실현방안. ② 대정부 협의 및 집단교섭, ③ 기타(정부 참여하의 변형된 집단교섭, 서울 모델의 사례) 등의 관점에서 살펴보고 있다. 특히 이 연구는 구체적인 공공부문 노정 교섭 및 정책협의 방안으로써 첫째, 공공기관 노조와 정부는 사회적 대화 기구를 구성해 예산 및 공공기관 운영과 관련한 사항을 협의할 것, 둘째, 단체교섭 사항인 근로조건과 임금의 배분 방식 등을 논의하는 단체교섭의 틀로서 업종차원의 집단교섭과 기업 차원의 보충 교섭을 중층적으로 배치할 것, 셋째, 노동조합의 실질적인 참가를 실현할 수 있도록 제도적인 조건을 정비하는 한편 사용자 단체의 구성과 공공부문 노동조합의 통합 및 산별 전환 등을 주요한 과제로 제시하고 있다.

정동관・김경근 외(2020)는 『공공기관 경영평가 제도에 관한 비판적 분석』에서 외국(영국, 독일, 프랑스)의 공공기관 경영관리 및 평가제도를 살펴보고 이를 바탕으로 한국의 공공기관 경영평가제도에 대한 시사점을 도출하고 있다. 특히 한국의 공공기관 평가 제고를 시기별로 분석하여 경영평가제도의 제도적 변천을 살펴보면서 2007년 경영평가제도 도입 당시의 근본적인 틀은 그대로 유지되고 있음을 밝히고 있다. 즉 기획재정부의 소유권 행사와 공운위의 역할 미비, 그리고 경영개선 정보의 제공이 아닌 성과급 지급과 인사상 조치 등에 활용되고 있는 경영평가제도의 기능 왜곡을 지적한다. 이 연구는 대안으로서 공공기관 분류체계의 재편과 평가 결과 활용에서 성과급 비중 및 차등 폭의 축소, 평가 주기의 연장, 주요 사업 범주의 평가 변별력 강화 등을 제안하고 있다.

이 연구에서는 이상에서 살펴본 공공기관의 지배구조 및 공공기관 경영평가 제도에 관한 주요 선행연구를 바탕으로 새 정부의 공공성 실현을 위한 공공기관의 민주적 지배구조 확립과 경영평가제도 개편, 그리고 공공기관 임금 결정 과정에서의 노동 참여 방안에 대해 살펴보고자 한다.

제 3 절

연구 내용

이 연구는 크게 네 부분으로 이뤄진다. 첫째, 공공기관 지배구조 개선방안에 대해 이론적으로 검토한다. 둘째, 공공기관의 지배구조, 특히 공공기관 운영위원회 개선방안을 제시하고, 셋째, 공공기관 경영평가체계 개선방안을 제시한다. 넷째, 공공기관 임금 결정구조 분석 및 노동 참여 방안을 제시한다.

먼저 공공기관 지배구조 방안에 대한 이론적 검토에서는 지난 30년 이상 공공기관 지배구조를 뒷받침했던 신공공관리론을 비판적으로 검토하고 대안으로서 새롭게 제시되고 있는 신공공서비스론(New Public Service, NPS)과 신공공거버넌스론(New Public Governance, NPG)을 검토한다. 이는 이후 진행되는 각 장 연구의 이론적 토대가 될 것이다. 이러한 이론적 연구를 기반으로 먼저 공공기관 지배구조를 개선하는 방안으로서 공공기관 운영위원회의 위상 재정립과 구성 및 운영 개선방안을 검토한다. 이를 위해 공공기관 운영위원회를 중심으로 현행 공공기관 지배구조 현황 및 문제점을 분석한다.

다음으로는 공공기관 경영평가체계 개선방안을 제시하는 부분이다. 구체적으로는 공공기관 경영평가체계 현황 및 문제점 분석에 이어 공공기관 경영평가체계 개선방안을 제시한다. 마지막으로는 공공기관 임금 결정구조 분석 및 노동 참여 방안을 검토한다. 여기에는 공공기관 임금 결정구조 현황 및 문제점 분석, 해외 임금 결정구조 및 노동 참여 사례 분석을 바탕으로 공공기관에서 초기업별(산별) 단체교섭을 제도화하는 방안을 모색한다.

제 4 절

연구 방법 및 활용방안

이 장의 연구는 기본적으로 문헌 조사와 관련자 면담 등으로 이뤄진다. 문헌 조사에는 공공기관 지배이론에 대한 국내외 문헌 분석과 기존 연구 결과에 대한 분석을 포함한다. 또한, 면담에서는 노동조합 정책담당자와 지배구조(공공기관 운영위원회) 관련자, 경영평가에 대한 실태조사를 포함한다. 경영평가 실태조사의 경우 필요하다고 판단하여 집단 면접(Focused Group Interview)도 진행했다. 이 장의 구체적인 연구 방법은 다음과 같다.

먼저 OECD에서 발표한 2015년 가이드라인을 포함해 공공부문 지배구조에 대한 이론적 문헌 및 연구를 검토한다. 또한, 국내외 공공부문 지배구조 이론 및 사례를 분석한다. 공공부문 임금 결정구조 및 노동 참여에 관한 사례 및 현황 분석에서는 국내외 공공부문 임금 결정구조 및 노동 참여에 관한 사례를 분석하고 국내 공공부문 임금교섭 현황 및 기초자료를 분석한다. 이 과정에서 공무원 보수위원회도 검토의 대상이 된다.

2장에서 실행한 연구 방법으로 공공부문 노사정 관계자 집단 면접을 실시했다. 여기에는 공공기관 산별 노동조합 간부, 사용자단체, 정책관계자를 중심으로 한 공공기관 지배구조, 노동 참여 및 교섭방안, 경영평가체계에 대한 인터뷰를 포함했다. 필요한 경우 공공부문 지배구조 및 노동 경영 참여 방안 관련 정책 워크숍이나 전문가 자문을 활용했다. 특히 공공상생연대기금에서 운영하는 공공상생포럼이 동일 주제를 가지고 포럼을 진행하고 있는 만큼 상호 긴밀한 연대를 통해 이견을 조율하였다. 마지막으로, 연구 결과에 대한 토론회를 개최하여 연구 결과에 대한 정책담당자의 피드백을 수렴하고 논의의 확산을 시도했다.

이 연구는 공공부문 지배구조 혁신방안 및 공공정책 결정 과정에서의 노동 참여 방안 연구를 통해 2022년도 차기 대선 관련 공약 및 주요 정책과제로 제시하고 이를 통해 공공기관의 공공성 강화를 위한 「공공기관운영법」의 전면 개정 및 대안적 공공기관 지배구조 관련 제도개혁 완수를 목표로 한다. 특히 2022년 대통령선거 과정에서 공공기관 관련 제도개혁 방안을 선제적으로 제시함으로써 향후 공공정책 수립과정에서 공공부문 노동자들이 정당한 요구 및 정치적 영향력 강화를 도모한다. 마지막으로 공공기관의 제도적 운용 및 평가와 관련한 새로운 공공이론을 제시함으로써 향후 공공기관 임금 및 근로조건의 결정, 공공기관 운영 및 공공정책 형성과정에서 노동의 획기적 참여 방안을 제시하고 공공기관 노사관계 발전 토대를 마련해 보고자 한다.

제2장

공공관리 이론 검토 및 시사점

제 1 절

문제 제기

1980년대 이후 새로운 공공기관 관리이론으로 이른바 '신공공관리론(NPM)'이 대두하였다(김철, 2012). 신공공관리론은 기존의 전통적 행정학과 달리 '계약에 의한 관리(management by contract)'와 '경쟁' 등을 통해 공공기관에도 효율적인 지배구조를 도입해야 한다는 점을 강조한다는 면에서 정부 혁신은 물론 공공기관 혁신의 이론적 근거로 주목을 받게 되었다. 하지만 이후 신공공관리론이 공공부문이 갖는 차이를 인정하지 않고 효율성(efficiency)만을 추구함에 따라 공익적 가치가 저해될 수 있다는 지적이 대두하게 된다(Alford, 1993). 요컨대 고객 만족을 위한 성과와 자율 관리를 강조한 결과, 역설적으로 공공기관이 고객의 수요를 자신들의 관점에서 파악하는 아전인수 격의 우를 범했다는 주장(Dunleavy, 2006)이 그것이다. 이러한 문제의식에 바탕을 두어 대두한 이론이 바로 '신공공거버넌스론(NPG)'과 '신공공서비스론(NPS)'이라 할 수 있다.

한국행정연구원(2021)에 따르면 과거 노무현 정부 때의 '정부 혁신'은 '일 잘하는 정부'를 지향하면서 국민의 참여를 강조한 점에서 신공공관리론에서의 관리혁신과 신공공거버넌스론적 참여가 절충되었다면, 박근혜 정부 때의 '정부 3.0'은 공공정보의 개방과 공유를 중심으로 소통을 강조한 점에서 후기 신공공관리론(post-NPM) 관점에서의 협업에 방점을 두었던 것으로 볼 수 있다. 문재인 정부 초기의 정부 혁신은 관리혁신보다 시민과의 협력을 통한 사회문제 해결이라는 거버넌스 혁신, 경제적 효율성보다 공공성 제고를 위한 사회적 혁신을 강조하였고 최근에는 코로나로 인한 비대면 상황에서 디지털 전환을 앞당긴 서비스 혁신을 강조한 점에서 신공공거버넌스론과 신공공서비스론을 결합한 형태로 볼 수 있다.

이 장에서는 공공관리와 관련하여 1980년대 이후 이루어진 세 가지 접근방법, 즉 신공공관리론, 신공공거버넌스론, 신공공서비스론에 대한 분석을 통해 공공기관 지배구조 개편에 시사하는 점을 발견하는 것을 목표로 한다. 최근에 발생한 코로나19에서 보듯이 공공기관을 포함한 공공부문의 역할과 대응이 중요해졌고, '중대산업재해법' 제정을 계기로 안전과 생명의 가치에 대한 존중이 커졌으며, 기후변화에 따른 환경적 변화에 대응하여 지속 가능한 사회적 가치 창출에 이바지하기 위한 ESG 운동이 등장하는 등 과거 이론과 다른 시대적 변화가 발생했기 때문이다. 이러한 변화에 적절히 대응하기 위해서는 공공기관의 지배구조도 적절히 변화할 필요가 있는데 기존 이론에 대한 검토와 시사점 도출은 새로운 변화 방향 정립에 유의미한 함의를 줄 것으로 기대한다.

제 2 절

신공공관리론

1. 배경과 의의

신공공관리론은 시장의 실패를 치유하기 위한 정부 개입이 정부가 감당할 수 없는 수준의 행정수요 유발과 정부 업무 과부하를 초래함에 따라 발생하는 정부 실패에 대한 대응책으로, 1980년대부터 미국과 영국을 중심으로 시장 지향성과 신관리주의에 따라 대두된 공공 관리방안(Terry, 1988)이라 할 수 있다. 시장 지향성(Market orientation)은 민영화와 민간 위탁, 규제 완화 등을 통해 정부의 독점적 공공서비스 제공 권한을 민간과 공유·경쟁함으로써 고객 만족을 달성하고자 하는 접근방법이며, 신관리주의(New Managerialism)는 내부 규제 완화와 분권, 재량권 부여 등을 통해 현장 중심의 행정과 정부 업무의 합리적 축소조정을 유도하고자 하는 접근방법을 말한다(우윤석, 2007). 시장주의에 따라 성과를 강조하는 입장에 따르면, 성과를 못 내어 경쟁에서 낙오되는 경우 시장에서와 같은 퇴출 메커니즘(exit mechanism)을 따르게 된다. 신관리주의적 이론에 따르면 정치인이나 공무원은 공익이 아니라 자기 이익을 추구하는 존재이고,

그들은 국민의 이익보다 자신들의 이익을 더 우선하는 존재이기 때문에 공공부문 운영에 들어가는 비용이 매우 크다고 간주한다.

2. 주요 내용[2)]

신공공관리론은 시장적 접근이 다른 어떤 제도보다 자원 배분에 있어서 우월하다는 믿음을 바탕으로 정부의 역할과 규모, 운영에 있어서 혁신과 경쟁의 원리에 따라 능률성과 효과성을 재고할 것을 요구한다(우윤석, 2007). 기존 행정학(Old Public Administration, OPA)의 이론적 기반이었던 계층제의 폐해를 극복하는 방안으로 시장적 접근에 주목한 결과라고 할 수 있다(Sorrentino 외, 2018). 이를 위한 핵심 요소로서 작은 정부론에 기초한 정부 규모와 기능 축소, 불필요한 절차와 제약으로부터의 자율성 증대(Liberation management), 경쟁과 고객 중심주의에 입각한 성과관리를 강조하고 있다. 신공공관리론이 추구하는 목표는 정부의 재창조(reinvention), 재구조화(restructuring), 업무 재설계(re-engineering), 민영화(privatization), 방향설정(steering) 등 다양한 이름으로 정의되고 있지만(양기용, 2000), 결국은 공공부문의 효과성 증대와 대응성 향상, 책임성 확보, 지출 규모의 축소 등을 추구하는 개념(Boston. et al, 1996)이라 할 수 있다. 신공공관리론의 행정 시스템과 전통적 행정 시스템의 차이점을 살펴보면 다음과 같다.

2) 이 부분에서 특별한 언급이 없는 경우 대부분 우윤석(2021)을 인용하였다.

〈표 2-1〉 전통적 행정시스템과 신공공관리 행정시스템의 원리 비교

전통적 행정시스템의 원리	신공공관리 행정시스템의 원리
■ 법령, 규칙에 의한 관리	■ 목표와 업적에 의한 관리
■ 단일 직무에 특화된 분업시스템 : 기능적 원리의 지배	■ 서비스 공급의 효율화를 위한 유연한 조직 운영 : 통합원칙의 중요성 증대
■ 명확한 계층제 시스템 : 하향식 통제	■ 자율적인 업적평가 단위인 소규모 조직 간의 계약에 의한 관리 : 느슨한 조직간 N/W 관리
■ 전략적 관리 결여 : 온정주의적 고객관	■ 고객의 수요를 반영하는 관리
■ 서비스 제공의 단일성 : 형평성 원리	■ 경제성, 효율성, 효과성을 강조하는 기업원리
■ 경쟁적 수단의 한정적 활용	■ 경쟁적 수단의 광범위한 활용

자료: 주재복 외(2005: 15)에서 재정리.

신공공관리론의 특징은 기관 분산화(agencification), 경쟁, 성과와 책임 강조, 고객 지향성 등으로 요약할 수 있다. 기관 분산화는 대규모 관료제 조직을 작은 단위의 복수 조직으로 분리하는 것을 의미하는데, 이를 통해 경쟁할 수 있기 때문이다. 성과와 책임의 강조는 더 나은 성과를 올린 조직이나 개인에게 더 좋은 보상을 제공한다는 것이고, 고객 지향성은 공공부문도 고객 만족을 추구해야 함을 의미한다. 한편 신공공관리론(NPM)의 가장 중요한 요소라고 할 수 있는 시장 지향성을 가격, 경쟁, 고객 차원에서 살펴보면 다음과 같다.

1) 가격(price)

민간시장에서는 가격을 통해 최적의 효율성이 달성되는 데 반해 정부나 국회가 공공서비스의 공급을 결정할 때는 정치적인 이해관계

가 작용한다. 서로 다른 이해관계를 조정하는 과정에서 정치적인 영향력이 큰 파워 엘리트 집단의 입김이 더 크게 작용할 수밖에 없기 때문이다. 신공공관리론에서 가격을 고려하라고 하는 것은 공공서비스를 공급할 때 이러한 정치적 영향력이 아니라 실제 수요를 반영하라는 것과 공공서비스를 생산할 때 비용 효율성을 확보하라는 것을 의미한다. 전자는 정책수요자가 비용부담 용의나 능력이 있을 때 공공서비스를 공급하라는 차원인 점에서 수익자 부담원칙(beneficiary pays principle) 또는 이용자 부담원칙(user pays principle)을 적용하라는 의미이다. 후자는 적은 비용으로 동일한 산출을 달성하거나 동일한 비용으로 많은 산출을 달성하라는 일반적인 효율성 개념 외에 투입한 비용을 회수(cost recovery)하라는 개념도 포함된 것으로 볼 수 있다.

2) 경쟁(competition)

신공공관리론은 시장 기제에 의한 경쟁이 더 높은 효율성을 달성할 수 있기때문에 공공부문에도 경쟁을 도입해야 한다고 주장한다. 경쟁을 거치면서 고비용 저효율 조직이나 개인은 쇠퇴하고, 저비용 고효율 조직이나 개인은 더 높은 성과를 창출하는 메커니즘이 작동할 수 있기 때문이다. 공공 내부의 경쟁은 공공부문의 조직 단위 또는 개인 단위에서 서로 경쟁하는 시장 기제가 부분적으로나마 작동할 수 있는 내부시장(internal market)을 형성하는 것을 의미한다. 중앙부처를 대상으로 한 정부 업무 평가, 공공기관을 대상으로 한 경영평가 등은 조직 단위에서 경쟁을 유도하고, 고위공무원을 대상으로 한 성과 평가 등은 개인 단위에서 경쟁을 유도하는 장치라고 할 수 있다. 경쟁이 의미 있으려면 고성과 조직이나 개인에 대한 차별적인 인센티브 제공과 저성과 조직과 저성과자를 퇴출할 수 있는 장치가 마련되어야 한다는 전제가 필요하다.

공공 및 외부와의 관계에서 경쟁은 관련 업무를 외부에 외주함으로써 업무를 수행하는 기관 간에 경쟁이 작동하도록 하는 것으로, 외부기관 간 경쟁이 발생할 경우 공공은 경쟁력이 좋은 외부기관을 선택하기만 하면 최적의 효율성이 달성될 수 있다고 본다. 이런 경쟁 도입은 시혜적인 사회복지서비스뿐 아니라 자연독점(natural monopoly) 때문에 정부가 담당하는 것이 당연하다고 인정되어 온 네트워크 산업에서도 적용될 수 있다고 본다. 자연독점은 초기 투자비가 워낙 많이 들어서 잠재적인 경쟁자의 추가적인 시장진입이 사실상 불가능하므로 시장 기제가 작동하기 어려운 철도나 통신사업 분야에서 주로 나타나는데 이런 분야에서도 경쟁 도입이 가능하다고 하는 것이 신공공관리론(NPM)의 입장이라고 볼 수 있다. 얼마 전 SR이 신설되었을 때, "KORAIL과 분리하여 경쟁시키자"는 입장이 바로 그러한 예에 해당한다.

3) 고객(customer)

신공공관리론은 종전의 수혜자 위치에 있던 정책대상자를 민간시장에서처럼 고객으로 대해야 한다고 본다. 정부도 과거처럼 독점적 지위에서 벗어나 공공서비스의 공급자 중 하나가 되어야 한다는 것과 동일한 내용이라고 볼 수 있다. 이는 공공서비스 제공에 대해 일종의 선택권(choice)을 부여하라는 취지로 이해할 수 있는데 여기서 선택권을 부여한다는 것은 정부가 독점적 지위를 벗어나 시장과 마찬가지로 다양한 주체와의 경쟁을 통해 공공서비스를 제공한다는 것을 내포하고 있다.

전통적으로 국가나 정부로부터의 이탈은 불가능하거나 커다란 비용을 수반한다고 간주해 왔지만 최근 들어 은퇴 후 제2의 여생을 동남아에서 보낸다거나 각종 이민 증가 추세에서 보듯이 이제는 과거처럼 어려운 일이 아니다. 과거에는 주소지 동사무소에 가야만 처리가 가능했던 민원을 이제는 아무 주민센터나 가도 처리할 수 있게 된 것도 일종의 독점적 지방정부 서비스로부터의 이탈이라고 할 수 있다. 연말에 일반 국민 또는 관계 전문가를 대상으로 하는 부처별 정책 만족도 조사, 기관별로 고객 만족 헌장 게시, 사무실 외부 민원 담당자 실명 공개 등도 고객 만족을 위한 수단에 해당하는데 지금은 당연시되는 이러한 고객 만족 노력이 한국 행정에 도입된 것도 노무현 정부 시절 신공공관리론에 따른 정부 혁신 패러다임을 추진하였기 때문이다.

3. 함의와 시사점

신공공관리론 입장에서는 공공문제 해결을 위해 국가가 '무엇을 해야 하는가'보다 '어떻게 하느냐'를 중시하고, 재량권이 부여된 전문적 관리(free to manage)를 통해 고객인 국민에게 어떻게 더 좋은 서비스를 더 적은 비용으로 제공할 수 있는가를 고민한다. 이를 위해 신공공관리론은 전통적 행정학의 기본 가정인 공공행정의 특수성과 절차, 규칙 대신 3E(economy, efficiency and effectiveness)를 강조한다. 하지만 이런 원칙을 고집할 경우 소득의 역진적 재분배가 발생할 우려가 있다. 낙도나 오지에 있는 주민에게 전기와 상수도를 공급하려면 큰 비용이 소요되는데 이를 수익자 부담원칙이나 비용 회수 차원에서 접근한다면 형편이 어려운 소외계층에게 더 많은 부담을 주어야 하기 때문이다. 외주에 의한 경쟁 촉진이 효율성을 가져올 수는 있다고 해도 공공서비스 본연의 가치를 달성하는 효과성은 담보하지 못할 수도 있다. 특히 경쟁입찰에서 최저가 입찰방식을 고수할 경우 우선 낮은 가격으로 입찰하여 일정 기간 독점적으로 운영할 수 있는 외주사업을 수주한 후 비용을 보전하기 위해 서비스의 질을 낮추는 방식을 택할 유인이 있다. 이런 이유로 신공공관리론이 주장하는 경제적인 효율성보다 공공서비스의 질적인 측면을 더 중시해야 한다는 비판이 제기되었다.

기업가적 정부(Entrepreneurial government) 형태를 중시하는 신공공관리론은 민영화, 권한위임, 시장화 등을 추진하는 과정에서 정부 기능이 분절화(fragmented)됨으로써 정책연계를 통한 문제해결에 취약한 면을 보이게 된다(Mulgan, 2005). 분절화를 통해 조직 간 경쟁을 유도하고 조직 및 개인별 목표 설정과 성과달성을 강조하는 수직적 효율성을 추진하면서 협업과 같은 수평적 효율성을 저해하는 결과가 초래되기도 하였다(성지은, 2010). 이러한 문제를 해소하기 위해 영국의 블레어 정부가 연계형 정부(Joined-up Government)를 추진하기도 하였는데 이러한 협력 모델을 포함하여 신공공관리론의 한계를 극복하기 위한 여러 가지 대안적 접근을 통틀어 후기 신공공관리론이라 칭하기도 한다(우윤석, 2014; Christensen & Laegreid, 2012).

한편, 심재승(2014: 95)은 신공공관리론의 한계에 관한 기존 연구를 다음과 같이 요약하여 재정리하고 있다.

• 공적 기관의 민간기업 방법의 도입으로 행정의 조직적 집단적인

문화의 붕괴

- 지나친 '작은 정부' 지향으로 행정의 대응능력이 약화되어 행정기관의 조직적 지식 및 기술의 붕괴
- 과도한 결과 중시에 의한 성과 평가로 장기적 관점에서의 아웃컴이 희생
- 관리직 공무원의 정책, 사업, 직원의 성과 평가에 대한 시간 투자의 증가로 인해 생산적, 창조적인 업무에 종사하는 시간 및 재능의 상실
- 과도한 아웃소싱, 파트너십 추진으로 인해 서비스의 구매자(시민)와 제공자(행정)의 간극이 넓어져 행정의 설명책임이 약화
- 행정서비스의 기본적인 요건인 "공평성", "종합성 '에 대한 의문
- 지나친 3E의 요구로 인해 공무원의 동기부여 및 혁신에 부정적 영향

제 3 절

신공공거버넌스론

1. 배경과 의의

신공공거버넌스론(NPG)[3]은 오스본(Osborne, 2006; 2010)이 제기한 것으로 관료제 중심의 전통적인 행정학이나 관리적 재량과 계약 메커니즘에 의한 신공공관리론과 달리 정부가 아닌 시민(citizen)을 논의의 중심에 두는 특징이 있다. 시민을 정책과 서비스 전달의 공동 생산자(co-producer)로 인정하는 점에서 국가 위주의 기존 행정학이나 시장 중심 신공공관리론과 차별화된다(Robinson, 2015). 그에 의하면 전통적 행정학이 1970년대 후반에서 1980년대 초반까지 주류를 형성하다가 신공공관리론이 뒤를 이어 21세기 초반까지 활발히 논의되었고 그 이후에는 신공공거버넌스론이 지배적인 세 번째 주류로 부상했다고 주장한다. 신공공거버넌스론은 조직간 협력 관계와 과정적 프로세스를 강조하고 조직구조나 기능이 아닌 신뢰와 관계 자본, 관계 계약이 핵심적인

3) 추이나드·밀리(Chouinard & Milley, 2015)는 행정이 정치화되는 현상을 지칭하기 위해 NPM과 대비되는 NPG(New Political Governance) 개념을 사용하고 있다.

거버넌스 메커니즘으로 작동하는 구조인 점에서 정부 조직 내 협력 관계에 치중하는 전통적 접근과 차별성을 보인다.

2. 주요 내용

1) 거버넌스의 기본 개념

거버넌스 개념은 초기에는 국가 능력 제고를 지향하는 국정운영 체제 전반을 상징하는 의미로 사용되다가 1980년대 중반 이후부터는 좀 더 참여적이며 시민사회 지향적인 개념으로 전환되었다. 전자의 경우를 구 거버넌스(Old Governance)라고 한다면 후자를 신거버넌스(New Governance)라고 하여 양자를 구분할 수 있으나 현재는 신거버넌스[4] 의미로 사용하는 경우가 압도적이다(김석준 외, 2002). 거버넌스는 정부와 민간조직 간의 신뢰를 기반으로 한 연계망을 통해 공공서비스를 공급하는 네트워크(Governance without Government)의 한 형태를 의미하며, 이러한 차원에서 국가와 시민, 정부와 민간, 조직과 시민 사이의 관계망(Web of Relationships)으로도 정의된다(Frederickson. 1999).

---

4) 한국행정학회의 온라인 행정학 전자사전에 따르면, 신거버넌스론(new goovernance theory)을 '계층제에 의존하던 거버넌스가 변형된 것으로 국가라는 한정된 범위가 아니라 정부와 기업, 시민사회 등이 함께 참여하는 네트워크를 구성하고 이를 통해 공공문제를 해결하는 상황을 설명하는 이론'이라고 한다. 즉, 기존의 거버넌스는 관료 역할을 공공관리자로 보면서 조직 내 국정 관리 효율화에 중점을 둔 것으로 보고 있다. 한편 신공공거버넌스론과 신공공관리론의 차이는 다음과 같이 제시하고 있다(양승일, 2013).

거버넌스는 ① 공공문제의 해결에 정부와 민간의 행위자와 조직이 모두 참여하고, ② 사회경제적 문제해결의 담당과 책임의 경계가 허물어지고 있고, ③ 집합적 행동에 관련된 당사자들 사이의 권력 의존관계를 중시하고, ④ 행위자들 간의 자율적인 네트워크가 존재하고, ⑤ 정부의 공식적인 권위에 의존하지 않고도 사회문제를 해결할 수 있다는 가정에 기초하고 있으며(Stoker. 1998), '시장 무정부 상태(Market Anarchy)'와 '조직적 계층제(Organizational Hierarchy)'의 대안적인 조정 기제로 파악된다(Jessop, 1997; Rhodes. 1996).

제3의 사회적 조정양식으로서 거버넌스는 시장과 달리 정치적 권위에 의한 강제가 존재하지만, 계층제와도 달라서 공식적인 권위에 의한 강제력이 아닌 자발적인 인정에 따른 강제력에 의존하여 사회문제를 해결하며, 이러한 의미에서 거버넌스는 '보이는 협력하는 손(Visible Handshake)'으로 표현[5]할 수 있다(Jessop, 1999; 이명석, 2006).

구분	신공공관리론	뉴 거버넌스론
인식론	신자유주의	공동체주의, 참여주의
관리 가치	결과	과정
국민 인식	고객	주인
작동 원리	경쟁체제	협력체제
서비스	민영화	공동생산
분석수준	조직 내	조직 간

5) 상부의 강요적 권위가 없는 상황에서 어떻게 거버넌스의 참여자들이 규칙을 준수하고 협력할 수 있는가에 대해 베비르(Bevir, 2007)는 세 가지의 입장을 설명하고 있다. 우선 하딘(Hardin, 1968)의 입장에서 보면, '공유지의 비극'을 방지하기 위해 서로가 인정하는 상호 강제 시스템을 마련할 수 있다고 한다. 윌리엄슨(Williamson, 1979)에 의하면 '자유·시장'과 '계층제·국가'

샤프(Scharpf, 1993)는 신제도주의(New Institutionalism)적 관점에서 사회가 더 복잡해질수록 일 방향적 관계가 아닌 상호의존적(Reciprocal Independency) 관계가 필요하므로 거버넌스 양식이 수직적 조정(Vertical Coordination)에서 수평적 조정(Horizontal Coordination)으로 변화하고 있다고 하면서, 계층제 조직이라 할지라도 어느 한 행위자가 다른 행위자들에게 우월권을 갖지 못하는 네트워크나 수평적 조정에 의존하게 된다고 한다. 이러한 네트워크에서 상부의 권위가 없더라도 조정과 안정성이 확보될 수 있는 것은 행위자들이 반복적으로 상호 작용하면서 신뢰를 형성하게 되고 이것이 불확실성을 줄일 수 있기 때문이다. 따라서 행위자들은 장기적 관점에서 이익을 얻을 수 있는 협력을 하기 위해 단기적 관점에서의 이익을 포기할 수 있어야 하며, 상호 신뢰(mutual trust)의 형성을 위해서는 서로 배신하기보다 상대방의 이익을 먼저 고려해야 한다고 본다.

2) 신공공거버넌스론의 확대

신공공거버넌스론은 위의 거버넌스 논의와 마찬가지로 다양한 형

라고 하는 양분법적 형태 외에 새로운 자기 실행적 패턴으로서의 거버넌스가 가능하며, 불확실성, 거래 빈도, 투자의 특정성 등에 의한 거래비용에 따라 시장, 네트워크, 계층제 중 적합한 형태가 정해진다고 한다. 다우딩 등(Dowding et al., 2000)에 의하면 참여자들이 적대적 협력을 극복하고 조화를 이루어내려면 참여자 간 연합을 통해 상호 이익을 누리고 외부성을 제거할 수 있는 국가의 역할이 중요하지만, 사회시스템이 분화할수록 계층제 형태는 적합하지 않기 때문에 공적 분야와 사적 분야의 주체가 상호 협력하는 비 계층적 네트워크를 구성해야 한다고 한다.

태로 논의되고 있는데, 계층제에 기반한 전통 행정학(OPA)을 극복하기 위한 노력의 일환으로 시장적 효율성에 기반한 공공 관리 양식을 신공공관리론으로 범주화한 것처럼 거버넌스적 협력에 기초한 공공 관리 양식을 신공공거버넌스론으로 범주화한 개념으로 풀이된다(Sorrentino et. al., 2018). 신공공거버넌스론을 기존 전통적 행정학(OPA) 및 신공공관리론과 비교한 개념화에 주도적인 역할을 했던 오스본(Osborne, 2006)에 의하면, 신공공거버넌스론은 신공공관리론과 달리 지속적인 조직 간 관계(inter-organizational relationship)의 설계와 평가를 중시하며, 신뢰와 관계 자본(relational capital)이 핵심적인 역할을 수행한다고 본다.

오스본은 신공공거버넌스론의 개념을 앞서 설명한 거버넌스 개념과 구별하여 설명하고 있지 않은데, 이후 편집자로 참여한 저서의 서문(Osborne, 2010)에서도 '거버넌스'나 '공공거버넌스[6]' 자체는 새로운 개념이 아니지만 전통 행정학 및 신공공관리론과 마찬가지로 차별적인 레짐을 형성했다는 의미에서 신공공거버넌스론으로 개념화하였고, 이 개념이 21세기의 다원적이고 복잡한 국가적 환경에서 정책집행과 공공서비스 전달의 현실을 설명하는 데 차별성이 있음을 강조한[7] 바 있다.

---

6) 그는 공공거버넌스를 다음과 같이 구분하고 있다. 즉, 정부도 사회적 관계망의 하나일 뿐이라고 보는 사회정치적 거버넌스(sociopolitical governance); 정책 공동체와 그들의 관계에 주목하는 공공정책 거버넌스(public policy governance); 공공정책 집행과 전달체계에 관한 효과적인 행정 역할에 주목하는 행정 거버넌스(administrative governance); NPM 관점에 주목하는 계약 거버넌스(contract governance);, 자기 조직간 네트워크에 주목하는 네트워크 거버넌스(network governance)를 포함한다고 본다.

토핑 · 트리안타필루(Torfing & Triantafilou, 2013)에 따르면 신공공거버넌스론(NPG)은 일반적인 이론적 틀은 존재하지 않지만, 다음과 같이 차별적인 특징을 갖는다.

- 신공공거버넌스론은 경쟁이나 분산화, 시장적 선택이 아니라 협력, 협상 그리고 다양한 이해관계자들의 적극적으로 참여(지식, 아이디어, 자원)에 의한 서비스 개선을 추구하는 점에서 신공공관리론과 상반되는 접근방법을 채택한다.
- 공직자들이 자기 이익을 극대화하는 합리적 인간이라고 보는 신공공관리론(NPM)과 달리 신공공거버넌스론은 이기심과 이타심을 모두 가진 존재로 인정한다.
- 참여적 포용(participatory inclusion)을 민주화의 동인으로 간주한다.

심재승(2014)은 지자체 경영에 신공공거버넌스론을 접목하면서 '지역의 이해관계자에 의존해서 공공정책을 실행하는 것이 아니라 지역 커뮤니티에 속하는 공적 부문과 민간부문의 파트너십에 의한 거버넌스 방법을 활용해서 유연하고 효율적인 정책을 실행하고 달성해 가는 것'을 신공공거버넌스론 방식의 지자체 경영이라고 한다.

---

7) 이런 점에서 그는 2006년 논문(구체적으로는 학술지 편집자 서문의 형태)의 제목을 'The New Public Governance?'라고 물음표를 달았고, 2010년 저작의 서문 제목도 'The (New) Public Governance: a Suitable Case for Treatment?'라고 하면서 물음표는 물론 New에 괄호까지 붙이고 있다.

3. 함의와 시사점

신공공거버넌스론의 등장은 아이러니하게도 신공공관리론이 심화한 결과라고도 볼 수 있다(Dickinson, 2016). 신공공관리론은 기존의 계층제가 시장이라는 거버넌스 형태로 변화한 것으로 볼 수 있는데, 과거 정부에 의해 독점적으로 제공되던 공공서비스가 공공부문뿐 아니라 민간부문이나 공동체 조직 등과의 계약에 의해 제공됨으로써 서비스 제공 주체가 더욱 분절화(fragmented)되고, 정부는 공동화(hollowing-out)되었기 때문이다(Skelcher, 2000). 이러한 분절화는 공공서비스 전달을 위해 더 많은 조직 간의 협조를 해야 하게 되었고 공공, 민간, 비영리 조직 간의 연계를 위한 네트워크가 확장되는 계기로 작용하게 된다.

조직 간 네트워크(inter-organizational networks)의 상호작용은 정부와 무관하게 자기 조직화(self-organizing)로 이루어지게 되고 '정부 없는(without government)' 거버넌스라는 새로운 사회 조정양식으로 자리 잡게 된다(Rhodes, 1996; 1997). 따라서 네트워크는 하향식 계획이나 무정부적 시장교환의 한계를 극복할 수 있는 대안으로 인식되었고(Jessop, 2003), 이러한 네트워크 형태의 거버넌스가 개인과 조직 간의 협력과 수평적인 연대(collaboration and horizontal ties)를 강조하는 신공공거버넌스론으로 불리게 된 것이다(Osborne, 2006).

하지만 거버넌스 형태의 변화가 과연 '새로운' 공공서비스('new' public services)의 창출로 이어졌는지는 불명확하다는 것이 한계로 지적되고 있다(Bell & Hindmoor, 2009; Dickinson, 2016). 아울러 다음과 같이 거버넌스가 갖는 한계가 신공공거버넌스론에서도 동일한 한계로 작동할 수 있다. 즉 거버넌스에 참여하는 참여자의 관심과 정체성 불확실(Jessop, 2003), 중앙집권적 통제가 없으므로 새로운 합의에 이르지 못하는 거버넌스의 실패(governance failure) 발생 가능성(Jessop, 2000), 책임 없는 주체가 참여함으로써 책임성 소재가 발생하거나 사익을 공익으로 위장할 위험(Rhodes, 1997), 정부의 공식적인 권위 없는 사회문제 해결은 이상에 불과하므로 제한적인 경우를 제외하고 사회문제 해결에 적용하기 어려운 한계(이명석, 2006), 시장이나 계층제를 대체하기 곤란(라미경, 2009), 공동으로 참여하더라도 정부 역할과 영향력이 지배적인 현실적 제약(조성한, 2005), 참여자들 간 정보나 권력의 불평등(배응환, 2005), 참여라는 명분으로 정부가 오히려 계층제를 강화하거나 정경유착 도구로 활용할 가능성(Jouve, 2005), 거버넌스의 실패로 인한 부패 발생 가능성(나태준, 2006), 행위자들의 업무성과 측정 불가(Kramer, 1994) 등이 그것이다.

제 4 절

신공공서비스론

1. 배경과 의의

신공공서비스론(New Public Service)에서는 정부의 역할이 봉사 내지는 공공서비스 그 자체라는 점을 강조하면서 신공공관리론에서 말하는 정부 주도의 방향 잡기(steering)가 아니라 사회구성원을 통합하는 상호작용이 중요하다고 한다(Denhardt & Denhardt, 2003). 이런 점에서 정책대상자는 단순한 고객(customer)이 아니라 국가 운영에 적극적으로 참여하는 주권자(citizen)가 되어야 하고 담론 민주주의(discursive democracy)를 통해 개별 이익의 총합을 넘는 공익 실현에 이바지해야 한다고 본다.

정부가 민영화나 외주를 통해 효율성을 높이더라도 공공서비스의 질이 높아지지 않거나 시민의 요구를 도외시할 수 있으므로 시장 논리나 성과주의보다 시민의 요구에 대한 책임성을 강조하고 조직관리에서도 생산성이나 효율성보다 인간 자체의 가치를 우선하는 인간 중심적 접근을 중시한다(우윤석, 2021). 정부의 역할은 돈을 적절히 쓰는 것이지 버는 것이 아니고, 더 중시해야 할 것은 경제적 가치가 아니라 사회적 가치라는 의미에서다.

2. 주요 내용

신공공서비스론은 덴하트 부부(Denhardt & Denhardt, 2007; 2003; 2000)가 구체화한 개념[8])으로 논의 대부분을 차지하고 있으므로 그들의 논의를 중심으로 살펴보고자 한다. 덴하트 부부(Denhardt & Denhardt, 2007)는 기업가적 정부의 10대 원리를 제안했던 오스본·개블러(Osborne & Gaebler, 1992)의 '노 젓기보다 방향 제시(steering rather than rowing)' 개념을 비판하는 데서 논의를 시작한다. 그들이 말하는 것은 집행업무, 즉 노 젓기는 정부가 아닌 민간이나 제3 섹터 분야 등에 맡기고 정부는 방향만 제시하라는 은유였지만, 방향 제시를 정부가 맡으면 배가 가야 할 방향과 목표, 경로까지 지정할 수 있어서 오히려 또 다른 행정부 중심적 견해(adminicentric view)를 제시한 것에 불과하다고 본 것이다. 아울러 방향 제시에 집중하는 와중에 정작 '배는 누구의 소유인가(who owns the boat)'를 잊고 있다고 지적한다. 배, 즉 정부는 시민의 소유란 점을 고려한다면, 정부의 책임은 시민에 대한 봉사와 권한 부여에 집중되어야 하고 노 젓기나 방향 제시가 아닌 진실성과 대응성에 기반한 공적 제도·기관의 형성이

8) 그들보다 앞서 신공공서비스(The New Public Service)란 개념을 라이트(Light)가 1999년에 제안한 바 있으나, 과거의 정부 중심 서비스(government-centered public service)가 정부 외에 민간이나 비영리단체 같은 조직에 의해 다분야 서비스(multisectored service)로 제공되고 있다는 현상을 설명하기 위해 제한적으로 사용되었다(Light, 1999).

강조되어야 한다는 것이다. 이러한 입장에서 덴하트 부부(Denhardt & Denhard, 2007: 42~43)는 다음과 같은 7가지 아이디어를 신공공서비스론의 핵심적인 내용으로 제시한다.

1. 고객이 아닌 시민에게 봉사하라(Serve Citizens, Not Customers): 공공이익(public interest)은 개별적인 자기 이익의 합이 아니라 공유해야 할 가치에 관한 대화의 산물이므로 공직자는 '고객'의 수요에 단순히 응대할 것이 아니라 신뢰와 협업에 기반한 시민과의 관계 형성에 집중해야 한다.
2. 공공이익의 추구(Seek the Public Interest): 공직자는 집합적으로 공유된 공공이익을 위해 봉사해야 하며, 개인적 선택이 주도하는 성급한 해결책이 아니라 이익과 책임성의 공유를 목적으로 해야 한다.
3. 기업가정신이 아니라 시민권의 중시(Value Citizenship over Entrepreneur-ship): 공공이익은 예산을 자신의 돈처럼 여기는 기업가적 관리자가 아니라 사회에 의미 있는 기여를 하고자 하는 공직자와 시민에 의해 더 잘 구현될 수 있다.
4. 전략적 사고와 민주적 행동(Think Strategically, Act Democratically): 정책과 사업은 집합적 노력과 협업적 과정을 통해 공적 수요에 더 효과적으로 책임성 있게 부응할 수 있다.
5. 책무성의 중요성 인식(Recognize that Accountability Isn't Simple): 공직자들은 법규, 공동체 가치, 정치적 규범, 전문적 표준, 그리고 시민의 이해 등을 고려해야 하므로 시장에만 집중할 수 없다.
6. 방향 제시보다 봉사(Serve Rather than Steer): 공직자들은 사회

에 대한 통제나 방향 제시가 아니라 공유된 가치 기반 리더십을 통해 시민들이 이익을 위해 봉사해야 한다.

7. 생산성이 아니라 사람 중시(Value People, Not Just Productivity): 공공조직들은 모든 사람에 대한 존경을 바탕으로 협업과 공유된 리더십에 따라 운영될 때 장기적으로 더 큰 성공을 거둘 수 있다.

이하에서는 위 항목 중 대표적인 것들을 위주로 설명을 추가하고자 한다.

1) 공공이익(Public Interest) 관련

전통 행정학은 공공서비스가 가치중립적으로 제공되어야 한다고 보았기 때문에 공공이익에 대한 별도의 이론적 논의가 있었다기보다 의사결정과정의 합리화를 통한 공공의지(Public Will)의 실현과정에서 자동으로 달성되거나 선출직 공직자가 인적 재량의 최소화, 중립성, 효율성을 바탕으로 결정하는 것이라고 본다. 한편 신공공관리론은 정부가 시장과 같은 선택의 기회를 제공하면 고객으로서의 개인이 자기 이익에 기반하여 의사결정 하는 것을 전제로 하므로 공공이익을 논의할 필요성이 크지 않다.

그러나 신공공서비스론의 경우 시민들이 공공이익을 분명히 할 수 있도록 돕는 것을 공직자의 핵심적인 역할로 보고 있고, 공유된 가치와 집합적인 시민들의 이익이 행정가의 행태와 의사결정을 주도해야 한다고 본다. 따라서 공직자들은 모든 행정과정에서 시민들이 그들의 목소리를 낼 수 있도록 도와주고, 시민들을 연계하여 공공 담론(public dialogue)의 장을 만들어야 할 책임이 있다. 아울러 개별 이익의 합이 공공이익이라고 보는 아이디어를 배제하고 공유된 이익(shared interest), 즉 공공이익을 발견하고 그에 기반하여 활동함으로써 자기 이익(self-interest)을 넘어설 것을 목표로 삼아야 한다고 주장한다.

하지만, 공공문제를 해결하기 위한 해결책은 공동체 구성원 중 다른 부류의 불만족을 초래할 수 있기 때문에 공공이익을 추구한다는 것이 간단한 명제는 아니라고 한다. 아울러 공공이익을 추구하는 것이 모든 시민을 만족시키는 정책을 만드는 것도 아니라고 한다. 오히려 공공이익은 공동체 대화와 참여(community dialogue and engagement)의 과정(process)이라고 할 수 있으며, 이를 통해 시야가 넓어지고 자신만의 좁은 이해관계를 벗어날 수 있어서 공공이익과 공유된 가치는 행정의 기본으로 재조명받아야 한다고 강조한다. 신공공서비스론에서 행정가는 공공이익의 유일한 중재자가 아니라 시민, 집단, 선출직 대표자, 그리고 다른 기관들을 포함하는 넓은 거버넌스 시스템의 핵심 활동가라고 할 수 있다.

2) 시민권(Citizenship) 관련

활동적인 시민권의 시대에는 정부의 역할이 과거 통제에서 의제설정, 이해관계자의 참여 유도, 공공문제 해결을 위한 협상과 중재로 변화하게 된다. 시민의 수요에 대한 정부의 대응도 과거에는 "yes or no"였다면 이제는 "함께 문제를 해결해 봅시다"로 바뀌었다고 한다.

시민의 참여 형태는 다음과 같은 세 가지로 나눌 수 있다. 정보제공(information)은 정부가 시민들에게 일 방향적으로 정보를 제공하는 것으로 시민들의 정보 접근이라는 수동적 측면과 정부의 정보확산이라는 적극적 측면을 포함하고 있다. 자문(consultation)은 시민들이 정부에게 피드백을 제공하는 양 방향적 관계이고, 적극적 참여(active participation)는 파트너십에 기반하여 시민들이 정책 결정 과정과 내용을 규정하는 데 적극적으로 참여하는 것을 말한다.

정부가 정책 과정에 시민들의 참여를 독려해야 하는 이유는 이론적 측면과 실무적 측면에서 살펴볼 수 있다. 이론적 측면에서는 행정가에게 시민들의 참여를 촉진하고 교육해야 하는 도덕적 의무가 있고 시민참여를 통해 상호 학습(mutual learning)이 가능하며, 청취 능력을 높임으로써 시민이 처한 상황에 대해 더 잘 이해할 수 있다는 점을 들 수 있다. 실무적 측면에서는 시민수요와 기대 충족, 정책 품질의 제고, 정책집행의 용이성 증가, 투명성과 책임성 강화, 정부에 대한 공적 신뢰 향상 등을 들 수 있다.

3) 사람 중시(Value People) 관련

전통 행정학은 효율성 창출을 위해 통제 방식을 사용했고, 신공공관리론은 생산성 향상을 위해 인센티브를 활용했다면 신공공서비스론은 공공서비스의 이상을 존중(respecting public service ideals)할 것을 강조한다. 전통 행정학은 맥그리거의 X 이론적 인간관에 따라 사람들이 게으르고 어리석으며 책임지기 싫어하기 때문에 그들을 통제하고 처벌함으로써 성과를 창출해야 한다고 본다. 신공공관리론은 사람들이 이기적이고 자신의 개인적 목표 달성을 추구하기 때문에 그들에 대한 감시와 인센티브가 없다면 성과 창출이 어렵다고 보고 집단규범과 가치, 조직 문화, 감성적 고려, 충성심, 공공이익 등과 같은 감정적이고 '비합리적'인 요소를 배제한다.

하지만 신공공서비스론은 게으르거나 이기적이라는 인간관은 협소할 뿐 아니라 경험이나 규범에 의해 사람이 변화할 수 있음을 간과하고 있다고 본다. 신공공서비스론이 중시하는 인간 행동의 요소는 인간의 존엄, 신뢰, 소속감, 타인에 대한 배려, 서비스, 공유된 이상에 기반한 시민권, 공공이익 등으로 전통 행정학과 신공공관리론에서 간과했던 가치들이라고 할 수 있다. 아울러 공정, 형평, 대응성, 존중, 권한 부여, 헌신 등이 정부 운영에 있어서 효율성보다 우월한 가치라고 한다.

이러한 인간관은 공직자들의 동기에 행태에 대해서도 마찬가지라고 할 수 있다. 공직자들은 전통 행정학에서 보듯이 관료제 안에서 안정을 추구하는 존재도 아니고 신공공관리론에서 말하듯 시장의 참여자도 아니다. 그들은 단순히 보수나 안정의 문제에 따라 동기가 부여되고 보상을 받는 존재가 아니라 타인의 삶에 변화를 가져오기를 원하는 존재이다. 따라서 그들은 생산성을 높이기 위한 하나의 도구가 아니라 공공서비스의 핵심 가치를 높이는 수단이 되어야 한다. "효율성만으로는 충분하지 않다(Efficiency is not enough)"는 것이다(Adams, 1992: 18). 품질관리와 의사결정 참여 중에 공직자의 성과에 더 큰 영향을 미치는 것은 참여라고 할 수 있다. 신공공서비스론의 관점에서 가장 중요한 것은 참여적이고 포용적인 접근(participative and inclusive approaches)이 시민권, 책임 그리고 신뢰를 형성하고 공공이익을 위한 서비스의 가치를 실현하는 유일한 수단이라는 점이다.

3. 함의와 시사점

신공공서비스론은 신공공관리론이 전통 행정학의 대안으로 비교되는 것을 거부한다. 신공공관리론이 방법만 다를 뿐 관료제, 계층제, 그리고 통제를 강화하는 쪽으로 작동할 수 있음에도 전통 행정학의 대안으로 거론되는 순간 늘 우월한 관리방식으로 인정받게 되기 때문이다. 따라서 신공공관리론은 전통 행정학이 아니라 공공서비스, 민주적 거버넌스, 시민참여를 핵심으로 하는 신공공서비스론과 비교되어야 한다고 주장한다(Denhardt & Denhardt, 2007). 신공공서비스론은 민주적 시민권, 공동체와 시민사회, 조직 인본주의와 담론이론을 배경으로 하는 규범적인 패러다임이기 때문이다(김태룡, 2007). 아울러 시민에게 서비스를 제공하는 공직자가 지녀야 할 규범적 방향(normative vector)에 해당한다(오세윤 외, 2002).

그러나 신공공서비스론(NPS)이 주장하는 것처럼 신공공관리론을 대체할 수 있는 대안적 처방인가에 대해서는 의문이 제기된다.[9] 신공공관리론은 민주적 규범이나 공동체 가치가 지나치게 강조된 나머지 효율성이나 전문성에 소홀하고, 이론적 배경인 담론적 공공이익 형성도 시민의 참여를 강조하는 상징적 은유(metaphor)에 머무르고 있기 때문이다(우양호, 2008). 신공공서비스론이 가정하는 공직자나 시민의 역할이 이상주의에 치우쳐 있기 때문에 과연 공직자가 편견 없이 촉매 역할을 수행하는 존재인지, 시민들은 참여 과정에서 '좋은

9) 신공공서비스론(NPS)은 Denhardt & Denhardt의 연구(2007, 2003, 2000)를 인용한 사례는 많지만 정작 이와 관련한 후속연구는 거의 이루어지지 않은 실정이다.

시민'인지에 대해서도 의문이 제기된다(김대성 · 이현선, 2008). 한편, 허철행(2009)은 신공공서비스론의 한국적 적실성과 관련하여 시민사회 성숙과 시민참여가 일반화되지 않은 상황에서 시민사회와 정부의 상호작용이 증진되어야 한다는 주장은 추상적 당위론에 그칠 우려가 있고, 이론적 논의와 달리 구체적으로 어떤 행정개혁을 추진해야 하는지에 대한 실천방안이 부족하다는 점을 지적하고 있다.

제 5 절

정책적 시사점

1. 이론 비교 및 의미

공공 관리와 관련하여 신공공관리론이 '효율적인' 생산과 서비스를 강조했다면 신공공거버넌스론은 '협력적인' 생산과 서비스, 신공공서비스론(NPS)은 '가치 있는' 생산과 서비스를 강조한 점에서 신공공관리론은 '방법', 신공공거버넌스론은 '과정', 신공공서비스론은 '결과'를 중시하는 공공 관리 이론이라 할 수 있다. 이러한 세 가지 접근을 동시에 비교한 연구는 찾아보기 어렵고, 신공공거버넌스론의 관점에서 전통 행정학 및 신공공관리론과의 비교와 신공공서비스론 관점에서 전통 행정학 및 신공공관리론과 비교한 연구가 개별적으로 존재하는데 다음 표는 이를 정리한 결과이다.

〈표 2-2〉 공공관리이론의 비교

구분	전통 행정학 (OPA)	신공공관리론 (NPM)	신공공거버넌스론 (NPG)	신공공서비스론 (NPS)
이론적 근거	정치학, 정책학	합리적 선택이론, 관리과학	신제도주의, 네트워크 이론	민주주의 이론(해석학, 비판이론 등)
분석단위	정치-행정체계	조직	네트워크	공공서비스
주요 관심	정책 결정 및 집행	자원 및 성과관리	가치/의미/관계의 협상	공익 실현
자원 배분의 원천	계층제	시장	네트워크	민주적 결정
신념	공공윤리	효율성, 시장경쟁	신뢰, 호혜성	시민 중시, 민주성
국가의 본질	일방적	분절적	다원적	봉사적
초점	정책체제	조직 내 관리	조직간 거버넌스	공공서비스
강조	정책집행	서비스 투입과 산출	서비스 결정 과정과 성과	서비스 성과
외부 민간 부문과의 관계	정책체제의 잠재적 요소	경쟁적 시장의 독립적 계약당사자	지속적인 관계 속의 상호의존적 주체	협력적 대상
투입	투표, 이익집단	투표, 고객 만족과 선택	투표, 권한을 부여받은 참여	
과정	관료제	전략적 성과관리, 준 시장	협업	
산출	권위적 규제와 공급자 위주 서비스를 통한 형평성 확보	탈규제와 수요자 기반 서비스를 통한 효율성과 고객 만족 확보	공공문제 해결과 서비스 제공 과정에의 참여	
환류	주기적 선거	성과측정과 경쟁을 통한 제재	조직학습에 기반한 다양한 형태의 책임성	
인간관	위계적 인간	경제적 인간	네트워크 인간	정치적/경제적/조직적 인간관
공익관	정치적 정의와 법적 표현	사적 이익의 총합	합의에 기초한 사회적 가치	담론에 의한 공유가치

책임대상	의뢰인, 유권자	고객	네트워크 파트너	시민
정부역할	노 젓기	방향 제시	정책참여 및 실행 기회 제공	봉사(이해관계 중재, 공유가치 창출)
정책목표 달성을 위한 메커니즘	정부 기구를 통한 집행	목표 달성에 필요한 동기부여	가치, 의미, 관계의 협상	공공/민간/NPO 간 협력 촉진
책무성에 대한 접근	계층제(선출직 공무원에 대한 책임)	시장지향(광범위한 고객이 원하는 성과 창출)	긍정적 상호의존 주체	다면적(법, 공동체 가치, 정치적 규범, 전문적 기준, 시민 이익의 대변)
행정적 재량	법에 따라 부여된 범위 내의 제한적 재량	기업가적 목표 달성을 위한 광범위한 재량	네트워크 재량권 부여(필요시)	책무성에 기반한 재량 허용
조직구조	하향적 관료제	분권화된 구조	네트워크 거버넌스 체계	공유된 리더십에 기반한 협력적 구조
동기부여	임금, 신분보장	기업가정신	참여, 사회 불평등 문제해결	공공서비스를 통한 사회기여

자료: Denhardt & Denhardt(2000: 554), Osborne(2006: 383), Rhodes(2021: 238), Torfing & Triantafillou(2013: 7-8) 등을 참고하여 재구성

위의 내용을 핵심적으로 요약하면, 전통 행정학은 계층제에 기반한 일 방향적 서비스 제공 모델, 신공공관리론은 경쟁적 시장 메커니즘에 기반한 효율성과 고객 만족 모델, 신공공거버넌스론은 참여와 협업에 기반한 과정적 네트워크 모델, 신공공서비스론은 담론적 가치형성과 다면적 협력에 기반한 공공 봉사 모델이라 할 수 있다.

2. 비판적 평가

앞서 서두에서 지적한 것처럼 공공기관 관리에 적용된 모델들은 노무현 정부 시절에는 신공공관리론 + 일부 신공공거버넌스론, 박근혜 정부 시절에는 신공공관리론과 후기 신공공관리론, 문재인 정부에는 신공공거버넌스론 + 신공공서비스론의 형태를 보이는 것으로 이해할 수 있다. 공기업 통합과 방만 경영 근절에 방점을 두었던 이명박 정부 시절에는 전통적인 신공공관리론 접근이었던 것으로 볼 수 있다. 이를 정리하면 다음과 같다.

〈표 2-3〉 정권별 공공 관리 접근방식의 차이와 주요 공공기관 정책

정권별	노무현 정부	이명박 정부	박근혜 정부	문재인 정부
접근	NPM + NPG	NPM	NPM)+ 후기 NPM	NPG + NPS
공공기관 정책10)	• 정부 혁신관리 기본계획 • 공공기관의 운영에 관한 법률 제정(07) • 혁신수준 진단 및 평가 • 고객 중심 경영 및 고객만족도 조사 • 투명윤리 경영 • 알리오 개통	• 공공기관 선진화 정책 추진 • 공공기관 민영화 및 지분매각, 경쟁 도입 추진 • 공공기관 통폐합, 정원감축, 기능조정 • 대졸초임 삭감, 복수노조 허용, 성과연봉제 도입	• '공공기관 합리화 정책' 추진으로 경영 효율화, 자율경영 확립, 공공정보 개방 • '공공기관 정상화 대책'으로 부채비율 감축, 복리후생 가이드라인 제시, 방만 경영 기관 중점관리 • 2단계 '공공기관 정상화 추진방안'으로 공공기관 기능조정, 성과연봉제 확대, 저성과자 퇴출제, 임금피크제, 전문 계약직제 도입, NCS 기반 직무능력평가, 지역인재 채용	• 대국민 서비스 확충 및 질 제고를 위한 공공성 강화 • 소득주도 성장, 공공부문 일자리 확대, 비정규직의 정규직 전환, 공정경제 기반 구축 • 채용·입찰 비리 근절, 신고·포상 활성화, 국민 참여 확대 • 공공기관 혁신 가이드라인, 블라인드 채용 가이드라인 배포

공공기관 관리에 있어서 신공공관리론의 접근방식은 효율성 추구에 집중되어 있고, 후기 신공공관리론은 분절적 파편화 문제를 해소하기 위해 부서 간 협력과 소통을 강조하는 차이가 있지만, 효율성을 중시하는 점에서는 여전히 신공공관리론에 기초한 것이라고 할 수 있다. 신공공거버넌스론과 신공공서비스론은 신공공관리론에 대한 반성에 기반하여 전자는 효율성보다 협업과 참여를, 후자는 공공성에 기반한 서비스 제공을 중시하는 점에서 신공공관리론과 다른 모델이라고 할 수 있다.

우리나라에서 이러한 공공 관리 모델들을 적용함에 따라 발생했던 부정적 결과가 무엇이었는지를 판단해 보려면 몇 가지 고려할 사항이 있다. 우선 누구의 입장에서 볼 것인가 하는 문제이다. 방만 경영 개선이 공공기관 종사자에게는 불만 요인에 해당할 수 있지만, 납세자는 바람직한 방향으로 이해할 것이기 때문이다. 시간적 요인도 고려할 필요가 있다. 방만 경영 개선으로 단기적 효율성은 증가했을 수 있지만, 중장기적으로 보았을 때 비용 회수가 어려운 분야에 대한 서비스가 감소하거나 종료될 수도 있기 때문이다. 다음 표는 엄밀한 이론적 고찰 결과라기보다는 경험적 개연성 차원에서 각각의 적용과정에서 나타날 수 있는 긍정적 또는 부정적 가능성[11]을 요약한 결과다.

---

10) 라영재 외(2018) 참조

11) 라영재 외(2018) 내용 일부 참조

〈표 2-4〉 공공관리 접근별 긍정적/부정적 개연성

정권	노무현 정부	이명박 정부	박근혜 정부	문재인 정부
긍정적	• 공공조직 내 혁신과 경쟁 마인드 조성 • 고객 만족에 대한 관심 제고	• 방만 경영 축소 노력 • 기능조정 및 통폐합을 통한 효율성 제고 도모	• 공공기관 부채비율 하락 • 조직, 인사 관리 효율성 제고	• 사회적 가치에 대한 인식 확대 • 대국민 서비스 확충 및 공공성 강화 • 공공부문 일자리 질 제고
부정적	• 혁신 피로감 • 행정의 민주성 제고에 소홀 • 하향식 접근	• 효율성 강조로 공공성 간과 • 인력 감축 위주의 구조조정으로 공공서비스 질 저하 • 비정규직 노동자 확대 • 자원외교 수단으로 공공기관을 투입하는 등 공공기관 부채 급증	• 공공성 위축 • 위험의 외주화 등 일자리 안정성 저해 • 공공기관 자율성 하락 • 공공기관 성과연봉제 확대 과정에서 노사갈등 발생	• '인국공 사태' 등 정규직/비정규직 갈등 발생 • 정치적 목적에 공공기관 활용 • 급격한 고용증가

라영재 외(2018)에 의하면 구조조정, 투명성, 성과주의, 사회적 책임 분야별로 김대중 정부 이후 역대 정권의 공공기관 관리정책을 다음과 같이 비교하고 있는데 문재인 정부에 들어서 강화된 분야는 투명성과 사회적 책임 분야로 보고 있다.

[그림 2-1] 역대 정부 공공기관 관리정책 변화

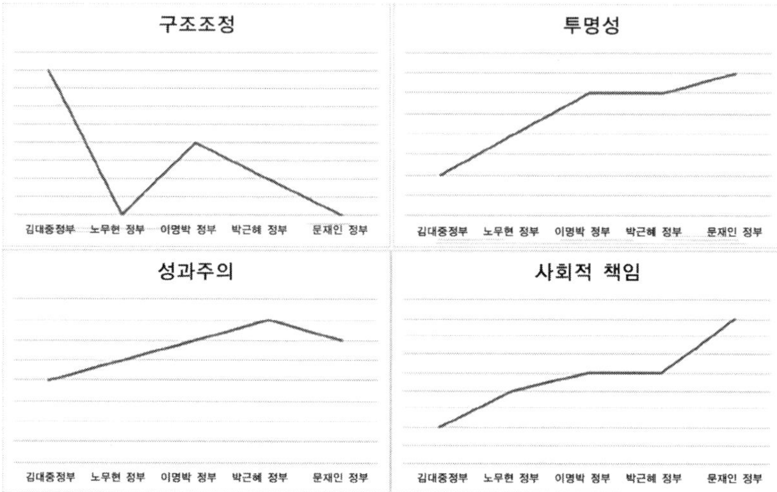

자료: 라영재 외(2018: 68).

3. 바람직한 공공 관리 방향에의 시사점

공공기관 관리이론은 앞에서 살펴본 바와 같이 각각 나름대로 긍정적 또는 부정적 결과를 모두 갖고 있다. 따라서 앞으로의 바람직한 공공기관 관리 방향은 특정한 개별 원리에 집중하기보다 각각의 접근방법이 갖는 장점을 극대화하고 단점을 최소화하는 융합적 · 포용적 · 상보적 형태로 진화할 필요가 있다. 즉 서비스 전달방식에 있어서 신공공관리론 차원의 효율성을 추구하면서, 전달 과정에서 신공공거버넌스론 차원의 참여와 협업을 유도하고, 전달 결과 사회적 가치를 포함한 공공성을 강화하는 신공공서비론 차원의 성과를 중시하는 모델을 구상하는 것이 하나의 예라 할 수 있다.

이러한 점에서 최근에 기업경영의 화두로 떠오른 ESG를 공공기관 경영에 어떻게 접목할 수 있을 것인가에 대한 고민이 요청된다. ESG는 환경, 사회, 지배구조(Environmental, Social, Governance)의 첫 글자를 딴 것으로 재무 '성과'뿐 아니라 환경위험, 사회문제, 투명한 경영이라는 '가치'를 중시함으로써 '많이 버는 것'을 넘어 '어떻게 벌어야 하는지' 고민하는 기업만이 살아남을 수 있다는 믿음에 기초하고 있다. 우리나라 일부 기업의 갑질 사례에서 보듯이 사회적인 물의를 일으킨 기업에 대해서는 소비자들의 불매운동을 통해 하루아침에 주가가 폭락할 수도 있으므로 단기적인 이윤만 추구하거나 사회적 책임을 다하지 않는 기업은 언제라도 소비자에게 외면받을 수 있고 따라서 지속 불가능하다는 인식이 2008년의 금융위기와 기후변화 위기, 그리고 최근의 코로나 위기를 거치면서 확산했기 때문이다. 특히 세계 최대 자산운용사인 블랙 락(Black Rock)의 최고경영자 래리 핑크(Larry Fink)가 2020년 1월 공개 서신(Black Rock's 2020 Letters to Clients[12]/CEOs) 을 통해 ESG 성과를 가장 중요한 투자원칙으로 삼겠다고 선언한 이후 ESG에 관한 관심은 폭발적으로 증가하게 되었다(김재필, 2021).

ESG는 UN 글로벌 협약(UN Global Compact)이 발표한 'Who Cares Wins'(The Global Imapct, 2004)라는 보고서에서 처음 등장한 것으로, 지속 가능한 성장을 하기 위해서는 기업투자 가치에 중대한 영향이 있는 비재무적 이슈를 분석해야 한다고 하면서 ESG를 투자대상 기업의 지속 가능성 수준을 판단할 수 있는 기준으로 제시한 개

---

12) https://www.blackrock.com/corporate/investor-relations/2020-blackrock-client-letter

념이다(이갑수, 2021). 이어 UN 사무총장이던 코피 아난이 전 세계 주요 금융기관과 함께 2006년 발표한 '사회책임투자원칙(Principles for Responsible Investment)'에서 투자대상 기업의 재무적 측면뿐 아니라 비재무적 지표인 ESG까지 고려해야 한다고 강조하면서 전 세계적으로 ESG에 관한 관심과 투자가 확산하게 되었다(이형종·송양민, 2021).

ESG와 유사한 개념으로 기업의 사회적 책임(CSR: Corporate Social Responsibility)을 들 수 있다. 기업의 사회적 책임(CSR)은 미국의 경제학자 보언(Bowen, 1953)이 처음 소개한 것으로 '사회의 목표와 가치에 부합하는 정책과 의사결정에 따라야 하는 기업인의 의무'로 정의되며, 기업이 일차적으로 경제적 책임, 이차적으로 법적 책임, 3차적으로 윤리적 책임, 4차적으로 사회적 책임을 수행해야 한다는 'CSR 피라미드'(Carroll, 1991)로 확대되었다. 이후 CSR이 단순히 기업의 대외이미지를 높이는 수단에 그치고 사회적 기여도가 낮다는 비판이 제기되면서 포터·크레이머(Porter & Kramer, 2011)가 제안한 '공유가치 창출(CSV: Creating Shared Value)', 즉 기업이 경제적 가치와 함께 사회적 가치를 동시에 높일 수 있는 활동을 전개해야 한다는 논의로 전환된다.

이들이 제시한 '공유가치 창출(CSV)'의 방법론은 첫째, 맛뿐 아니라 건강에도 좋은 식품을 개발함으로써 소비자 건강이라는 사회적 수요 충족과 동시에 기업의 이익이라는 경제적 가치를 창출할 수 있는 새로운 제품과 시장 개발, 둘째, 운송경로를 개선함으로써 운송비용 절감이라는 경제적 가치와 에너지 절감이라는 사회적 가치를 동시에 높이는 등의 방식으로 생산성을 재정의, 셋째, 식품회사가 관련 농가를 지원함으로써 안정적 원료 구매라는 경제적 가치와 지역발전이라는 사회적 가치를 높이는 연관사업 지원 및 주변 환경 개선이다(서상목 외, 2019). 전통적인 CSR 활동이 기업의 이윤 중 일부를 사회적 목적으로 사용하는 제로섬 게임이었다면 '공유가치 창출'은 경제적 가치와 사회적 가치를 동시에 높이는 플러스섬 게임이라고 할 수 있다(우윤석, 2020).

그런데도 CSR과 CSV는 다분히 추상적 · 선언적이어서 기업인들에게 구체적으로 행동 지침으로 작용하기 어려웠던 반면, ESG는 출발 자체가 투자자를 위한 가이드라인이었기 때문에 매우 구체적인 지침을 제공한다는 차이를 보인다. 아래 그림에서 보듯이 ESG가 지향하는 가치는 분야별로 다음과 같이 구체화할 수 있다.

[그림 2-2] ESG의 가치

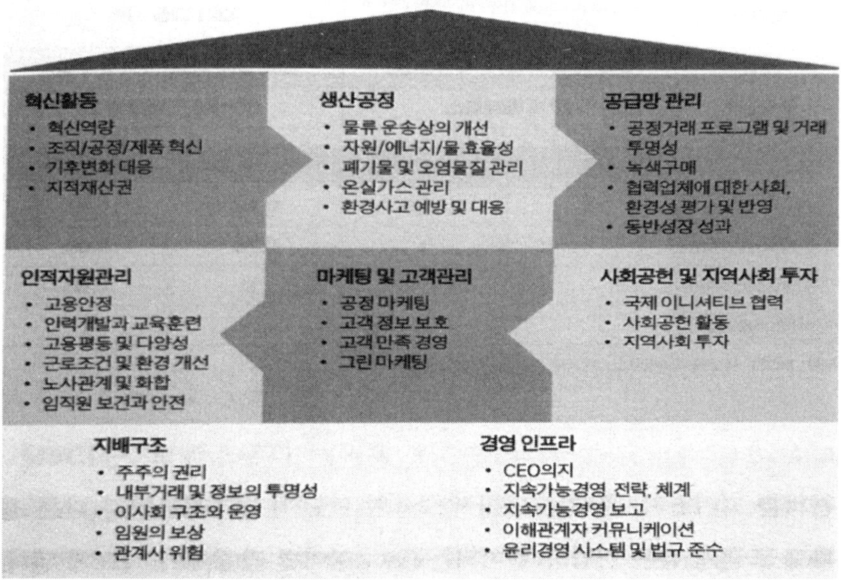

자료: 김재필(2021: 103)에서 재인용

그뿐만 아니라 우리나라의 한국기업지배구조원을 포함, 전 세계적으로 125개 정도의 기관이 ESG 등급을 평가하고 있는데 ESG 수준을 판단하기 위한 평가항목도 다음과 같이 구체화되어 있다.

〈표 2-5〉 ESG 평가항목

<table>
<tr><th>3필라</th><th>10테마</th><th colspan="2">37 ESG 키 이슈</th></tr>
<tr><td rowspan="4">환경
(Environmental)</td><td>기후변화</td><td>탄소배출
탄소발자국</td><td>친환경 파이낸싱
직접투자
기후변화 취약성</td></tr>
<tr><td>천연자원</td><td>물 부족
생물 다양성 & 부지사용</td><td>원자재 조달</td></tr>
<tr><td>오염&
낭비</td><td>유독성 물질 배출
패키징 원자재</td><td>전력 낭비</td></tr>
<tr><td>친환경
기회</td><td>클린 테크 기회
그린 빌딩 기회</td><td>신재생에너지 기회</td></tr>
<tr><td rowspan="4">사회
(Social)</td><td>인적자본</td><td>노무관리
건강 & 안전</td><td>인적자본 개발
공급망 노동자 위험</td></tr>
<tr><td>제조물
책임법</td><td>제품 안전성 & 퀄리티
화학제품 안정성
금융상품 안전성</td><td>개인정보 & 데이터 보안성
책임투자
건강 & 인구구조 위험</td></tr>
<tr><td>주주 항의</td><td colspan="2">논쟁의 원천</td></tr>
<tr><td>사회적
기회</td><td>커뮤니케이션 접근성
금융에 대한 접근성</td><td>헬스 케어 접근
영양 및 건강 기회</td></tr>
<tr><td rowspan="2">지배
(Governance)</td><td>기업지배
구조</td><td>이사회
지불</td><td>오너십
회계</td></tr>
<tr><td>기업형태</td><td>기업윤리
비경쟁 요소
세금 투명성</td><td>부정부패 & 불안정성
금융시스템 불안정</td></tr>
</table>

자료: 김재필(2021: 108)에서 재인용

이러한 점을 고려할 때 공공기관들도 신공공관리론, 신공공거버넌스론, 신공공서비론의 이념적 토대를 넘어 ESG를 제대로 구현할 수 있는가를 주요한 공공 관리 어젠다로 설정할 필요가 있다. 참고로 모건 스탠리 캐피털 인터내셔널(Morgan Stanley Capital International)이 전 세계 8,500여 개 상장 기업을 대상으로 매년 평가하는 ESG 등급에 따르면 AAA가 탁월이고 CCC가 부진인 스펙트럼에서 우리나라의 삼성전자는 BBB, 한국전력은 BB 등급(김재필, 2021: 106)을 받은 것으로 나타났는데, 이러한 평가 틀을 준용하여 비상장 기업인 공공기관에 적합한 지표체계를 새로이 구상하고 공공기관 경영평가에 활용하는 것도 가능할 것으로 본다.

공공기관이 스스로 ESG를 실천하는 방법도 있지만, 공공기관이 거래하는 다른 기관 내지는 민간 또는 공공조달 등에 있어서 상대 기관에 ESG를 요구하는 것도 가능할 수 있다. 애초에 ESG는 투자원칙에 해당하기 때문이다. 다음과 같은 투자 형태를 적용할 경우 공공기관이 다른 조직을 상대로 ESG를 확보할 수 있는 수단이 될 수 있다.

〈표 2-6〉 ESG 투자형태

투자형태	투자 전략 및 방법
네거티브 스크리닝 (Negative Screening)	포트폴리오 구성 시 ESG 기준에 부합하지 않는 특정 업종이나 종목을 배제 예) 담배, 무기, 마약판매 기업 배제
포지티브 스크리닝 (Positive Screening)	동종 산업 내 ESG 평가결과가 우수한 섹터와 기업, 프로젝트를 선정해 투자, 네거티브 스크리닝에 비해 보다 엄격. 예) 동일 업종 내 ESG 점수 상위 50% 기업 선별
ESG 통합 (ESG integration)	기업의 재무 평가 단계에 비재무적인 ESG 정보를 통합해 분석하는 전략 예) 비재무 정보를 참조해 기업 할인율 조정

규범 기반 스크리닝 (Norms-based Screening)	국제 기준의 준수 여부를 근거로, 기준에 미치지 못하는 종목을 배제 예) OECD, UN 등 국제적 기준에 미달하는 기업을 투자에서 배제
임팩트 투자 (Impact Investment)	수익성 제고보다 사회·환경 문제를 해결하려는 의도로 관련 사업 및 기업에 투자 예) 영업이익의 10% 이상을 지역발전, 취약지역을 위해 쓰는 기업에 투자
경영 참여 및 주주행동 (Active Onership)	기업 의사결정에 직접 개입해 ESG 가이드라인을 준수하도록 하는 방식 예) 의결권 행사, 기업 경영진과의 면담
지속 가능 테마 투자 (Sustainable Investment)	지속가능성과 관련된 투자자산에 투자하는 방식으로, 임팩트 투자에 수익성도 고려한 방식 예) 청정에너지, 신재생에너지, 녹색기술 등 환경 관련 테마에 투자

자료: 김재필(2021: 127)에서 재인용

4. 공공관리이론의 변화가 공공기관 정책 방향에 미친 영향

1980년대 이후 지배적인 공공관리이론으로 자리를 잡았던 신공공관리론의 위상이 신공공서비스론과 신공공거너번스론에 의해 뒷전으로 밀려나는 양상을 보이고 있다. 이는 신공공관리론을 뒷받침하던 신자유주의가 2008년 금융위기를 계기로 퇴조하고 있는 상황을 반영한다. 특히, 한국에서는 촛불혁명과 문재인 정부의 성립, 그리고 코로나19를 맞으면서 구체화 된다. 이는 신자유주의가 세계적으로 금융위기를 낳고 양극화를 심화시켰다는 인식이 공유된 탓이었다(조성한, 2020). 이에 따라 공공기관에서 신공공관리론은 경제적 효율성을 강조한 나머지 공공성을 경시했다는 비판에서 벗어나지 못했다.

신공공관리론은 작은 정부론에 기초한 정부 규모와 기능의 축소, 경쟁과 고객중심주의에 입각한 성과관리, 규제 완화를 핵심 내용으로 삼는다. 그러나 신공공관리론이 후퇴하고 신공공거버넌스론과 신공공서비스론이 등장하면서 공공관리의 방향 잡기(steering)를 둘러싸고 이론과 실천적인 측면에서도 변화가 나타나고 있다. 먼저 신공공거버런스론은 정부 중심의 논의에서 시민을 정책과 서비스 전달의 공동 생산자로 인정한다는 점에서 지배구조의 변화에 일정한 시사점을 주고 있다. 즉 정부 주도의 공공기관 관리에서 벗어나 다양한 이해당사자(stakeholders)의 역할을 강조하고 정치적 권위에 의한 갈등의 해결이 아니라 자발적인 인정에 따른 해결을 강조함으로써 시민(소비자)과 노동자의 참여 공간이 열렸다고 할 수 있다. 즉 좀 더 참여적이고 시민사회 지향적인 거버넌스 개념이 적용된다고 할 수 있다. 이는 공공기관 지배구조에서 정부와 민간, 조직과 시민 사이의 관계망(Web of relationship)을 어떻게 확충할 것인가라는 과제를 남긴다.

또한, 공공관리이론의 변화는 공공기관의 관리라는 측면에서도 내용적인 변화를 시사한다. 먼저 '작고 효율적인 정부'가 아니라 '강력하고 포괄적인 정부'가 등장하고 시장의 원리도 제도의 힘에 빈자리를 내주고 있다. 경제의 디지털 전환이나 기후 위기 대응에서는 물론 발등의 불로 떨어진 감염병 대응 과정에서도 '국가의 귀환'은 빠른 속도로 가시화되고 있다. 민영화는 물론 외주에 의한 경쟁 촉진도 제한될 것이라고 예상할 수 있다. 이러한 움직임은 새로운 공공관리이론, 특히 신공공서비스론이 강조하듯이 대국민 서비스의 향상 및 공공성의 강화로 이어질 것이다.

신공공관리론의 퇴조가 공공기관의 임금 결정구조에 어떤 영향을 미칠지는 공공관리 이론의 변화만으로 예측하기는 쉽지 않다. 지난 정부에서는 공공기관 임금 결정 과정에서 노동조합을 배제하는 한편 임금피크제, 성과연봉제 등을 도입하면서 노사갈등이 벌어지기도 했다. 새로운 공공관리이론에서는 시민과 노동자의 참여와 함께 노사 사이의 협력적인 구조가 강조되는 만큼 임금 결정 과정에서 노동자의 참여를 구체화할 요인은 있어 보인다. 또한 법의 준수라는 관점에서 보더라도 공공기관노조의 임금교섭권을 보장하는 방향으로 정책 기조가 잡힐 수도 있다. 물론 지배구조나 공공서비스 및 경영평가, 그리고 임금 결정구조가 공공관리 이론에만 의존하는 것은 아니다. 다양한 변수, 정부의 성격이나 경제・사회적 환경, 이해당사자들의 대응 등이 영향을 미칠 것이다. 하지만 공공관리 이론의 변화는 공공관리를 둘러싼 철학이나 배경이 바뀐다는 점에서 그것이 미칠 영향을 예측하기는 어려워 보인다.

앞에서도 밝혔듯이 문재인 정부가 이전 정부와 구별되는 것은 분명하다. 촛불혁명으로 집권했다는 사실이나[13] 심각한 불평등, 디지털 전환과 기후 위기 대응, 저출산과 인구구조 변화 등에 따른 경제 전환의 가속화, 감염병의 확산은 더 이상 과거의 정책 패러다임을 고수하기 어렵게 만들었다. 경제에 대한 국가의 개입은 물론 사회 안전망의 확충과 함께 정부 및 공공기관의 확충이 요청된 것이다. 문재인 정부도 후기의 국정 방향에서는 이러한 흐름을 정책으로 연결하려는 노력을 기울였다.

먼저 노동정책에서는 노동 배제에서 노동 참여를 강조하는 방향

13) 문재인 정부가 촛불혁명을 통해 집권했다면 촛불혁명 자체가 정치적 분노 못지않게 신자유주의에 대한 분노를 담고 있었다(손호철, 2017)

으로 정책의 중심이 이동한다. 노동이사제를 공약하고 사회적 대화를 강조하면서 공공기관 운영위원회, 임원추천위원회 노동계 인사 참여 확대를 국정과제에 편입했다(국정기획자문위원회, 2017). '작지만 효율적인 정부'라는 신공공관리론의 정책 대신 81만 개 일자리 창출과 비정규직의 정규직화 정책을 추진하였다. 이 과정에서 민간에 위탁되었던 서비스가 공공부문으로 복귀하기도 했다. 또한 성과연봉제 도입과 양대 지침을 철회 또는 폐지했으며, 대신 임금체계의 개편을 시도했다.

공공기관의 개혁도 빠뜨리지 않았다. '사회적 가치실현을 선도하는 공공기관'이라는 기치 아래 "운영의 효율성과 함께 공공기관 설립 목적에 따른 본연의 공공성 강화를 공공기관 운영의 중요한 가치로 추구하고" 이를 뒷받침하는 평가제도와 지배구조의 개선 등을 국정과제로 내세웠다(국정기획자문위원회, 2017). 이는 '작은 정부론'에서 벗어나 효율성이나 수익성이라는 명분으로 희생시켜온 공공서비스를 복원하고 확대·강화에 시동을 걸겠다는 신호였다. 문재인 정부에서는 공공기관의 사회적 가치의 실현이라는 목표 아래 적극적으로 공공기관의 공익성을 추구해 왔다. 사회적 가치란 '사회·경제·환경·문화 등 모든 영역에서 공공의 이익과 공동체의 발전에 기여할 수 있는 가치'라고 정의할 수 있다[14]. 그 구체적인 내용에는 인권 보호, 안전, 건강증진, 노동자의 권리, 사회적 약자의 참여와 사

14) 이는 2020년 6월, 박광온 의원이 대표 발의한 「공공기관의 사회적 가치 실현에 관한 기본법안」에서 규정한 정의다. 2020년 9월에는 더불어민주당 홍익표 의원이 「공공기관의 사회적 가치 실현을 위한 기본법안」을 대표 발의했다.

회통합, 상생 협력 및 공정거래, 양질의 일자리 창출, 지역사회 활성화, 기업의 사회적 책임, 환경의 지속 가능성, 공공성 강화 등이 포함되어 있다. 이에 따라 2018년 공공기관의 경영평가에서는 사회적 가치 항목이 별도 지표로 도입되었고 2019년에는 그 배점이 공기업 24점, 준정부기관 22점으로 확대되었다(허경선, 2021). 공공기관의 평가 지표로서 일자리 창출, 사회통합, 안전 및 환경, 지역발전, 그리고 윤리경영이 포함되었다.

문재인 정부에서 공공관리의 방향에는 변화는 있었지만, 전환의 개념에는 미치지 못했다. 우선 지배구조라는 측면에서 공운위나 경영평가에서 단절적인 변화는 없었다. 사회적 가치를 전면에 내세웠지만, 개념은 모호했고 '공공기관의 사회적 가치실현을 위한 기본법안'은 발의만 되었을 뿐 상정조차 되지 않으면서 추진동력을 살려내지 못하고 있다. 신공공관리론을 대체할 새로운 공공기관 개혁의 비전이나 철학이 분명하게 제시된 것도 아니었다. 결과적으로 문재인 정부는 신공공관리론이 이론적으로 퇴조하고 실천적으로도 한계에 부딪힌 상황에 집권하였지만, 그 흐름을 정책적으로 구현하지는 못한 채 공공기관의 본격적인 개혁을 차기 정부의 과제로 넘겼다고도 할 수 있다. 공공관리 이론의 변화가 새 정부의 공공기관 개혁과정에서 어떻게 반영되고 실현될 것인가는 여전히 중요한 과제로 남아 있는 것으로 판단된다.

제3장

공공기관 관련 거버넌스 재구조화 방안

제 1 절

문제제기

공공기관은 공공서비스 전달체계에서 정부와 국민의 중간에 자리잡고 있다. 따라서 정부와 국민의 관계를 주인-대리인 이론(Principal-Agent Theory)에 따라 대리인 관계로 볼 수 있다면 공공기관과 국민의 관계는 이중 대리인 관계로 설명할 수 있다. 이처럼 중복적 대리관계를 갖는 점에서 공공기관을 어떻게 관리할 것인지는 공공 관리의 중요한 쟁점이 된다. 정책의 방향성 설정에 유의미한 접근방법을 제공할 수 있는 거버넌스 설계적 관점에서 공공기관과 관련된 쟁점은 다음과 같이 요약할 수 있다.

첫째, 중앙정부 차원에서 '어느 부처에서 관리하게 할 것인가'하는 쟁점이다. 집권화의 수준에 따라 한 부처에 맡기는 유형, 2개의 부처에 맡기는 유형, 각 부처가 책임지는 등의 다양한 유형이 있다. 이에 따라 외국의 경험과 이론적 근거하여 우리나라의 특징을 분석하고 방향성을 검토할 필요가 있다. 둘째, '공공기관운영위원회를 어디에 소속시킨 것인가'하는 문제이다. 우리나라의 공공기관 거버넌스와 관련하여 독립적인 위상을 가지고 있는 공공기관운영위원회는 국가적 차원의 거버넌스와 맞물려 있기 때문에 매우 중요한 변수로 작용하고 있으며 내부 구성과 역할의 적정성을 검토할 필요가 있다.

거버넌스의 설계 구도를 분석한다는 것은 정부가 공공기관에 간여하는 정책 수단을 이해한다는 점에서 정부 간여의 범위와 수준을 분석한다는 의미가 있다. 이를 위해 가장 중요한 현황 분석대상으로 삼아야 할 것은 2007년에 제정된 「공공기관 운영에 관한 법률」과 이에 근거하여 운영되는 공공기관운영위원회의 활동이라고 할 수 있다. 특히 이 연구에서는 공공기관운영위원회의 정책 방향성과 시사점 도출을 위해 다른 나라, 특히 OECD가 제시하는 국제적 동향과 사례를 분석하여 개선 대안을 모색하는 데 활용하고자 한다.

제 2 절

OECD 공공기관 소유권 모델 유형화

정부는 일반적으로 시장실패의 영역에 대응하는 차원의 하나로 필요한 경우 공기업을 설립하여 공공서비스를 공급하는 수단을 채택한다. 이럴 경우, '공공'의 의미를 강조하기 위해 정부의 개입이 필요하기도 하고. '기업'의 의미를 강조하기 위해 자율성을 보장할 필요도 있다. 이에 따라 공기업 관련 정책을 어떻게 수립하고 이를 관리할 것인가는 정부의 역할과 관련하여 중요한 쟁점이 되고 있다. 특히 정책 결정과 행정 관리 기능을 정부 내에서 어떻게 역할 분담할 것인가도 중요한 문제이다. 이와 관련하여 OECD에서 2005년과 2015년 2차례에 걸쳐 제시한 공기업 지배구조와 운영에 대한 가이드라인에 주목할 필요가 있다. 이 가이드라인은 각국의 경제발전단계와 정치·사회적 맥락에 따른 다양한 배경을 고려하여 OECD 회원국을 상대로 효율적이고 투명한, 그리고 책임 있는 공기업 운영을 보장할 수 있는, 국제적으로 합의된 운영 기준을 담고 있으며, 어떻게 하면 각국의 정부가 수동적 소유권 행사나 과도한 정부 개입으로 발생할 수 있는 공기업 운영의 함정에 빠지지 않을 수 있는가에 대한 표준안을 포함하고 있다.[1] 물론 각국은 자국의 경제발전 단계와 정치·사회

학적인 배경에 따라 다양한 방식을 채택하고 있으므로 반드시 가이드라인에 따라야 할 필요는 없겠지만 국가별로 어떤 형태의 관리방식을 채택하고 있는지, 그리고 공기업의 공공성과 자율성을 보장하기 위해서 바람직한 관리 방향이 무엇인지에 대해 유의미한 시사점을 제공한다는 점에서 의의가 있다.

1. 공기업 소유권 논의와 OECD 가이드라인

OECD는 이런 표준을 정리하여 OECD 기업 지배구조 원칙(OECD Principles of Corporate Governance)을 2005년에 최초로 제시한 바 있으며, 2015년에는 지난 10년간 새롭게 발견된 현상들을 반영하여 OECD 공기업 지배구조 가이드라인(OECD Guidelines on Corporate Governance of State-Owned Enterprises)을 제시하였다. 공기업 소유권 관련 OECD 권고안은 기본적으로 두 가지 관점에서 그 변화를 이해할 수 있다. 그 하나는 소유권 기구의 위상과 기능 재분배에 관한 문제이고, 다른 하나는 기능적 측면에서 소유권 관련 지배구조의 점검과 재배분의 문제이다.

OECD는 1997년 동아시아에서 출발한 외환위기에 의한 세계 경제의 위기를 보면서 국가 소유의 공공기관에 대한 관리 개선에 주목하게 되었

1) 소유권 행사를 소극적으로 하는 경우 주무부처와 긴밀하게 밀착된 공기업 운영으로 국가 소유 자산이 효율적으로 운용되기 어려운 점이 나타나고, 과도하게 공기업운영에 정부가 간섭하는 경우 자율경영을 해치는 이율배반적인 상황이 발생한다.

고 1990년대 이후 확산된 신공공관리론의 관점에서 정부의 역할을 재정립하기 위한 노력의 하나로 2005년에 1차 가이드라인을 제시하였다. 그리고 2007년 미국 금융위기에서 출발한 전 세계의 경제위기를 경험하면서 2015년 2차 가이드라인을 제시하였다. 2차례에 걸친 가이드라인에서 핵심은 공기업과 시장의 관계를 어떻게 형성할 것인가 그리고 이러한 논의의 연장선 차원에서 공기업을 관리하는 정부의 역할은 무엇이 되어야 할 것인가에 대한 쟁점이라고 할 수 있다.

2005년과 2015년 OECD 가이드라인에서 공통적으로 강조하고 있는 점은 소유권 행사 기관의 명확화와 기능 정립이다. 소유권 기능은 공기업 임원 임면, 경영목표설정, 경영공시, 성과 평가, 경영 전문성 제고 등을 말하는 것으로서 소유권 기능에 관한 국제적인 추세는 소유권 주체에 집중되고 있다. 주요 구성을 보면 2005년도 총 6장으로 구성되었던 가이드라인은 2015년에 와서 총 7장으로 1개의 장이 추가되었다. (1) 국가소유권에 대한 근거, (2) 소유주로서 국가의 역할, (3) 시장에서의 공기업, (4) 주주 및 기타 투자자들에 대한 공평한 대우, (5) 주주 관계와 책임경영, (6) 공시와 투명성, (7) 공기업 이사회의 책임 등 총 7장이 그것이다. 2015년의 가이드라인은 국가소유권 관련 부분의 신설, 공기업의 설립 및 유지에 관한 명확한 근거 제시, 공기업 효율성에 관한 기준 명확화, 공기업의 특수성 관련 부분 명확화 등을 골자로 하여 대부분 정부가 시장 혹은 공기업 운영에 개입할 때 필요한 책임성 확보를 위한 사항을 제시하고 있다. 제1장에서 제3장까지는 공기업 관리정책 및 제도의 목표와 방향, 사업 환경에 대한 거시적 가이드라인을 제시하고 있는 것이라면, 제4장부터 7장까지는 그러한 정책목표를 실현하기 위한 방법론적 가이드라인을 구체화하고 있다. 이러한 구성 변화를 정리하면 <표 3-1>과 같다.

〈표 3-1〉 개정 이후 OECD 공기업지배구조 가이드라인의 구성 변화

2005년도	2015년도
(1) 국영기업을 위한 효과적인 법적, 규제적 틀 제시	(1) 국가소유권의 근거
(2) 소유권자로서 국가의 활동	(2) 소유권자로서의 국가의 역할
(3) 주주에 대한 형평성 있는 대우	(3) 시장에서의 국영기업
(4) 주주와의 관계	(4) 주주와 기타 투자자에 대한 형평성 있는 대우
(5) 투명성과 공시	(5) 주주와의 관계 및 책임 있는 업무 수행
(6) 국영기업 이사회의 책무	(6) 공시와 투명성
	(7) 국영기업 이사회의 책무

자료: OECD Principles of Corporate Governance. 2005; OECD Guidelines on Corporate Governance of State-Owned Enterprises. 2015

2015년 가이드라인에서 특이한 것은 2005년 제정된 가이드라인에서 통합적으로 구성되어 있던 ① 공기업의 설립근거 및 소유권 정책의 중요성 ② 공기업에 대한 법·규제적 프레임의 일관성 ③ 민간과

의 공정한 경쟁 환경 보장의 중요성을 독립적으로 구분하고 있다는 점이다. 특히 경쟁 중립성 논의가 가이드라인에 중요하게 다루어지고 있는 것은 공기업 관리정책의 집행 효과가 국내(domestic) 수준에만 머무는 것이 아니라 국제적으로(internationally) 파급되며, 이러한 상황에 대한 세계 주요 국가들이 가지는 관심 수준이 강화되고 있기 때문이라고 평가된다.

I. 국가소유권에 대한 근거

국가는 국민을 대신에 공기업에 대한 소유권을 행사한다. 기업 소유권을 정당화하고 반복 검토의 대상인 공공정책 목표를 국가는 신중하게 평가하고 공개해야 한다.

A. 정부는 소유권 정책을 개발해야 한다. 개발 중에도 정책은 정부 소유권에 대한 전체적인 근거와 공기업 지배구조에 대한 정부의 역할을 정의하고 정부가 소유권 정책을 어떻게 시행할 것인 지에 대해서도 정의해야 한다.

B. 소유권 정책과 기업의 구체적 우선순위는 정치적 책임에 관한 적절한 절차의 대상이 되어야 하며 국민에게 공개되어야 한다.

C. 정부는 개별 공기업에 대해 지속되어 온 소유권에 대한 근거뿐만 아니라 소유권 정책을 규칙적으로 검토해야 한다.

D. 개별 공기업이나 공기업 그룹에게 일반적으로 수용되는 상업적 기준을 넘어서는 시행을 요구하는 의무와 책임은 법이나 규칙에 따라 명확하게 의무화되어야 한다. 관련 비용은 투명한 방법으로 처리해야 한다.

Ⅱ. 소유권 행사자로서의 국가 역할

F. 각 회사의 법적 구조에 따라 국가는 정보에 능통하고 활동적인 소유자로서 소유권을 행사해야 한다. 국가 주요 책임은 다음과 같다:

1. 일반적인 주주 총회에서 참석하고 국가 지분에 대해 투표하기
2. 국가 완전 또는 과반수 소유의 공기업에 대해 성과주의 기반의 체계적이고 투명한 이사회 임명 제도를 확립하고 적극적으로 공기업 이사회 임명에 참여하기
3. 기능 수행 시 이사회의 자율성과 독립성을 최대한 보장해 줄 수 있는 적합한 채널을 통해 공기업 이사회에게 국가의 목표와 우선 사항을 통지하기
4. 공기업 성과에 대한 정기적 감시, 감사 및 평가를 가능하게 하는 보고 시스템을 설치하기
5. 개별 공기업에 대한 외부 보고 정책을 개발, 전달하고 그 시행 여부를 감시하기
6. 법적 시스템과 국가 수준의 소유권에 의해 허용되었을 때 외부 감사자들 및 구체적인 국가 통제 기구와의 지속적인 대화 유지하기
7. 공기업 이사회 멤버를 위한 보수제도가 기업의 장기 이익을 창출하고, 충분한 자격을 갖춘 전문가를 유치하고 동기 부여할 수 있는 환경을 조성하기
8. 경제활동에 참여한 공기업을 위해 재정 목표와 배당금 정책을 세우고 감시하기

자료 : OECD Guidelines on Corporate Governance of State-Owned Enterprises. 2015.

2015년 가이드라인이 공기업 거버넌스 구조에 관한 집중적인 제안을 제공한 데는 몇 가지 이유가 있는 것으로 평가되고 있다. 첫 번째로는 각국의 공기업들이 그 운영과정에서 정치적인 의도에서 시작된 과도하거나 부당한 경영개입과 그로 인한 불명확한 공기업의 의무 및 공기업 경영성과에 대한 책임성 문제가 대두하여 경영 효율성을 저해하는 상황에 직면할 수 있다는 점이다. 2008년의 세계 경제위기를 극복하면서 공공기관 관련 관리정책에 대한 중요성을 다시 인식하게 된 것이다. 두 번째로는 공기업은 공공정책에서 정의한 목표와 경제활동에 관련된 두 가지 목표를 동시에 달성해야 하는 이중성의 문제를 안고 있다는 점이다. 이런 특징들로 공기업의 의사결정은 왜곡될 가능성이 크다. 즉 일선 현장에서는 공기업의 궁극적인 소유자인 다수 대중(국민)의 이익과 거리가 먼 복잡한 의사결정 체계(관리자, 이사회, 소유자, 정부 부처, 입법부)에 의해 명확히 정의되지도 않고 책임성이 결여된 의사결정이 이루어지며, 이로 인해 공기업의 성과에 관한 책임도 모호해지는 결과를 양산하게 될 우려가 있기 때문이다. 요컨대 2015년 가이드라인은 이런 문제점을 개선할 수 있는 대안을 보다 적극적으로 반영하여 좋은 공기업 거버넌스 구조와 책임성 확보에 필요한 사항들을 제안하는 데 많은 노력을 기울인 것으로 볼 수 있다.

2. OECD 국가의 지배구조 유형

1) 이론적 근거

OECD 국가들은 각국의 정치·사회·경제적인 배경을 반영하여 거버넌스 체계를 개발하여 활용하고 있다. 가장 기본적인 분류 기준은 '하나의 부처에서 담당하느냐' 아니면 여러 부처에서 담당하느냐' 이고, 이에 따라 집중과 분권의 수준이 결정된다. 이를 하나의 연속선상에서 보자면 분권형과 집중형을 양극단으로 하면서 중간에 조정기관모델, 이중트랙모델, 듀얼모델(dual model)이 존재한다고 볼 수 있다. 듀얼모델은 2개의 부처가 각각 다른 기능을 수행하면서 소유권 행사를 하는 것이다. 예컨대 재무부가 재정 관리에 관한 총괄 기능을 수행하고, 다른 부처는 경영에 관한 총괄 기능을 수행하는 것이다. 이중트랙모델은 공기업의 유형에 따라 각각 다른 정부 부처에서 담당하는 것이다. 즉 개별 공기업의 측면에서 보면 듀얼모델은 2개 정부 부처의 관리를 받는 것이고, 이중트랙모델은 한 부처의 관리를 받는다는 점에서 차이가 있다. 듀얼모델은 주로 재무의 관점을 별도로 관리한다는 차원이 강조되고 있다. 조정기관모델은 정부가 강력하게 개입하지 않고 자문 형식으로 지원하는 수준이다. 사실상 분권형에 가까운 형식이라 할 수 있다.

〈표 3-2〉 총괄관리 책임의 유형

	정부	시장
집중	소유권 집중 - 금융담당기구 - 중앙예산기구	- 별도 지주회사 설립
분산	- 개별 부처 중심으로 산하기관 관리	- 개별 기업의 이사회

〈표 3-3〉 공기업 관련 국가소유권의 유형

	소유권 모델	비고
집중	집중형 모델 (Centralised model)	- 단일의 정부기관이 국가가 통제하는 모든 공기업과 공공기관을 소유 주체로써 관리·감독함 - 이러한 기관은 소유권 전문기관 또는 별도로 지정된 정부부처일 수 있음 - 통제기관이 재정 목표 설정, 운영 사안과 공기업 성과 모니터링 절차를 모두 수행함 - 공기업 이사는 다양한 방식으로 선임되지만, 중요한 선임 기준은 통제기관이 제시함
	듀얼 모델 (Dual model)	- 두 개의 정부기관(보통 주무부처와 재정부)이 개별 공기업의 소유권을 공유함 - 통상적으로 단일 부처가 재정 목표를 설정하고 다른 부처는 경영전략을 수립함
↑	이중트랙 모델 (Twin track model)	- 기능적으로 집중형 모델과 유사하지만, 서로 다른 공기업 유형을 두 정부기관이 각각 관리·감독하는 형태 - 이중트랙 모델은 종종 '듀얼'모델로 지칭되었으나, 실제로 한 정부기관이 개별 공기업 유형의 소유권을 관리한다는 점에서 듀얼 모델과는 다름
	조정기관 모델 (Coordinating agency model)	- 전문화된 정부기관이 전반적인 운영 사안에 대해 기타 소유권 관련 부처의 자문기관 역할을 함 - 조정기관의 핵심 업무는 공기업 성과 모니터링인 경우가 많음 - 조정기관의 역할이 제한적이고 주무부처의 자율성이 클수록 조정기관 모델은 분권화된 모델과 상당부분 겹칠 수 있음
분권	분권형 모델 (Decentralised model)	- 어떠한 단일 기관이나 정부행위자가 공기업의 소유권 행사를 전담하지 않음 - 사실상 주무부처가 장관 권한의 연장선으로 공기업을 관리·운영함 - 소유권 행사에 대해 단일의 국가 단위 또는 여러 국가 단위들이 책임지는 구조

자료: OECD, Compendium on SOE Governance and Owenership Pracrtices, Corporate Governance, 2017.

OECD에서는 분리하여 유형화하지 않았지만, 집중형의 유형에서도 정부가 직접 개입하는 유형과 별도로 관리기구를 두는 것으로 구분할 수 있다. 싱가포르의 테마섹(Temasek)과 같이 국가지주회사(Holding Company)를 설치하는 것이 그러한 예라고 할 수 있다. 테마섹은 재무부가 지분 100%를 보유하는 국영 투자자로서 기능을 수행한다. 이에 총괄관리 기구의 설치 유형과 관련하여 다음과 같은 분류도 가능하다. 정부를 중심으로 집중과 분산을 유형화할 수도 있지만, 시장 기구에서 국가지주회사를 통한 집중형도 가능하다. 물론 이러한 모델은 우리나라의 산업은행이나 코레일이 개별 공기업 단위에서 자회사를 설치하는 것과 달리 싱가포르의 테마섹과 같이 모든 국가공기업의 투자를 하나의 지주회사에서 관리하는 방식을 의미한다.

2) 각국의 유형

OECD가 이론적으로 유형화한 5개가 각국에서 실제 적용되면서 다양한 형태로 나타나고 있다. 이러한 유형별로 특징을 살펴보면 다음과 같다.

(1) 집중형

OECD 가이드라인은 집중형의 유형으로 공기업을 관리할 것을 요구하고 있고, 이에 따라 많은 국가가 이를 표방하고 있다. 그러나 구체적인 운영 방식에서 몇 가지 특징들이 나타난다. 집중형이라 하지만 '어느 부처에서 관리하는가'와 관련하여 차이가 있다. 중국, 칠레, 헝가리 등은 독립기구로 운영되는 국가들이다. 이 국가들은 별도 기구를 설치하여 운영하고 있다. 한국도 공공기관운영위원회가 소유권 집중의 권한을 행사한다고 제시하여 독립기구와 같은 의미를 전달한다. 그러나 공운위 위원장이 기획재정부 장관이기 때문에 다른 국가에서와 같은 독립성을 갖고 있다고 평가하기는 어렵다. 한편, 슬로베니아는 독립된 국가지주회사 형태로 운영되고 있다. 특이하게 핀란드는 총리실에서 이를 통합된 관리를 하고 있다. 재무부 소속으로는 한국, 스페인. 덴마크, 네덜란드, 폴란드 등 가장 많은 국가가 여기에 포함되어 있다. 한편 별도 부처에서 관리하는 국가로서 스웨덴은 '기업 및 혁신부', 노르웨이는 '통상 및 기업부', 남아프리카공화국은 '공공기업부'에서 관리하고 있다.

그러나 순수한 집중형은 찾기가 쉽지 않다. 개별 부처의 영향력이 어느 정도 존재하기 때문이다. 이를 얼마나 공식화하느냐의 수준 차이이다. 예컨대 덴마크의 경우를 보면, 교통부(Ministry of Transportation)와 기업·성장부(Ministry of Business and Growth)는 소속 공기업에 대한 관리 기능을 광범위하게 발휘하고 있다. 이에 OECD 보고서에서도 덴마크 유형을 이중트랙모델에 가까운 혼합형(hybrid model)이 적합하다고 분석하고 있다(OECD. 2006; 24).

[그림 3-1] 31개국 공기업 소유권 모델 분포도

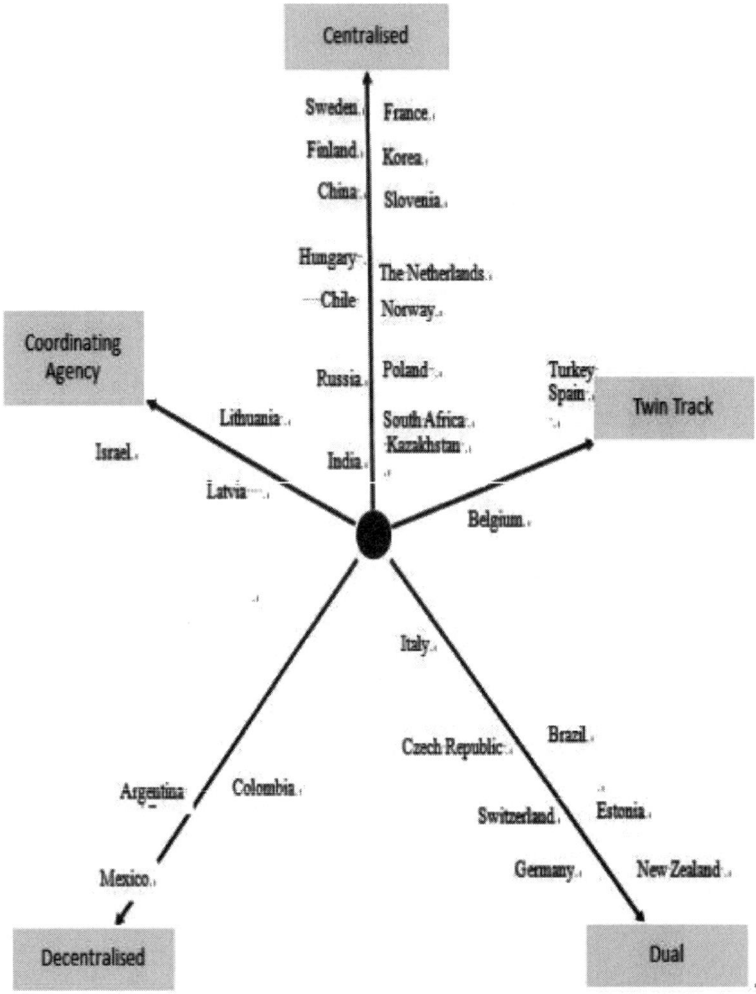

자료: OECD, *Compendium on SOE Governance and Owenership Practices*, Corporate Governance, 2017.

〈표 3-4〉 집중형의 특징

국가	소유권 집중 부처	주요 기능
중국	국가 소유 자산 감독 및 국가 위원회 행정 관장 부서(SASAC)	연간 투자 계획 수립
핀란드	소유권 조정부	소유권 조정부와 개별 부처의 협력
프랑스	국가참여기관(APE)	개별 공기업 인사권에 개입
한국	소유권 조정 위원회	성과 평가를 포함한 조정 기능
슬로베니아	슬로베니아 주권지주회사	국가 전체적인 공기업 목표 수립
스페인	재무공공행정부	개별 부처의 전략과 연간 계획 수립에 지원
스웨덴	기업혁신부・국유기업청・법인거버넌스 분석청	강력한 중앙 조정 기능을 수행
칠레	공기업관리청	- 국무회의에서 정책 수립
덴마크	재무부	국가 차원의 목표 설정
헝가리	헝가리국립자산관리회사.	국가경제정책과 연동
네덜란드	재무부	종합적인 공기업 정책 수립
노르웨이	산업통상부 수산업소유권청	개별 공기업에 간여 백서 발간
폴란드	재무부	주식과 배당 정책 목표 설정
러시아	연방정부자산행정청	개별 부처의 개입 인정
남아프리카공화국	공기업국	법적 근거나 특별 규정 없음

자료 : OECD. 2016. Compendium on SOE Governance and Ownership Practices: 23-25

(2) 조정모델

조정모델은 특별한 기구를 설치하여 공기업을 관리하되 강력한 조치가 수반되는 것이 아니라 자문 수준의 간여를 하는 모델이다. 각국에서 별도 기구를 설치하고 있으며, 대체로 경영성과에 대한 평가 기능을 하고 있다. 특이한 것은 정부가 개별 공기업의 이사회 임명에 일정한 역할을 하고 있다는 점이다. 라트비아와 같이 정부가 인사추천위원회에 참여하는 간접적인 방식도 있지만, 인도처럼 직접 비상임 이사를 임명하는 방식도 있다.

〈표 3-5〉 조정모델의 특징

국가	조정 기구	주요 업무	이사회 임명의 역할
인도	공기업	- 정책 결정 - 성과 평가 - 규제 관리	비상임이사 임명
이스라엘	공기업청	- 정책 결정 - 개별 부처 자문 - 민영화	없음
리투아니아	거버넌스 조정 센터	- 정책 결정 - 성과 평가 - 정보공시	임원 추천
라트비아	조정기관	- 정책 결정 - 개별 부처 자문 - 성과 평가 - 정보공시	인사추천위원회 참여

자료 : OECD. 2016. Compendium on SOE Governance and Ownership Practices.

(3) 듀얼모델

듀얼모델은 공기업에 관한 국가의 기능을 몇 가지로 구분하여 각 부처에서 각각의 기능을 수행하는 모델로 꽤 많은 국가가 여기에 해당한다. 개별 부처의 역할이 있더라도 재무부가 재정 관리의 관점에서 경영에 간여하는 역할을 분담하기 때문이다. 이럴 경우, 개별 공기업은 2개 이상 부처와 관련이 된다.

〈표 3-6〉 듀얼 모델의 특징

국가	조정 기구	부처와의 관계
브라질	기획예산관리부 국영기업 거버넌스 조정 협력국	- 상업형 공기업의 관리에 집중 - 보수를 포함한 일반 관리 개입
	재무부	- 주주로서 관리하며, 부채 관리
	개별 부처	- 전략 체계 관리
체코	재무부	- 성과관리 - 상장 기업 관리
	산업통상부	- 법률에 근거한 공기업의 관리
	개별 부처	- 개별 공기업의 목표 관리
에스토니아	재무부	- 전반적인 통제 기능 보유 - 개별 공기업의 임원 절반을 임명
	개별 부처	- 개별 공기업의 목표와 관리 기능
독일	재무부	- 민영화 정책 수립 - 공익적 관점의 정책 수립
	개별 부처	- 중앙정부 정책을 반영한 부처 단위의 공기업 관리정책 수립

이탈리아	경제재무부	주요 의사결정권 보유
	개별 부처	개별 부처의 권한을 인정
뉴질랜드	재무부	- 의사결정은 재무부 소관 - 다만 주식을 보유한 개별 부처와의 협력
	상업운영그룹	- 공기업의 모니터링 기능 - 직접 의사결정 권한 없음
스위스	연방위원회	- 국무회의에서 중요한 의사결정의 최종심의
	연방재무행정청	- 전략적 목표 수립

자료 : OECD. 2016. Compendium on SOE Governance and Ownership Practices.

(4) 이중트랙모델

이중트랙모델은 공기업의 유형에 따라 관리 기능을 구분하는 특징을 가지고 있다. 주식 관리나 민영화를 중시하는 기능과 일반적인 관리 기능으로 구분하는 경향을 보인다. 듀얼모델에 의하면 개별 공기업은 2개 이상의 부처와 관련하여 영향을 받지만, 이중트랙모델은 하나의 부처와 관련된다. 우리나라는 공기업과 준정부기관은 기획재정부가 통합경영평가를 하지만, 기타 공공기관은 개별 부처에서 경영평가를 담당하고 있다. 경영평가의 관점에서만 본다면 우리나라도 이중트랙모델이라고 할 수 있다. 앞으로 기타 공공기관의 관리체계에 대한 정교한 설계가 필요하다고 할 수 있다.

〈표 3-7〉 이중트랙 모델의 특징

국가	공기업 유형	담당 기구	기능
벨기에	상업단체	연방지주회사	국가적 관점의 목표 관리와 개별 공기업 단위의 목표 관리로 이원화됨.
	자율적 공기업	정부 직접 관리	
터키	민영화	민영화관리청	- 공기업의 기능 재구조화 - 민영화
	행정 관리	재무부 (국영기업감독청)	일반적인 공기업 관리정책 - 투자 방향 - 재무 관리

자료 : OECD. 2016. Compendium on SOE Governance and Ownership Practices; 26

제 3 절

한국의 공공기관 소유권 집중화 모델 개선방안

1. 한국 공공기관의 특징: 기획재정부의 소유권 집중

우리나라의 공공기관은 기획재정부의 공공정책국이 예산, 인사 관리, 평가 등의 권한을 행사하고 있으므로 집중형의 특성에 해당한다. OECD에서도 한국을 소유권 집중(centralized ownership)의 국가로 평가하고 있다. 한편 개별 부처가 정책에 간여하고 있으므로 듀얼 모델로서의 특성도 갖고 있다.

이에 대한 몇 가지 비판적인 견해가 제기된다, 첫째, 경제 총괄부처가 관리주체인 관계로 공공기관의 정책과 관련하여 경제 논리가 지나치게 개입된다는 주장이다. 그러나 공공기관을 경제의 논리와 예산의 논리로 접근하는 것은 시장실패를 보완하기 위해 공공기관을 운영한다는 원리에 일정 부분 부합한다는 논리도 있다. 현재는 기획재정부의 1차관실에서 수행하는 경제정책 그리고 2차관실에서 수행하는 예산과 국고 기능과 연계할 수 있는 구조로 되어 있다. 둘째, 독점화된 외부 지배구조의 형식을 갖는다는 비판이다. 그러나 일원화된 관리를 위해 집중화된 구조를 갖도록 하는 OECD의 입장을 고려한다면 이를 독점적이라고 명명하는 것은 적절하지 않은 측면이 있다. 다만, 공공기관운영위원회의 경우 그 중요성을 고려할 때 현행처럼 기획재정부 장관 소속으로 둘 것인가 아니면 독립성을 강화하기 위한 새로운 방안을 모색할 것인가에 대해 검토할 필요가 있다.

> 제4조(공공기관) ①기획재정부장관은 국가 · 지방자치단체가 아닌 법인 · 단체 또는 기관(이하 "기관"이라 한다)으로서 다음 각 호의 어느 하나에 해당하는 기관을 공공기관으로 지정할 수 있다.
>
> 제8조(공공기관운영위원회의 설치) 공공기관의 운영에 관하여 다음 각 호에 관한 사항을 심의 · 의결하기 위하여 기획재정부장관 소속하에 공공기관운영위원회(이하 "운영위원회"라 한다)를 둔다.

〈표 3-8〉 기획재정부의 조직과 공공정책국 조직

복수차관	국 단위 관련 부서	과 단위 관련 부서
1차관실	경제정책국 정책조정국 경제구조개혁국 장기전략국	
2차관실	예산실	
	국고국	국유재산정책과, 출자관리과
	공공정책국	(공공혁신심의관) 공공정책총괄과, 공공제도기획과 재무경영과, 평가분석과 인재경영과, 윤리경영과 공공혁신과, 경영관리과

자료 : 기획재정부 홈페이지(https://www.moef.go.kr/) 기준으로 저자가 정리

2. 대안의 모색과 비교

1) 쟁점

우리나라의 공공기관 지배구조는 기획재정부에 의한 소유권 집중형으로 평가되고 있다. 인사, 보수, 재정, 평가 등을 한 부처에서 총괄적으로 행사하고 있기 때문이다. 한편 주무 부처는 공공기관들에 대해 정책·규제 기능에 따라 통제권을 행사하고 있다. 이와 같은 이중구조는 여러 가지 문제점을 양산하고 있다. 현실적으로 임원 임명에 주무 부처의 영향이 작용한다. 또한, 이들 기관에 대한 일부 경영감독권이 주무 부처에 부여되어 있어 사실상 주무 부처가 공공기관의 경영에 상당 부분 개입할 수 있게 되어 있다는 점이다. 그리고 국정의 관점에서 공공기관을 평가할 필요가 있다는 주장과 관련하여 국무조정실과의 관계도 쟁점이 될 수 있다. 그러나 이럴 경우, 지나치게 특정 정부의 정책 의지가 반영되고 중장기적인 공공기관의 발전 방향이 훼손될 우려가 있다는 비판도 동시에 존재한다. 이런 지적을 살펴볼 때 공공기관과 주무 부처, 그리고 공공기관운영위원회의 관계에 관한 보다 적극적인 재검토가 필요하다. 예를 들어, 공공기관 운영에서 사업 결정, 투자 결정, 인사 등 많은 영역에서 나타나는 주무 부처의 세세한 통제를 제한할 수 있는 전면적 재검토가 필요하다.

공운위 기능과 관련하여 어느 정도 개입할 것인지의 재평가도 필요하다. 상시적 기능 점검은 2015년 OECD 가이드라인의 "소유에 대한 근거를 반복적으로 확인"해야 한다는 기본 방향과 부합한다. 현재 공기업 상시적 기능 점검 및 기능조정과 관련하여 정부는 '책임경영체제를 확립하기 위해 자율적 운영을 보장하여야 한다'라고 규정하고 있다. 그러나 공공기관 운영에 관한 법률에 따르면 사전 통제 기제로는 공공기관의 지정 및 신설 타당성 심사, 경영정보 공시, 고객만족도 조사의 시행, 기능의 적정성 점검, 경영혁신 추진, 보수기준 설정, 인력 통제, 중장기 재무 관리계획의 수립 등 예산통제, 운영계획의 수립, 결산서 제출, 경영지침(조직 운영 정원 인사 관리, 예산과 자금 운용, 재무 건전성 확보를 위해 기재부 장관이 필요하다고 인정하는 사항) 등이 매우 광범위하게 활용되고 있다.

따라서 이러한 기능에 대한 유형화가 필요하고, 이에 따라 개입의 방식과 수준에 대한 검토가 요구된다. 특히 자율적인 통제의 강화를 중시하고 정부는 사후적인 책임성을 묻는 원래의 취지에 부합하기 위해서는 내부 통제 체계의 강화와 이를 위한 내부 거버넌스의 재구조화를 위한 노력이 필요하다. 이를 위해서는 상임감사의 역할 재정립도 수반되어야 할 것이다. 다만 한국의 조직 문화에서 내부 통제가 잘 작동하지 못한다는 한계가 있다.

2) 방향

국가 차원의 공기업 관리체계 개편과 관련하여 '집중 vs 분산', '정부 vs 시장'의 변수를 기준으로 유형화가 가능하다. 첫째 중앙정부의 한 부처가 이를 담당할 수 있다. 이때 정부의 투자적 의사결정을 중시하는 경우 금융담당 기구가 기관 담당을 총괄할 수 있다. 싱가포르의 테마섹과 같은 것이 그러한 유형이다. 한편 예산을 통한 기관의 관리를 중시할 때는 예산담당 기구가 총괄할 수 있다. 우리나라에서 기획재정부의 공공정책국에서 담당하는 유형이다.

분산 체계를 유지한다면, 각 부처에서 관리하는 것이 된다. 물론 집중 체계와 분산 체계는 배타적인 대안이 아니라, 상호 연계하여 운영할 수 있다. 예컨대, 주요 사업과 관련하여서는 주무 부처에서 관리하고, 인사, 재정, 기능 점검, 평가 등 총괄적 기능만 소유권 집중의 기능을 수행하는 것이다. 이럴 경우, 예컨대 공기업 평가에서 주요 사업평가는 개별 부처에서 평가한 결과를 원용하는 방식의 업무 분담이 이뤄질 수 있다.

〈표 3-9〉 총괄관리 책임의 유형

	정부	시장
집중	소유권 집중 - 금융담당기구 - 중앙예산기구 - 국무조정실	총괄 국가지주회사 신설
분산	개별 부처 단위에서의 관리	개별 기업의 이사회

3) 국무조정실로의 이관 가능성 검토

공공기관이 다양한 기능과 영역으로 분포되어 있고, 국정 전반과 관련이 있으므로 공공기관의 관리에 관한 총괄 기능도 국정을 통합적으로 관리하는 총리실로 이관해야 한다는 주장도 제기된다.

다만 총리실은 조정 기능을 주로 하고 있으며, 안정적인 사업이나 정책 관리는 어렵다는 한계가 있으므로 공공기관운영위원회의 총리실 이관은 기획재정부 공공정책국의 이관을 수반해야 한다. 이러한 새로운 모델은 기획재정부 폐지론자의 주장에 근거하고 있다. 예를 들어 예산이 정치적 의지를 반영하는 체계가 필요하다는 주장에 따르면 기존의 예산기능은 대통령비서실로 소속을 변경할 수 있다는 것이다. 중장기 계획 기능도 관료적 절차가 아니라, 대통령의 정치 의지가 반영되어야 하기 때문이다. 미국의 예산 담당실인 예산관리실(OMB: Office of Management and Budget)이 대통령 소속기관으로 되어 있는 것에서 논거를 찾기도 한다. 예산의 총괄 기능을 대통령실의 예산실로 이관하게 되면 기존 금융 기능과 세제 기능을 모아서 재무부를 설치하여 분리하되, 예산의 구체적인 실행을 위해 재무부 소속으로 예산청 설치를 고려할 수 있다.

[그림 3-2] 국무조정실 직제

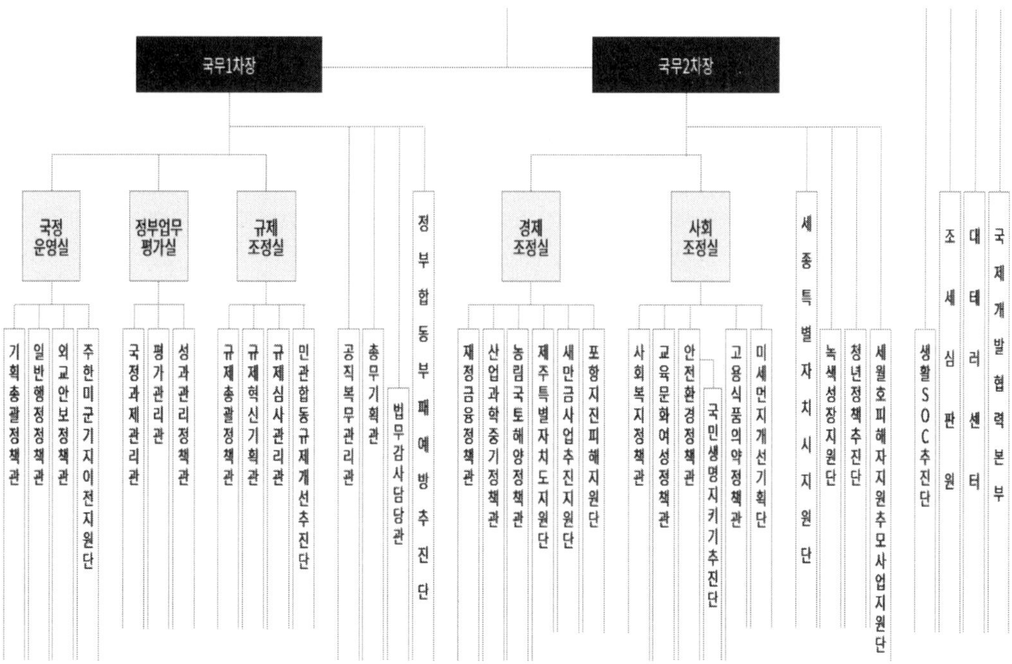

자료 : 국무조정실 홈페이지(https://www.opm.go.kr/)

[그림 3-3] 새로운 정부 조직 대안: 기획재정부 폐지론자의 입장

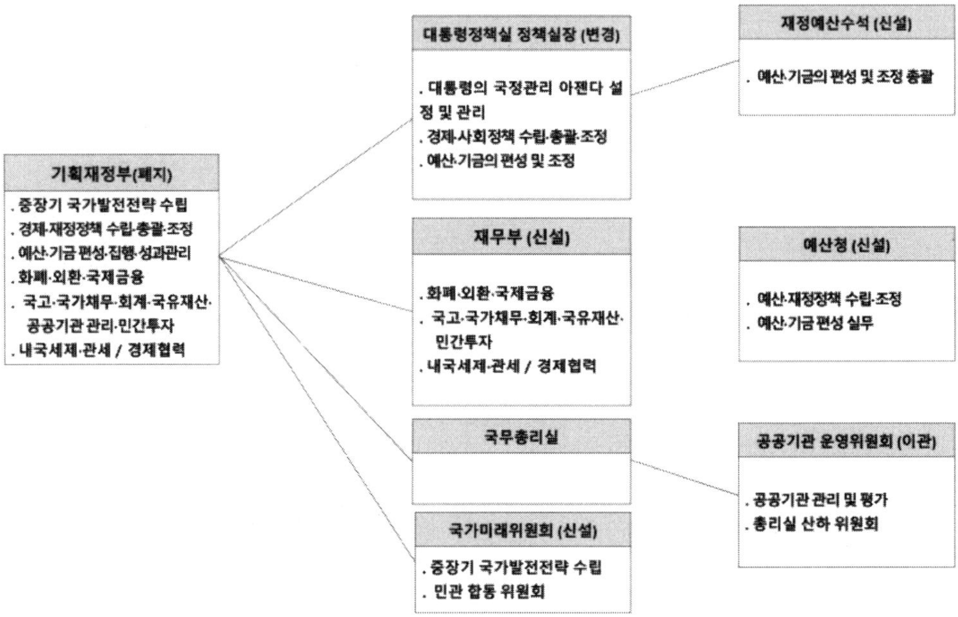

자료: 제21대 국회재정위원회 더불어민주당 위원 정책보고서. 2021. 지속 가능한 재정·예산정책과 세입기반 건실화 방안 연구.

4) 독립규제위원회 방식의 운영방안 검토

공공기관의 관리주체를 독립적인 위원회로 운영하자는 대안도 가능하다. 현재 독립위원회는 대통령 직속으로는 방송통신위원회, 국무총리실 소속으로는 공정거래위원회, 금융위원회, 국민권익위원회, 원자력안전위원회가 있다. 이들 기관은 주로 규제 기능을 수행하고 있어 독립규제위원회로 명명되기도 한다.

[그림 3-4] 대한민국 정부 조직도 (2021년도)

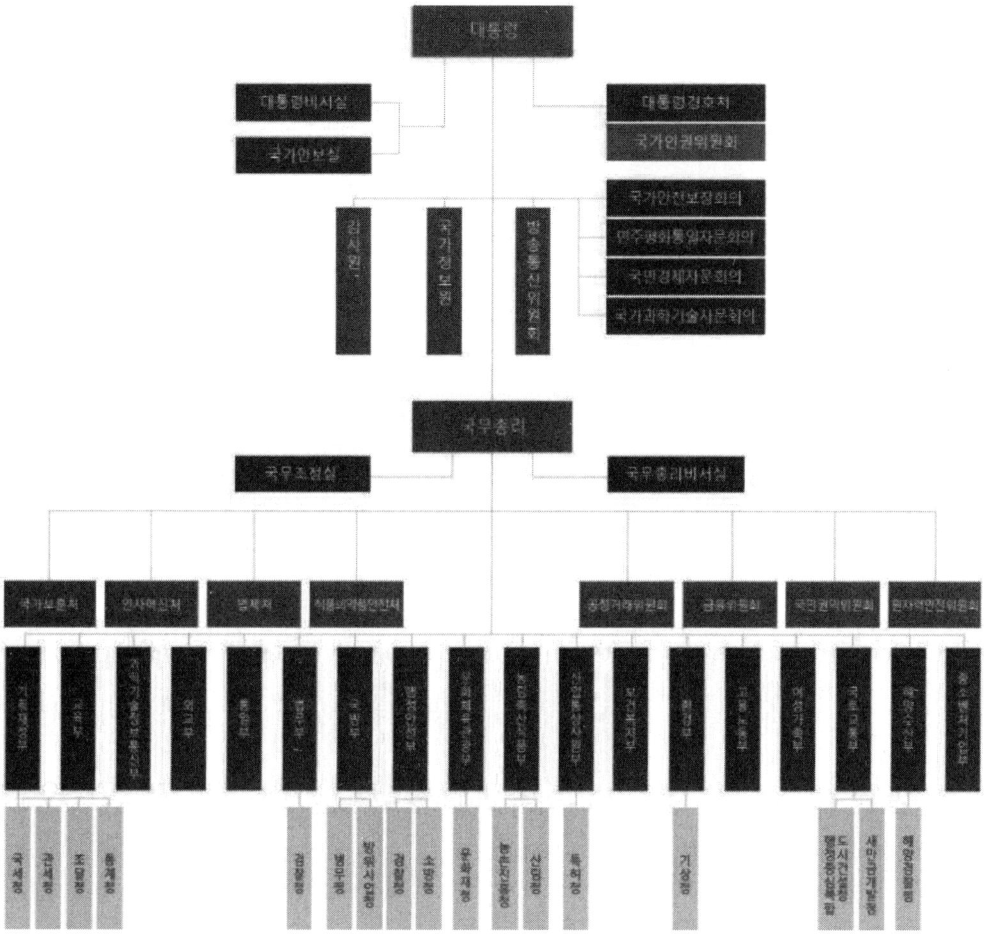

자료 : 정부조직도(https://www1.president.go.k)

이러한 위원회 방식은 몇 가지 특징을 가지고 있다. 첫째, 일반 행정기관으로부터 어느 정도의 직무상 독립성이 인정되어 있다. 이는 기관의 독립성 이외에 위원의 독립성을 포함한다. 둘째, 사안에 대해 다양한 관점이 있기에 위원회 방식으로 운영된다. 즉 다양한 의견을 수렴하기 위해 단독적인 결정이 아니라 합의제로 운용되고 있다. 셋째, 위원회의 결정을 집행하기 위한 독자적인 집행 조직이 구성되어 있어 하나의 부처처럼 운영된다. 만약 공공기관운영위원회가 이러한 독립규제위원회처럼 운영된다면 현재 기획재정부 소속의 공공정책국이 공운위 소속으로 이전해야 한다. 넷째, 규제기능을 수행하기 위해 부처에 소속되는 것이 아니라, 독립되어야 의미가 있다. 다섯째, 행정적 권한 이외에 준입법적·준사법적 권한까지를 통합하여 행사한다. 즉, 자체적으로 기준을 설정하는 권한을 가지고 있고 개별 행위가 이러한 기준을 위반하고 있는지 판단하는 기능을 가진다.

이 위원회의 발전 연혁을 고려하고 그 기능을 평가한다면 공운위가 이러한 지위를 갖는 것은 적합하지 않다. 공운위는 규제기능이 아니라 정책을 기획하고 집행하는 기능을 수행하고 있고 독립적 성격보다는 정부의 경제정책이나 산업정책과 밀접한 관련이 있어야 한다는 본질적인 차이점이 있기 때문이다.

5) 대통령 소속 행정위원회 방식의 운영방안 검토

대통령 소속 위원회로는 행정위원회와 자문위원회가 있다. 자문위원회는 자문에 응하게 할 목적으로 설치한 막료조직이다. 이러한 위원회의 역할은 자문에 그치는 것이므로 그 결정은 실제적인 영향력을 제외하고는 법적 구속력을 발휘하지 못하는 데 그 특색이 있다. 위원회를 설치하는 이유로는 각종의 이익을 행정에 반영시키고 전문적인 의견을 참작하여 행정상의 참고로 삼자는 데 있다. 따라서 단순한 참고를 위한 의사결정이 아니라, 기획과 결정을 해야 하고 집행력까지 갖추어야 하는 공운위의 성격으로는 적합하지 않다.

〈표 3-10〉 행정위원회와 자문위원회 소속 기구

행정위원회	개인정보보호위원회, 규제개혁위원회
자문위원회	자치분권위원회, 정책기획위원회, 국가균형발전위원회, 저출산고령사회위원회 등

한편 정부조직법 제5조에는 "행정기관에는 그 소관 사무의 일부를 독립하여 수행할 필요가 있는 때에는 법률로 정하는 바에 따라 행정위원회 등 합의제행정기관을 둘 수 있다"라는 근거에 따라 다양한 방식의 행정위원회가 운영된다. 크게 보면 앞에서 본 독립규제위원회도 포함된다. 행정위원회의 특색은 합의제의 성격을 띤 행정기관이므로 이의 결정은 법적 구속력을 가짐과 동시에 많은 경우 하부에 보좌기구를 가지게 된다는 점이다. 그 구성은 ① 정당의 이해관계가 없는 공정 중립의 제3자로써 구성되는 것(예: 선거관리위원회) ② 기술적 전문가로서 구성되는 것(예: 금융통화위원회) ③ 각계・각층의 이익 또는 노력을 대표하는 자로서 구성되는 것(예: 노동위원회) ④ 판・검사・변호사 등의 자격이 있는 자로서 구성되는 것(예: 행정심판위원회) 등이 있다. 현행법상 대부분의 '위원회'는 자문기관이나 의결기관(예: 국세심사위원회・각종의 공무원징계위원회 등)이고, 전기한 행정위원회적 성격을 가진 것으로는 행정심판위원회, 감사

원, 각급 선거관리위원회, 금융통화위원회, 각급 노동위원회, 각급 토지수용위원회 등이 있다.

이러한 의미의 행정위원회는 전문적이고 독립적인 의사결정을 중시한다. 공공기관운영위원회의 전문적인 의사결정은 매우 중요하고, 자율성과 독립성도 필요하다. 그러나 경제적인 상황이나 국가 전체적인 정책과의 연계성을 확보하는 것 역시 필요하다.

6) 비교 평가

OECD가 소유권 집중을 권유하고 많은 국가가 이에 따라가는 이유는 일관성 있는 정책집행이 가능하기 때문이다. 그러나 각국의 상황에 따라 다양한 혼합형(hybrid model)이 적용되고 있다. 스웨덴, 핀란드, 뉴질랜드, 프랑스 등의 국가에서는 특정 정부 기관 소속의 독립기관이나 지주회사에 소유권을 집중화하는 형태를 취하고 있다. 스위스나 헝가리와 같은 국가들은 재무부 등 특정 정부 기관에 소유권이 집중되어 있음에도 주무 부처들이 소유권을 행사할 수 있는 형태를 취하고 있으며, 영국, 독일 등의 국가에서는 주무 부처들이 소유권을 분산적으로 행사하는 형태를 취하고 있다.

우리나라의 공공기관 소유권 관련 정책 방향성을 전문가 인터뷰(FGI)를 통해 정리하면 다음과 같다. 첫째, 현행 방식으로 기획재정부 소속으로 하되 위원장을 민간인으로 하여 자율성을 강화하는 보완은 필요하다. 가장 현실적인 대안인 동시에 가장 소극적인 대안이기도 하다.

(인터뷰 A)

- 현재의 기획재정부 중심 운영에 비하면 민간위원장을 두는 경우 독립성이 조금 나아질 수 있을 것으로 보입니다. 하지만 모든 정부위원회의 운영에서 볼 수 있듯이 정부의 의사결정을 추인하는 관행이 달라지기는 어려울 것으로 보입니다. 거버넌스 및 공운위의 역할의 개편이 수반되어야 합니다.

(인터뷰 B)

- 위원장을 민간인으로 하는 것에 찬성합니다. 현재의 방식은 정부가 모든 정책과 방향을 정하고 공공기관운영위원회는 형식적인 절차로 여겨지는 경향이 있는 것 같습니다. 민간위원을 대폭 확대하고 위원장을 민간위원으로 교체하여, 독립성을 강화할 필요가 있다고 생각합니다.

둘째, 국무조정실로 공공기관의 소유권 관리 기능을 이관할 것인가가 쟁점이다. 몇몇 전문가들이 기획재정부의 경제적 관점을 극복하기 위해 국무조정실로의 이관을 주장하지만, 우리나라의 국무조정실은 집행 기능이 아니라 조정 기능이기 때문에 쉽지 않다. 국무조정실이 국정과제 평가를 하고 있으니 공공기관 경영평가 기능만 이관하자는 주장도 가능하지만, 평가 기능이 관리 기능에 환류되기 위해서는 분산시키는 것이 효과적이지 않다는 지적도 있다. 다만 기획재정부의 기능과 조직의 변화가 수반되는 큰 정부 조직 개편이 추진될 때 검토가 가능하다.

(인터뷰 C)

- 공공기관 350개의 기능과 역할이 경제정책이나 재정지원의 범위에 한정되지 않는다는 점에서 총리실 이관을 검토할 수 있습니다. 특히 공기업을 제외하고 96개의 준정부기관, 218개의 기타 공공기관의 경우 정부, 주무 부처의 역할과 기능을 위탁받아 수행한다는 점에서 이들의 거버넌스와 성과 평가 등을 담당하는 공공정책국이 기획재정부에 있는 것은 문제가 있습니다. 가능성의 측면에서는 정부 업무 평가를 담당하는 국무조정실의 기능과 공공정책국의 기능을 통합해서 큰 규모의 기능조정, 조직 개편이 필요하고 새 정부의 인수위 시기부터 준비하면 가능성도 있어 보입니다.

(인터뷰 D)

- 기획재정부 소속으로 남아 있는 것의 장점은 기획재정부의 예산기능과 다른 재정통제의 수단을 통해 정부정책과의 일관성을 유지하고, 정부 방침을 효과적으로 적용할 수 있다는 점입니다. 총리실로 이관될 경우, 공공기관에 대한 점검과 자료취합 수준에 그칠 가능성이 클 것 같습니다. 따라서 현재로서는 총리실 이관은 바람직해 보이지 않습니다.

셋째, 독립된 행정위원회로 운영하는 방안은 독립성을 강화하는 방안이 될 수 있다. 다만 공운위는 독립규제위원회와 같은 독립성보다는 자율성이 더 중요하다. 그리고 경제정책과의 연계성이 더 중요할 수 있다. 넷째, 다만 개별 부처와의 협력은 지금보다 강화할 필요가 있다. 개별 부처와 관련된 정책 개발 이외에 기능조정이나 업무

혁신 등과 관련하여 부처와의 협의가 필요하다. 더군다나 외국과 비교하면, 우리나라는 공공기관 숫자가 많으므로 정책 관리의 관점에서는 개별 부처와의 협력을 강화해야 한다. 다섯째, 기타 공공기관에 대한 관리체계의 개발이 필요하다. 현재 기타 공공기관은 공기업이나 준정부기관의 숫자보다 더 많다. '기타'로 묶어서 분류할 것이 아니라, 좀 더 논리적인 기준에 근거한 세밀한 분류가 필요하다. 그리고 다른 관리 기능과 달리 경영평가는 각 부처에 위임되어 있다. 기타 공공기관의 관리체계를 완전히 개별 부처에 위임한다면 우리나라도 듀얼모델로 발전할 수 있다. 아니면 정반대의 방향으로 향후 공공기관평가원이 설립되어 이들 기관에 대한 평가도 일원화한다면 온전한 집중화의 모델로 갈 수도 있다.

이 연구는 공운위의 소속과 관련하여 다양한 선택지를 검토했다. 현행 방식으로 기획재정부 소속으로 하되 위원장을 민간인으로 위촉해 자율성을 강화하는 방안, 국무총리실(국무조정실)로 이관하는 방안, 독립규제위원회 방식의 운영, 대통령 소속 행정위원회 방식으로 운영하는 방안 등이 그것이다.

결론적으로 이 연구는 차기 정부의 공공기관 지배구조에 대한 주요 개혁 방안의 하나로 공공기관운영위원회를 국무총리실로 이관하는 방안을 제안한다. 이 방안은 국무총리 산하 경제사회인문연구회 사례를 벤치마킹한 것으로 실현 가능성이 크다는 장점이 있다. 이 경우 공공기관 운영위원회 위원장은 민간인 외부인사가 맡거나 국무총리가 함께 공동위원장을 맡는 방안을 검토해 볼 수 있다. 앞서 지적한 바와 같이 공운위를 국무조정실 이관하는 경우 현재 정부조직법상 국무조정실이 집행 기능을 담당하기 어렵다면 공운위는 공공기관 운영에 관한 주요 원칙을 심의·의결하는 기능과 함께 조정과 평가의 기능을 담당하고 집행 기능은 기획재정부(공공정책국)가 담당하는 방안을 검토해 볼 수 있다. 하지만 공운위를 국무총리실로 이관하는 방안은 기획재정부의 예산권을 대통령실(예산실)로 옮기는 기능을 전제로 한다. 기획재정부가 예산권을 갖는 이상 기획재정부의 통제에서 벗어나기 어렵기 때문이다. 또한 공운위를 국무조정실로 이관할 경우 (가칭) 공공기관보수위원회도 공운위 산하에 편재되도록 할 필요가 있다.

공공기관운영위원회를 독립규제위원회로 운영하는 방안도 독립성 확보를 위한 유력한 대안으로 검토해 볼 수 있으나 현재 공운위가 정부의 경제정책이나 산업정책과 밀접한 관련을 맺고 있다는 점에서 일정한 한계를 갖는 것으로 보인다.

〈표 3-11〉 대안별 장단점 비교 요약

	현행 보완	국무조정실 이관	2원 모델 (기획재정부와 국무조정실 혼합)	독립 행정위원회	각 부처와 관계
특징	- 재정의 관점	- 국가정책의 관점	- 경제 논리와 국가정책 논리의 포용	- 독립성 강조	- 주요사업 관리와 관련하여 더 직접적인 역할을 인정함
장점	- 경제정책의 일관성 유지	- 국정의 일관성	- 인사와 재정은 기획재정부, 평가는 국무조정실로 분담	- 정치적 영향력 확보	- 개별 부처의 사업에 대한 전문성을 활용
한계	- 경제적 관점이 강조	- 특정 정권의 정책 선호에 편중될 우려	- 책임의 분산 - 관리 비용의 증가	- 정책 연계성 부족	- 의사결정 비용 증가
평가	- 현재로서는 현실적인 기능과 역할의 조정은 필요함 - 위원장을 민간인으로 하는 방안과 연계	- 국무조정실은 사후적인 조정 기능을 강조하며 한계가 있음 - 공공정책국은 정책 수립이나 사업 집행 기능을 보유 기획재정부의 조직 개편이 있을 때 가능	- 총리실과 부총리실의 협조를 전제로 하는 것으로 현실 가능성이 저하됨	- 자율성은 중요하지만, 독립성이 정책 연계성 부족으로 이어질 수 있음	- 현재도 사업 관리, 정책과 관련하여 협의 조정 기능은 있음 - 이를 좀 더 명확하게 할 필요가 있음 - 향후 이러한 역할 분담이 필요함

제 4 절

공공기관운영위원회 운영 개선 방향

1. 현행 분석

위원회 조직은 개인의 의사에 의한 독임제(獨任制)에 다양한 의견을 반영하여 합리성을 제고할 수 있는 장점이 있다. 이에 기획재정부가 소유권 집중의 기능을 수행하도록 하고 있지만, 의사결정을 지원하기 위해 기획재정부 소속하에 공공기관운영위원회를 설치하고 있다.

공공기관 운영에 관한 법률

제8조(공공기관운영위원회의 설치) 공공기관의 운영에 관하여 다음 각 호에 관한 사항을 심의·의결하기 위하여 기획재정부장관 소속하에 공공기관운영위원회(이하 "운영위원회"라 한다)를 둔다.

공공기관운영위원회는 소유권 집중과 관련하여 정부의 의사결정을 지원하기 위한 다양한 안건에 대한 심의 의결 기능을 부여받고 있다. 2007년 「공공기관운영에 관한 법률」을 제정하면서 중요한 가치로서 '사전 자율, 사후 평가'를 제시하고 있다. 이를 반영하여 공운법에서는 '자율경영'과 '책임경영'의 가치를 제시하고 있다.

> 제1조
>
> 이 법은 공공기관의 운영에 관한 기본적인 사항과 자율경영 및 책임경영체제의 확립에 관하여 필요한 사항을 정하여 경영을 합리화하고 운영의 투명성을 제고함으로써 공공기관의 대국민 서비스 증진에 기여함을 목적으로 한다.

공운위의 기능은 크게 나누면 3가지가 된다. 첫째는 사전적으로 공공기관의 지정과 해제와 같은 기관 존립이다. 둘째는 과정상의 기능으로 기관 관리와 운영, 임원 관련 결정 기능이다. 셋째는 사후적으로 경영평가의 기능이다.

<공공기관운영위원회의 기능>

1. 제4조부터 제6조까지의 규정에 따른 공기업·준정부기관과 기타공공기관의 지정, 지정해제와 변경지정
2. 제7조의 규정에 따른 기관의 신설 심사
3. 제11조 1항 16호에 따른 공공기관의 경영공시

4. 제12조 3항에 따른 공시의무 등의 위반에 대한 인사상 조치 등
5. 제14조의 규정에 따른 공공기관의 기능조정 등
6. 제15조의 규정에 따른 공공기관의 혁신지원 등
7. 제21조 2항 단서에 따른 시장형 공기업과 준시장형 공기업의 선임비상임이사 임명
8. 제25조 및 제26조의 규정에 따른 공기업·준정부기관의 임원 임명 등
9. 제33조에 따른 보수지침
10. 제35조 2항, 같은 조 제3항 단서 및 제52조의3제3항의 규정에 따른 공기업·준정부기관의 임원에 대한 해임이나 해임 건의 등
11. 제36조의 규정에 따른 비상임이사·감사에 대한 직무수행실적 평가 등
12. 제48조의 규정에 따른 공기업·준정부기관의 경영실적 평가 등
13. 제50조의 규정에 따른 공기업·준정부기관의 경영지침
14. 제51조 4항의 규정에 따른 공기업·준정부기관에 대한 감독의 적정성의 점검과 개선
15. 제52조의 4 1항에 따른 명단의 공개
16. 제52조의5 1항에 따른 합격취소 등
17. 그밖에 공공기관의 운영과 관련하여 대통령령으로 정하는 사항

이를 수행하기 위해 공공기관운영위원회의 구성을 다양하게 설계하기 위해 노력하고 있다. 이는 사회의 다양성을 반영하기 위해 노력하고 있고, 합의 구조를 설계하기 위해 노력하고 있다는 것을 알 수 있다.

제9조(운영위원회의 구성)

① 운영위원회는 위원장 1인 및 다음 각 호의 위원으로 구성하되, 기획재정부장관이 위원장이 된다. [개정 2008. 2. 29

1. 국무조정실의 차관급 공무원으로서 국무조정실장이 지명하는 공무원 1인
2. 대통령령으로 정하는 관계 행정기관의 차관 · 차장 또는 이에 상당하는 공무원
3. 제2호에 해당하지 아니하는 주무기관의 차관 · 차장 또는 이에 상당하는 공무원
4. 공공기관의 운영과 경영관리에 관련하여 학식과 경험이 풍부하고 중립적인 사람으로서 법조계 · 경제계 · 언론계 · 학계 및 노동계 등 다양한 분야에서 기획재정부장관의 추천으로 대통령이 위촉하는 11인 이내의 사람

② 1항 4호의 규정에 따른 위원의 임기는 3년으로 하되, 연임할 수 있다.

③ 1항 4호의 규정에 따른 위원은 공공기관의 자율 · 책임경영체제 확립 및 경영효율성 제고를 위하여 그 양심에 따라 성실히 직무를 수행하여야 한다.

이를 구체화한 시행령을 보면 위원장을 제외한 공무원 위원은 5인이 된다. 재정, 관리, 청렴, 인사 등의 관련 부처 공무원을 포함하고 있다. 그리고 민간위원은 11인 이내로 임명할 수 있다. 즉 공운위는 위원장 1인과 16인 이내의 위원으로 구성할 수 있는 법체계로 구성되어 있다.

> 공공기관운영에 관한 법률 시행령 제11조(운영위원회의 구성)
>
> ① 법 제9조 1항 2호에서 "대통령령이 정하는 관계 행정기관의 차관·차장 또는 이에 상당하는 공무원"이란 다음 각 호의 자를 말한다. <개정 2008. 2. 29., 2013. 3. 23., 2014. 11. 19., 2017. 7. 26.>
>
> 1. 기획재정부장관이 지명하는 기획재정부차관 1명
> 2. 행정안전부차관
> 3. 국민권익위원회 위원장이 지명하는 차관급 공무원 1명
> 4. 인사혁신처장
>
> ② 법 제9조 1항 4호에서 "공공기관의 운영과 경영관리에 관하여 학식과 경험이 풍부"한 사람이란 다음 각 호의 어느 하나에 해당하는 자를 말한다. <개정 2008. 7. 29.>
>
> 1. 대학 또는 공인된 연구기관에서 부교수 또는 이에 상당하는 직에 5년 이상 근무한 경력이 있는 자
> 2. 판사·검사 또는 변호사의 직에 10년 이상 근무한 경력이 있는 자
> 3. 법 및 이 영에 공공기관, 「자본시장과 금융투자업에 관한 법률」 제9조 제15항 3호에 따른 주권상장법인에서 20년 이상 근무

한 자로서 임원의 직에 3년 이상 재직한 자

4. 공인회계사 자격을 가지고 제3호에 열거된 기관의 감사·회계 부문에서 10년 이상 종사한 경력이 있는 자

5. 고위공무원단 소속 공무원 또는 정무직 공무원의 직에 근무한 자

6. 그밖에 공공기관의 운영과 관련된 경력 등이 제1호부터 제5호까지의 기준에 상당하다고 인정되는 자

2. 쟁점 분석

공공기관운영위원회 운영과 관련한 쟁점은 크게 2가지로 구분된다. 첫째는 기능에 관한 쟁점이고 둘째는 구성에 관한 쟁점이다.

1) 공공기관운영위원회의 기능

공공기관운영위원회의 기능은 크게 3가지로 구분할 수 있다. 이는 사전적 기능, 관리 기능 그리고 사후 관리 기능으로 유형화할 수 있다. 경영과 관련하여서도 경영지침, 혁신지원, 보수지침 등 세세한 관리 기능이 부여되어 있는 특징이 있다. 이러한 유형에 의하면 사전 기능과 사후 기능은 공공기관의 관리와 관련하여 적절한 기능이 구성되어 있다. 쟁점이 되는 것은 경영, 혁신, 인사 등과 관련한 관리 기능에 관한 것이라고 할 수 있다.

〈표 3-12〉 공공기관위원회 기능

사전적 기능 (기관 지정 관련)	기관 관리 기능 (경영, 혁신, 인사)	사후 관리 기능 (평가, 감독 등)
- 공기업・준정부기관과 기타공공기관의 지정, 지정해제와 변경지정 - 기관의 신설 심사 - 공공기관의 기능조정 등	- 공공기관의 경영공시 - 공기업・준정부기관의 경영지침 - 공시의무 등의 위반에 대한 인사상 조치 등 - 공공기관의 혁신 지원 등 - 시장형 공기업과 준시장형 공기업의 선임비상임 이사 임명 - 공기업・준정부기관의 임원 임명 등 - 보수지침 - 공기업・준정부기관의 임원에 대한 해임이나 해임 건의 등	- 공기업・준정부기관의 경영실적 평가 등 - 공기업・준정부기관에 대한 감독의 적정성 - 비상임이사・감사에 대한 직무수행실적 평가 등

주: 「공공기관의 운영에 관한 법률」에서 저자가 발췌하여 작성

관리 기능도 기관 운영과 관련한 것과 인사 관련한 것으로 구분할 수 있다.

〈표 3-13〉 공공기관운영위원회 관리 기능의 유형

기관 관리 기능 (경영, 혁신, 인사)의 유형	
사전 관련 기능	인사 관련 기능
- 공공기관의 경영공시 - 공기업·준정부기관의 경영지침 - 공시의무 등의 위반에 대한 인사상 조치 등 - 공공기관의 혁신지원 등	- 시장형 공기업과 준시장형 공기업의 선임비상임 이사 임명 - 공기업·준정부기관의 임원 임명 등 - 보수지침 - 공기업·준정부기관의 임원에 대한 해임이나 해임 건의 등

주: 「공공기관의 운영에 관한 법률」에서 저자가 발췌하여 작성

현재 '공공기관의 혁신에 관한 지침'과 '공기업 · 준정부기관의 경영에 관한 지침'을 통해 혁신과 경영에 관한 관리의 방향을 제시하고 있다. 내용으로 보아 혁신과 경영의 내용에 의미 있는 차이를 확인하기가 쉽지 않다. 체계의 재구조화가 필요하다.

〈표 3-14〉 공공기관의 혁신 및 경영에 관한 지침 비교

공공기관의 혁신에 관한 지침	공기업 · 준정부기관의 경영에 관한 지침
경영공시 고객 만족 경영 공공성 및 사회적 책임 투명·윤리 경영 복리후생제도 합리화	조직 및 정원 인사 운영 예산 및 자금 운용 이사회의 운영 기관장 경영성과 협약

주: 공공기관의 혁신에 관한 지침, 공기업·준정부기관의 경영에 관한 지침에서 발췌하여 작성

공공기관의 혁신에 관한 지침에 제시되고 있는 구체적인 내용은 다음과 같다.

〈표 3-15〉 공공기관의 혁신에 관한 지침

공공기관의 혁신에 관한 지침	
총칙	- 인사 운영의 원칙 - 예산 운용의 원칙 보수 조직 및 경영진단 외부위탁 및 계약의 원칙
공공기관 혁신추진체계	경영혁신진단 공공기관 혁신 포털

경영공시	공시점검 및 후속 조치
고객 만족 경영	고객헌장 고객만족도 조사
공공성 및 사회적 책임	사회적 가치 실현 일자리 창출 및 사회 형평적 인력 직무능력 중심 공정 채용 일·가정 양립지원 비정규직 관리
투명·윤리경영	윤리 헌장 임원의 청렴의무 이사회 회의록 공개 사업 실명제 자료 제출
복리후생제도 합리화	퇴직금 교육비와 교육비 의료비 경조사비, 기념품 등 휴가·휴직 제도 복무행태 채용 우대 금지 합리적 노사관계 기타 복리후생제도 사내근로복지기금 공무 국외여행 명예퇴직금 지급 기준

주: 공공기관의 혁신에 관한 지침에서 저자가 발췌하여 작성

공기업·준정부기관의 경영에 관한 지침에 규정된 구체적인 내용은 다음과 같다.

〈표 3-16〉 공기업 · 준정부기관의 경영에 관한 지침

공기업 · 준정부기관의 경영에 관한 지침	
총칙	
조직 및 정원	- 조직과 정원의 관리 원칙 - 별도정원의 관리 - 출자기관 등의 운영 - 기능 · 업무의 외부위탁 - 증원의 절차 - 조직 진단 - 한시 정원, 탄력 정원의 운영
인사 운영	- 총칙(기본원칙, 임금피크제, 보수체계, 개방형 계약직제, 전문직위제, 인사교류) - 직원의 인사 - 임원의 인사
예산 및 자금 운용	- 자산 운용의 원칙 - 구분 회계의 운영
이사회의 운영	
기관장 경영성과 협약	- 윤리 헌장 - 임원의 청렴의무 - 이사회 회의록 공개 - 사업 실명제 - 자료 제출
성희롱 · 성폭력 근절을 위한 인사 관리	- 성희롱 · 성폭력 신고센터 설치 - 퇴직금 지급 기준

주: 공기업·준정부기관의 경영에 관한 지침에서 저자가 발췌하여 작성

이런 체계에서 보면 혁신과 경영의 체계에서 의미 있는 차이를 발견하기가 쉽지 않다. 혁신이 새로운 개혁을 추진하는 것이고, 경영이 일상적인 관리의 수준이라고 하기에는 혁신의 내용이 진취성이 크지

않다. 오히려 혁신의 내용 중에는 기관의 관리를 통제하거나 규제하기 위한 내용이 많다. 지금의 혁신은 관리하는 정부 입장에서는 혁신적인 내용일 수 있으나 기관으로서는 혁신을 추진하기 위한 절차나 방법론을 제시하는 내용이 아니다. 기관이 기득권에 안주하는 것을 방지하고 국민의 눈높이에서 관리하도록 권고하는 내용이라고 할 수도 있으나, 혁신의 원래 취지를 살리는 방안이 필요하다.

경영지침에서도 지나치게 세부적인 내용을 규정하는 것도 재구조화할 필요가 있다. 공공기관의 발전 단계 초기에는 정부가 간여하여 제도화를 지원할 필요가 있다. 그러나 지금과 같이 환경변화가 급격하고, 무엇보다 기관이 어느 정도 성숙한 상황에서는 사전적인 자율성을 강화할 필요가 있다. 지나치게 세세한 규정은 오히려 기관의 자발적인 혁신을 저해할 우려도 있다. 정부가 규정하여 주는 수준만 준수하려는 도덕적 해이가 발생할 수 있기 때문이다. 이런 맥락에서 공공기관 관리와 관련한 가장 기본적인 원칙인 '사전 자율, 사후 책임'의 원리를 다시 확인할 필요가 있다. 특히 구체적인 관리와 관련하여 지침으로 규정하고 있다. 법체계에서 지침은 일종의 행정지도에 해당한다.

〈표 3-17〉 공공기관 관리를 위한 법체계 유형

유형	내용
훈령	하급기관에 대해 장기간에 걸쳐 그 권한의 행사를 일반적으로 지시하기 위해 발하는 명령
예규	행정사무의 통일을 기하기 위해 반복적인 행정사무의 처리 기준을 제시하는 법류 문서
고시	법령의 규정하는 바에 의하여 일정한 사항을 널리 국민에게 알리는 행위
지침	내부적으로 일을 처리함에 있어 기준이 되는 규정

법적인 효과의 기준에서 보면 준수할 의무가 없지만, 준수하지 않으면 불이익이 수반되기 때문에 강제력을 갖게 되는 행정 수단이다. 이에 대해서는 법적인 체계의 개편이 필요할 수 있다.

> 따라서 *지침이 법규적 효력이 없는 이상,* 광역시장은 당해 지침만이 아니라 관계 법령인 국토계획법과 동법 시행령의 내용 및 취지에 비추어 행정계획에 관련되는 자들의 이익을 공익과 사익 사이에서는 물론이고 공익 상호 간과 사익 상호 간에도 정당하게 비교 교량하여 입안제안을 처리하여야 함에도 이에 이르지 아니한 채, 지침이 정한 주민제안 요건인 지구단위계획변경 제안 지역의 대상 토지면적의 2/3 이상의 동의 또는 조합원 총회의 결의가 충족되지 않았다는 사유로 행한 처분은 행정계획을 입안·결정함에 있어 이익형량을 전혀 행하지 않은 경우에 해당하여 위법하다 할 것입니다.
>
> (대법원 판례 2015. 2. 2. 2015. 2. 2.)

2) 공공기관운영위원회의 구성

공공기관운영에 관한 법률과 동법 시행령에 근거하여 2021년 현행되고 있는 위원회의 민원위원 구성의 특징은 다음과 같다. 첫째, 공공기관운영위원회는 현재 9인으로 운영되고 있다. 법상으로는 11인 이하로 운영된다고 하고 있으나 2인이 부족한 상태로 운영되고 있다. 의결을 위해 홀수로 운영하는 것이 적절할 수 있다는 점을 고려할 때, 9인으로 운영하고 있으나 가능한 11인으로 채울 필요도 있다. 둘째, 공운위 구성의 연령대를 보면 8인이 50대이고 1인이 60대이다. 사회의 다양한 경험을 축적하고 성숙한 의사결정을 할 수 있는 연령대라는 점을 고려하고 있는 듯하다. 그러나 위원회 조직이 갖는 의미가 다양한 측면을 고려하면 연령대를 좀 더 다양하게 구성할 필요가 있다. 예컨대 전문가로서의 경력을 축적할 기회와 새로운 시대정신을 접목할 수 있게 한다는 측면을 고려한다면 40대의 충원이 필요하다. 셋째, 공운위의 성비를 보면 남성 6인, 여성 3인으로 구성되어 있다. 2인을 추가하여 11인으로 한다면 여성 2인으로 충원하게 되면 성비 균형의 쟁점을 해결할 수 있을 것으로 기대된다. 넷째, 공운위 위원의 출신 배경을 보면 시민단체 1인, 학계 3인, 경제계 2인, 언론계 1인, 노동계 1인, 관계 1인으로 구성되어 있다. 출신 배경의 기준으로 보면 비교적 다양하게 구성되어 있다. 다만 법률의 취지에 비추어 보면 법률 전문가와 공인회계사 출신의 2분야 출신이 빠져 있다. 따라서 향후 공운위 위원을 9인에서 11인으로 확대할 경우 이들 분야에 대한 충원이 필요하다.

한편 공공기관의 노조 관계자가 참여하게 할 것인지가 쟁점이 될 수 있다. 그것은 마치 공공기관의 임원이 참여할 것인가의 쟁점과 같은 맥락으로 접근할 수 있다. 공공기관에 직접 참여하는 인사는 이해관계자에 해당한다. 둘 다 배제하는 것이 객관성과 중립성을 보장하는 공공기관운영위원회의 성격에 적합하다. 다만 이에 대한 이해도가 높은 인사로 운영하도록 하는 전문성은 보장되어야 할 것이다.

〈표 3-18〉 2021년 공공기관운영위원회 위원 구성

	성별	출신	나이
A	남성	시민단체	58세
B	여성	학계	58세

C	남성	관계	64세
D	여성	학계	57세
E	남성	노동계	52세
F	남성	언론계	57세
G	남성	학계	56세
H	남성	학계	59세
I	남성	경제계	56세

자료 : 기획재정부 내부자료

3) 새로운 대안 제시

(1) 방향성

공공기관운영위원회는 위원회로서 독립성과 전문성 그리고 다양성을 강화하는 것이 중요하다. 가장 중요한 것은 독립성이다. 특정 이해관계에 얽매이지 않고 국가적으로 바람직한 방향성을 제시할 수 있어야 한다. 그리고 이를 뒷받침할 수 있는 원칙으로 전문성이 바탕이 되어야 한다. 전문성과 관련하여 다양성도 지향해야 할 가치이다. 다양한 의견을 조정하여 방향성을 제시할 수 있어야 하기 때문이다. 이러한 가치들을 통해 궁극적으로 지속 가능한 공공기관의 운영을 위한 지원이 되도록 할 필요가 있다.

(2) 기능 관련 대안

공공기관은 국민과 정부의 관계에서 대리인 그리고 정부와 공공기관의 대리인이라는 관점에서 이중 대리인의 지위에 있다. 이로 인해 정부에 의한 일정한 관리 기능은 필요하다. 특히 공공기관의 지정이라든지 기능조정과 인사 관리는 필요하다. 다만 쟁점이 되는 것은 경영에 대한 개입의 수준이다. 지침을 통해 경영에 간여하는 방식은 향후 공공기관의 운영이 제도화되어 가는 속도에 따라 조정할 필요가 있다. 이상의 논의를 종합하여 기능 관련 발전방안을 정리하면 다음과 같다.

첫째, 인사권과 관련하여 공운위의 기능을 강화할 필요가 있다. 현재는 상향 방식(Bottom-up)으로 부처에서 임원추천위원회를 통해 추천되면 공운위의 검토를 거쳐 인사권자에게 다시 추천되는 방식이다. 이로 인해 공운위의 검토는 중복 지원이나 가장 기본적인 자격 검토에 그치고 있다. 향후 공공기관운영위원회에서 인사 검증 기능을 가진다면 훨씬 강력한 역할을 할 수 있다. 부처의 입장이나 정무적 판단에서 비교적 자유롭게 검증 기능을 부여할 필요가 있다.

〈표 3-19〉 공공기관 기관장 임용절차

구분			임용절차
공공기관장	공기업	일반	임원추천위원회 복수 추천 -> 공공기관 운영위원회 심의 및 의결 -> 주무기관장 제청 -> 대통령임명
		소규모	임원추천위원회 복수 추천 -> 공공기관 운영위원회 심의 및 의결 -> 주무기관장 임명
	준정부기관	대규모, 특수형	임원추천위원회 복수 추천 -> 주무기관장 제청 -> 대통령 임명
		일반	임원추천위원회 복수 추천 -> 주무기관장 임명

자료: 「공공기관 운영에 관한 법률」에서 저자가 발췌하여 작성

둘째, 공공기관운영위원회 기능 강화 논의는 위원회의 독립성 수준에 달려 있다. 예컨대 국가균형발전특별위원회, 자치분권위원회 등은 민간인 위원장이 있고 사무국을 두고 있다. 물론 산업자원부나 행정안전부와 밀접한 연계를 하면서 정책을 개발하고 있지만, 독립성의 관점에서 보면 훨씬 강한 위상을 가지고 있다. 이러한 관점에서, 공공기관운영원회 위원장을 민간인으로 한다면 독립성이 훨씬 강할 수 있다. 공공정책국이 정책을 개발하고 지원하는 역할을 하겠지만, 더욱 강력한 소유권 집중의 형태가 될 수 있을 것이다.

(인터뷰 E)

- 인사권의 경우 기본적으로 임추위 등 형식적으로는 자율적으로 결정이 가능한 것으로 되어 있으나 운영에 있어 청와대 등에서 낙하산 등 결정적인 영향력을 미치고 있는 것으로 보이므로 이 부분을 개편할 필요가 있습니다.

(인터뷰 F)

- 운영위원회의 확대개편과 함께 상임 민간위원장을 고려해 볼 수 있습니다. 그리고, 사무국을 두고 민간위원장이 독립적이고 체계적으로 위원회의 기능에 관여하고 위원회의 결정을 유도해 나갈 수 있도록 하는 것이 필요해 보입니다.

셋째, 어느 정도 공공기관의 자율경영 기반이 성숙한 상황에서 매우 구체적으로 '지침'을 통해 관리하는 방식은 개선될 필요가 있다. 특히 현재 '혁신 지침'은 경영지침과 크게 개념에서 크게 구분되지 못하고 있다. 혁신 지침과 경영지침을 통합하면서 내용을 축소하면서 혁신은 혁신에 초점을 맞출 필요가 있다. 혁신은 정부의 입장에서 혁신적인 내용을 담아낼 것이 아니라, 개별 공공기관의 입장에서 혁신을 추진할 수 있는 구심력을 부여할 필요가 있고, 이를 위한 매뉴얼을 제시하는 수준이 될 필요가 있다.

(인터뷰 G)

- 지침은 기획재정부장관의 시행규칙이라는 점에서 인사 운용의 원칙, 재무 관리 및 자산 운용의 원칙, 기관장성과협약 등은 지침으로 관리하는 것에 문제가 있습니다.

(인터뷰 H)

- 지침은 지나치게 자의적이고 변화가 많아 기본적인 사항에 대해서는 시행령을 통해 안정적이고 공공기관 입장에서도 예측 가능한 공공기관 정책이 필요해 보입니다.

넷째, 법체계와 관련하여 정부의 정책에 관련된 부분이라면 시행령에 담아내도록 하고, 지침을 폐지하거나 대폭 축소할 필요가 있다. 정부 내부의 업무 수행이 아니라 정부 외부와 관련되는 근거에서 '지침'이라는 표현이 강압적인 의미를 부여할 수 있기 때문이다.

(인터뷰 I)

- 공운법에 따라 조직과 정원, 출자기관, 외부위탁, 임금피크제, 보수, 채

용, 승진, 징계, 임원추천위원회, 예산세부지침, 자산운용의 원칙, 구분회계, 이사회운영, 기관장성과협약에 이르기까지 매우 광범위한 영역의 운영에 대해 시행규칙(지침)으로 그리고 예산집행등과 관련해서는 세부지침까지 활용하고 있습니다. 그러나 이러한 구체적인 내용을 시행령으로 정하기는 어려울 것으로 보입니다. 원칙에 해당하는 부분을 추려서 시행령으로 정하는 것은 바람직해보입니다.

(인터뷰 J)

- 지침이 너무 자세하게 경영권에 개입하여 자율성을 침해할 우려가 있는 영역으로는 1. 임직원의 인사 및 승진에 관한 사항 2. 정원에 관한 사항(인건비 총액만 관리하고, 인원에 대해서는 자율부여) 3. 구체적 사업의 운영에 관한 사항 등이 있습니다.

〈표 3-20〉 공공기관 혁신 지침과 경영관리

공공기관의 혁신에 관한 지침		경영관리 분야로 전환 가능한 분야
총칙	- 인사 운영의 원칙 - 예산 운용의 원칙 - 보수 - 조직 및 경영진단 - 외부위탁 및 계약의 원칙	- 경영관리로 전환
공공기관 혁신추진체계	- 경영혁신진단 - 공공기관 혁신 포털	
경영공시	- 공시점검 및 후속 조치	- 경영관리로 전환
고객 만족 경영	- 고객헌장 - 고객만족도 조사	- 경영관리로 전환

공공성 및 사회적 책임	- 사회적 가치 실현 - 일자리 창출 및 사회 형평적 인력 - 직무능력 중심 공정 채용 - 일·가정 양립지원 - 비정규직 관리	- 경영관리로 전환
투명·윤리경영	- 윤리 헌장 - 임원의 청렴의무 - 이사회 회의록 공개 - 사업 실명제 - 자료 제출	- 경영관리로 전환
복리후생제도 합리화	- 퇴직금 - 교육비와 교육비 - 의료비 - 경조사비, 기념품 등 - 휴가·휴직 제도 - 복무행태 - 채용 우대 금지 - 합리적 노사관계 - 기타 복리후생제도 - 사내근로복지기금 - 공무 국외여행 - 명예퇴직금 지급 기준	- 경영관리로 전환

자료: 공공기관 운영에 관한 법률

(3) 구성 관련 대안

2021년 기준으로 지금의 공공기관운영위원회 구성은 대체로 입법 취지를 반영하고 있다. 민간위원은 11인으로 구성하게 되어 있는 취지를 반영한다면 현행 9인에서 2인을 추가할 여지는 있다. 이 경우 전문성과 대표성을 고려해 40대 여성 2인을 포함한다면 법률의 취지를 살리는 구성이 될 수 있을 것으로 판단된다.

한편 새로운 입법을 한다면 노조 대표의 참여를 인정할 것인지가 쟁점이다. 공공기관운영위원회가 이해관계자의 입장은 고려하되 의사결정에서는 객관성과 중립성을 유지하도록 하는 취지를 고려한다면, 경영진이든 노동계이든 직접 공공기관 종사자는 배제하는 것이 적합할 수 있다. 이러한 입장이 고려될 수 있도록 위원회 구성에서 노동계가 추천하는 노동 관련 전문가를 포함하는 등 위원 출신에서 대표성을 보장하는 방안은 필요하다. 다만 직능단체가 추천할 경우 책임성과 함께 이행의 문제가 발생할 수 있다. 따라서 이해관계자로서 노동계가 직접 참여하여 공공기관 지배구조를 민주화하는 방안을 검토할 수 있을 것으로 보인다(김철 2012). 나아가 의사결정을 할 때, 관련되는 이해관계자 또는 당사자들이 공운위에서 출석하여 견해를 밝힐 기회를 부여하는 것도 고려해 볼 수 있다. 만약 노동계가 직접 공운위 위원으로 참석하는 것이 어렵다면, 노동계가 공운위에 참석하여 의견을 개진할 기회를 주는 것은 반드시 필요하다. 또한, 이를 법률이나 시행령에 반영한다면 구속력을 확보할 수 있을 것이다.

제4장

공공기관 평가체계 분석 및 제도개선 방안

제 1 절

공공기관 경영평가제도의 배경과 목적

1. 경영평가제도의 도입 배경과 필요성

공공기관 경영평가의 의의를 경영평가 편람에서는 "「공공기관의 운영에 관한 법률」 제48조에 따른 '경영실적평가제도'는 공기업·준정부기관의 자율·책임경영체계 확립을 위해, 매년도 경영 노력과 성과를 공정하고 객관적으로 평가하는 제도로서 공기업·준정부기관의 공공성 및 경영 효율성을 높이고, 경영개선이 필요한 사항에 대해 전문적인 컨설팅을 제공함으로써 궁극적으로 대국민 서비스 개선을 목적으로 한다"라고 밝히고 있다(기획재정부, 2016). 공공기관 경영실적평가제도는 기관의 방만 경영을 개선하고, 도덕적 해이를 해소하여(국회 예산정책처, 2015) 기관 운영의 효율성에 기여했다는 평가를 받고 있다. 그러나 경영평가를 통해 본래 목적인 공공서비스 수준이 향상되었는가는 논란의 여지가 있으며, 평가 결과의 활용 측면에서 문제가 제기되고 있다(김철, 2015; 민병찬, 2014).

이는 근본적으로 '공공성 및 경영 효율성'이라고 상호관계를 확정할 수 없거나 모순적 성격을 내포하는 잣대를 병렬적으로 제시하고 있기 때문이다. 또한, 모범적 사용자의 역할을 해야 할 정부가 공공기관의 운영을 특정 잣대로 재단하여 서열화하고 과도한 성과 보상을 설정하여 단체교섭을 제약하는 요소 역시 헌법정신과 관련 법률과 배치되는 것이다. 이 때문에 "재무적 수익성과 경영 효율성에 초점을 두어 공공성을 경시"(김철, 2015)한다는 방향성 평가(김철, 2015; 김철 · 김경근, 2009; 민병찬, 2014 등)와 함께 "공공기관의 소유권 부처인 기획재정부의 통제 수단이자 관리 도구"(라영재 · 윤태범, 2013), "책임경영 목표와 달리 기관 자율성 제약"(국회예산정책처, 2015) 등의 문제점이 지적되고 있다.

공공기관 경영실적평가제도의 평가체계, 평가유형 분류, 평가단 구성, 평가 지표, 환류 체계 등 각론적으로 제기되는 다양한 문제점에 대해 기획재정부는 여러 차례 수정을 거쳐 보완했다고 하지만, 큰 틀의 문제점은 바뀌지 않았다. 2017년 문재인 정부에서의 공공기관 개편도 사회적 가치 실현 중심으로 조정했다고 하지만, 근본적으로 경영 효율성 중심의 평가라는 성격에는 큰 변화가 없었다.

공공기관은 국가가 소유권을 갖는 조직으로 국민적 통제를 받아야 할 조직 성격을 띠고 있다. 관료적 통제에 대한 반감으로서 공공기관의 "자율경영"이 제기될 수 있으나, 더 바람직한 방향은 '책임경영'이다(노광표 · 김철 · 조일영, 2014). 30년이 넘게 이어져 온 경영평가제도는 여러 차례 부분적 개선에도 불구하고 다양한 측면에서 문제가 제기되었다. 자율성과 사회적 책임성, 경영 효율성과 사회적 가치의 조화를 내세운 경영평가제도의 취지가 제대로 발휘되고 있지 못했다. 나아가 '공공부문 평가의 필요성과 방만 경영 방지'라는 취지에도 과잉 평가로 인해 공공기관 운영이 왜곡되어 기관 운영의 과정과 결과가 아닌 평가 결과에만 매몰되는 한계에 직면한다. 이런 문제점은 경영평가제의 부분 개선으로 치유될 수 없고 공공기관 경영평가의 존속 여부와 근원적인 변화가 필요함을 의미한다.

아울러 예산부처의 예산, 인원 배정 권한이 평가 결과까지 이어져 기획재정부의 권한 독점과 평가 시각이 그대로 관철되는 구조이다. 기획재정부도 경영평가제에서 사회적 가치, 공공적 가치, 기관 자율성을 동시에 강조한다지만, 경제부처의 특성상 경제적 효율성에 기본적으로 방점을 두고 있으며 다른 가치는 부수적인 기준을 넘어서기 어렵다. 더구나 경제부처의 예산 기획과 경영평가 독점으로 인해 경영평가제는 경제적, 재무적 효율성이라는 프로크루스테스의 침대에 딸린 재단 장치로서의 성격을 넘어서기 어렵다. 경영평가제로는 산업 정책적 고려나 공공기관 본연의 서비스가 갖는 의미를 제대로 담아내지 못한다. 사회적 가치 항목과 배점을 늘린다고 해서 경영평가제의 기본 성격이 바뀌는 게 아니다. 경영평가제도 문제점의 방패막이거나 질적 성격의 점검 과제를 양적 평가의 틀로 녹여내는 또 다른 평가 왜곡을 초래한다.[1]

경영평가제도의 개선방안은 모든 영역에 걸쳐 제시되고 있으며

---

1) 성과평가제의 요건은 4가지로 제시된다. '제1요건: 성과평가지표의 성과목표와의 관련성(relevance), 제2요건: 직무/작업성과의 통제가능성(controllability), 제3요건: 직무/작업성과의 측정가능성(measurability), 제4요건: 성과평가지표의 이해가능성(understandability)'이다(김성희 외, 2008; 2014). 공공기관 경영평가제는 기관 본연의 설립 목적과 공공서비스와의 관련성이 떨어지며, 성과의 통제가능성이 정책목표나 외적 환경에 따라 왜곡되며, 측정 가능성이 매우 낮은 추상적 목표가 병렬적으로 제시되며, 복잡하게 설계된 평가 지표로 인해 이해 가능성과 수용성이 낮아지는 결과를 초래한다. 성과 평가에 대한 과도한 의존과 그 불완전한 결과를 명료한 성과 보상과 연계시키고 있어 과잉 평가라고 진단하는 것이다.

(양대 노총 공대위 3대 영역 10대 과제를 수정한 내용 참조), 근원적인 문제점을 해결하기 위해 '공공기관 경영평가(management evaluation)'를 '종합적인 운영평가(operation evaluation)'로 바꾸는 틀에서 개선방안을 마련할 필요가 있다.

〈표 4-1〉 경영평가제 개선 방향과 세부내용

구분	주요 개선 방향	세부 개선 내용
평가패러다임전환	공공기관운영위 구성 · 운영 및 평가 운영 시 민주적 지배구조	- 공공기관운영위 구성 시 노동 · 시민단체 대표성 보장 - 평가 기준 · 결과 심의 시 특별소위 운영 등 심층 논의 구조 제도화 - 경영평가단 구성 시 노동 · 시민단체 추천 제도화 - 핵심성과지표(KPI) 설정 시 국민 참여, 공공성 중심 + 공운위 소속, 경영평가단 운영의 주체(총리실 등)
	경영평가 패러다임 전환을 위한 명칭 변경	- 공공기관 운영 원리 변화(사회적 가치 선도)에 따른 '경영' 평가 명칭의 변경 : 운영평가제의 성격과 내용 정립
	국정과제 추진의 '정치적 활용' 지양	- 경영평가를 공공기관 통제 도구로 활용하는 발상 극복 : 정권별 정책목표 설정을 통한 조정 제한
평가시스템개선	평가 편의에 근거한 강제적 서열화 개선	- 최종 평가결과의 등급 축소(5→3등급)로 서열화 완화 - 각 평가 지표의 서열화 등급 폐지 및 절대평가 적용
	평가의 비효율 요인 극복을 위한 평가주기 개선	- 평가주기 개선(1년→2~3년)을 전제로, - 기관 규모에 따라 평가 주기 조정(강소형 기관 확대) 방안 - 1년 단위 평가(업무효율 · 재무 관련 지표) 및 종합평가지표(주기 확대) 구분을 통한 평가주기 확대 방안
	사업성과 변별력을 넘는 과도한 성과급 격차 개선	- 사업성과의 변별력에 상응하는 성과급 격차의 축소(공기업 250→100%, 준정부기관 100→50%) 및 잔여 예비비의 공익적 활용 : 총인건비의 15%에 이르는 격차 설정의 문제점

평가지표개선	과도한 '경영 효율화' 중심의 경영관리 비계량 지표의 개선	- 국정운영 변화('경영 효율화' 일변도→사회적 가치와의 균형)에 따른 경영관리 평가 지표의 세부평가내용 전면 개선 : **세부 평가 내용만 아니라 격차 발생 계량영역의 비중과 결정력 수정 필요**
	기술적 한계가 지속되는 사업성과 계량지표의 개선	- 사업성과 지표의 전면 점검 · 실태조사를 통해, △ '외부요인'의 명확한 조정 △ 평가방식의 조정 △ 사회적 가치 관련 '핵심성과지표'의 재설정
	공공기관 특성을 무시한 경영관리 계량지표 개선	- 공공기관에 적합한 부가가치 모델 개발 - '총인건비인상율' 지표 'all or nothing' 문제 개선
	평가지표의 통합을 통한 평가지표의 간소화	- 중복적으로 운영되는 경영관리 지표의 통합 및 간소화 - 기관장평가제도의 폐지 및 기관평가 활용
평가단운영	경영실적 평가 중심의 평가단 구성과 비전문성	- 학계 중심에서 공공성 반영하는 구성으로
	비상설기구의 문제점	- 상설조직으로 변경. 설치구성은 공운위 지배구조 개편방안과 연계
	평가단의 독립성과 관료성 문제	- 관료 배제와 독립적 운영

자료: 조양석(2017), "경영평가 개편이 아닌 개혁이 필요하다." 조세재정연구원「공공기관 경영평가제도 개편을 위한 공개토론회」자료집, 2017. 11. 23 중 '양대노총 공공부문노동조합 공동대책위원회의 경영평가 개선(안) 요약: 3대 영역 · 10대 과제'에서 필자가 수정, 보완(굵은 활자)

2. 경영평가제도 변화과정과 개선사항 평가

문재인 정부는 출범 후 공공기관 경영평가제도의 개선을 목표로 개편방안을 제시했다(기획재정부, 경영평가 개편방안 보도자료, 2020. 12. 27). "새롭게 부각되는 공적 가치, 높아진 국민의 기대에 부응하고 다원화된 공공기관의 특성을 반영하는 데 한계를 노정"하였다면서, "공공기관 본연의 목적인 공공성 및 사회적 가치실현에 소홀, 기관특성을 무시한 획일화된 평가체계 및 지표, 경영평가단의 전문성・책임성에 대한 문제 제기, 기관의 자율・혁신 역량 강화 및 책임경영 지원에 미흡"이라고 문제를 인식하며 '사회적 가치실현 중심, 자율과 참여 중심, 책임 윤리경영 중심'의 개편 방향을 제시했다.

〈표 4-2〉 기획재정부 2020년 말 경영평가제 개편방안

개편 방향	세부 추진과제
1 사회적 가치 실현	· 사회적 가치 배점 확대, 메뉴방식 도입 등
2 자율·혁신 기반 맞춤형 평가	· 공기업·준정부 평가단 분리 및 지표 차별화, 성과 협약제 도입, 지표 통폐합·간소화 등
3 참여·개방·소통	· 평가단 구성 다양화, 계량지표 → 전문기관 위탁, 경영평가 소위, 평가단 책임성 제고, 국민 참여 등
4 책임·윤리경영	· 컨설팅 강화, 경영진단・기능조정과 연계, 사회적 책무 위반 시 등급 조정, 기관장・감사평가 개편 등

자료: 기획재정부(2020), 경영평가 개편방안 보도자료, 2020. 12. 27

이와 같은 계획은 단계별 추진을 전제로 만든 것으로 '18년 평가편람 반영과제'와 '심층 분석을 토대로 마련할 과제'로 나누어 시행 여건에 따라 단계별로 추진하는 것이었다. 1단계는 2017년 말까지로 사회적 가치 반영, 평가체계・지표 차별화, 참여・개방・소통형 평가, 컨설팅 및 윤리경영 강화 등이다. 평가단 관련 사항(평가단 분리 및 다원화, 계량부문 위탁 등)은 18년 2월 시행 예정이다. 2단계는 2018년 중 완료 계획으로, 절대평가 강화 등 보수체계 개편과 연계된 과제이며, 보수 수준 변화 등 심층 분석(Simulation) 결과를 토대로

추진한다고 제시했다. 경영관리・주요사업 배점도 공기업(55:45), 준정부(45:55)로 조정하는 방안이다.

경영평가제도는 사회적 가치실현을 위한 방향으로 참여형, 자율형, 윤리경영 중심으로 사회적 가치실현의 항목 확대 등 일부 개선이 있었다. 재무성과에 대한 배점을 20~50% 수준으로 줄이는 대신, 사회적 가치구현 항목인 일자리 창출・안전 및 환경・윤리경영 등 정성 평가적 요소들의 배점을 대거 확대하였다. 하지만 윤리경영 배점 3점은 LH 사태 이후 비판의 대상이 되기도 했다. 사회적 가치지표 배점의 비중은 2017년 6%에서 2018년 17%로 확대되고 이후 계속 확대되어 2020년에는 공기업의 경우 24점까지 확대되었다. 일자리 창출 및 질 개선 노력도 경영평가편람에 반영되었다. 아울러 평가단 구성의 다양화도 모색되어 시민단체 추천(출신)을 확대했다. 2018년에는 맞춤형 평가를 위해 경영평가단이 공기업평가단과 준정부기관 평가단으로 분리되었다.

공공기관 경영평가에서 '사회적 가치구현'이라는 항목은 경제적 효율성 위주의 가치 추구를 지양하고 모든 영역에서 공공의 이익과 공동체의 발전에 기여하였다. 정부를 비롯한 공공기관 운영 방향의 전환을 의미한다(한국행정학회, 2019: 87). 그러나 배점의 확대와 평가체계의 일부 개선에도 불구하고, 효율성과 공공성을 병렬 배치하고 기관의 본래 성격과 무관한 경영실적 평가가 여전히 큰 비중을 차지하고 있으며, 줄 세우기와 과도한 성과급 반영 등의 문제점을 해소하기보다 강화하는 방향은 개선되지 않았다. 2021년 경영평가 지침에서 효율성 중심으로 회귀하는 양상이 벌어진 것은 그 이전의 변화가 외형적인 지표 변화에 불과함을 보여주는 것이다.

〈표 4-3〉 기획재정부 2020년 말 경영평가제 개편방안의 지표별 배점 변화

현행: 공기업 = 준정부

경영관리 (50)	사회적 책임 등 (19)
	일반 경영관리(31)
주요사업 (50)	안전·환경 등 (공10~15/준25~30)
	기타 주요사업 (공35~40/준20~25)

⇒

개편(안): 공기업 ≠ 준정부

공기업

경영관리 (55)	사회적 가치 (30)
	일반 경영관리(25)
주요사업 (45)	사회적 가치 (10~15)
	기타 주요사업 (30~35)

준정부

경영관리 (45)	사회적 가치 (28)
	일반 경영관리(17)
주요사업 (55)	사회적 가치 (30~35)
	기타 주요사업 (20~25)

자료: 기획재정부. 2020. 경영평가 개편방안 보도자료. 2020.12.27.

기관의 성과와 무관한 사항을 경영실적 평가 항목에 반영하는 문제점을 해소하지 않고, 경영관리 범주나 주요 사업 범주의 개별 평가지표에서 사회적 가치 실현 배점을 도입하고 확대한다고 해서 기관 본연의 설립 목적이 담고 있는 공공성이나 사회적 가치를 제대로 반영하지 못한다. '사회적 가치구현'을 별도의 평가 지표로 도입하였지만, 공공성과 효율성이 병렬 배치됨으로써 충돌되거나 상호 왜곡이 발생할 수 있다. 이는 3절의 사례조사에서도 확인된다. 사회적 가치와 기관 고유의 공공서비스로서의 목적은 효율성 평가라는 기본 틀에 사회적 가치 항목의 배점을 확대하여 두 가지의 조화를 추구하는

모양새를 만드는 것만으로 충분하지 않다. '사회적 가치 기본법'의 의원입법안의 추상성과 입법 실패도 동일한 문제점을 극복하지 못했기 때문이다.

사회적 가치를 별도의 지표로 할 경우, 사실상 기관의 고유사업과 무관한 또 하나의 정부 권장 정책을 강요하는 것으로 인식돼 공공기관의 경영 효율화 노력을 소홀히 할 수 있다(정동관, 2020). 기관의 상황을 고려하여 일률적으로 적용하기보다 해당되는 정책을 중심으로 선택하여 평가받도록 하는 것이 필요함에도 여전히 일률적 잣대를 자율성과 사회적 가치라는 이름으로 포장하여 사회적 가치실현 평가의 항목 자체를 왜곡하는 결과를 초래한다. 기존 평가 지표를 개선해 배점을 확대하였다고 하나 공공서비스 강화와 기관 목적 실현의 측면을 무시한 것은 사회적 가치, 공공서비스로서의 가치 지향을 가진 평가제도 개편의 기대에 못 미친다.

〈표 4-4〉 경영평가 지표와 배점의 변화

'17년		'18년 개편안				'21년 적용안	
구 분	배점	구 분	공기업	준정부	비 고	공기업	준정부
Ⅰ. 경영관리	50	Ⅰ. 경영관리	55	45		55	45
1. 경영전략・사회공헌	18	1. 경영전략 및 리더십	6			6	
・전략기획·사회적 책임	5	・전략기획	2		경영목표 및 전략 수립 등	2	
・경영혁신	3	・경영개선	2		경영개선계획 수립·이행, 기능조정 등	2	
・국민평가	2	・리더십	2		기관장 경영계약 이행도 등	2	
・열린혁신	1	2. 사회적 가치 구현	22	20		24	22
・경영공시	1	・일자리 창출	7	6	비정규직 정규직 전환, 정현원차 관리, 민간일자리	7	6

· 정부권장정책	6
2. 업무효율	5
3. 조직·인적자원 관리	4
4. 재무예산 관리	10
· 재무예산 운영·성과	8
· 자구노력 이행성과	2
5. 보수·복리후생 관리	13
· 보수·복리후생	6
· 총인건비 관리	3
· 노사관계	4
II. 주요사업(50)	50
· 주요사업의 계획·활동·성과를 종합평가	50
<합 계>	100
III. 일자리 가점	10

			창출 등		
· 균등한 기회와 사회통합	4	3	고졸자·지역인재·여성관리자 확대 등	4	3
· 안전 및 환경	3		산업재해관리, 에너지 절약 등	5	
· 상생·협력 및 지역발전	5		지역경제 활성화, 협력업체 적기 자금결제, 중소기업·소상공상인 역량 강화 지원	5	
· 윤리경영	3		윤리경영체계, 경영투명성 등	3	
3. 업무효율	5	-	노동생산성, 자본생산성 등	5	-
4. 조직·인사·재무관리	9	6		7	4
· 조직·인사 일반	3		성과관리체계 구축·운영 등	2(삶의질 통합)	
· 재무예산 운영·성과	5	2	재무건전성 관리 등	5	2
· 삶의 질 제고	1		육아휴직, 장시간 근로해소 등 일·가정 양립	-	
5. 보수 및 복리후생비	8			8.5	
· 보수·복리후생	3		합리적 보수체계 운영 등	3.5	
· 총인건비 관리	3		총인건비 인상률 준수 여부	3	
· 노사관계	2		노사간 공감대 형성, 노사관계 관리역량 강화 등	2	
6. 협력과 참여	5			4.5(혁신노력과 소통)	
· 국민참여	1		참여·혁신·협업 우수사례 가점 (1점)	3(혁신노력과 소통)	
· 열린 혁신	1				
· 국민소통	3		고객만족도 조사, 알리오 공시	1.5	
II. 주요사업	45	55		45	
· 사회적 가치 실현 사업	10~15	30~35		10~15	
· 기타 주요사업	35~40	20~25	수익성 또는 중립적 사업	35~40	
<합 계>	100	100			

자료: 기획재정부(2020), 공공기관 경영평가편람

문재인 정부의 마지막 경영평가 개편안이 될 공산이 큰 기획재정부의 경영평가제도 개편안(2021. 8. 31)에서는 경영평가 전반에 걸친 대안을 추구하고 있어 이전의 개편안보다 종합적이다. 그러나 제기된 문제를 기본 틀을 유지하는 선에서 보완하는 해결책 수준을 넘어서진 않는다.

〈표 4-5〉 기획재정부 2021년 8월 경영평가제도 개편방안

현 행	개 편
한시적, 비체계적 평가시스템	평가관리의 전문성 책임성 강화
등급 위주의 형식적 평가	평가와 실질적 역량 개선간 연계 강화
공급자 중심의 평가 (국민 체감도 + 기관 수용도 미흡)	수요자 중심의 평가 (국민 체감도 + 기관 수용도 제고)
기관특성 반영이 미흡한 획일적 평가	기관특성을 고려한 맞춤형 평가
평가단, 평가지원센터의 역할 한계	평가추진조직 등 인프라 고도화

자료: 기획재정부(2021), 경영평가제 개편방안 보도자료, 2021. 8. 31

첫째, 상시적 · 전문적 평가관리시스템을 구축한다. 평가정보인력 · 관리 인프라 구축을 위해 평가자료 DB화를 통한 평가정보 시스템 구축과 평가 전문가 유형화를 통해 다층적 평가 전문가 인력풀 구성 및 평가 전문가 관리시스템 구축을 추구하는 것은 긍정적이다. 그런데 평가 전문가 유형화는 평가체계 변화와 연동할 필요가 있다. 또

한 체계적 · 전문적 평가 · 검증장치 마련을 통해 평가단 내외 이중삼중의 검증관리시스템 구축은 2020년 경영평가 결과에서 나타난 오류를 검증하는 시스템을 마련한다는 내용이다. 교차평가 방식 전면 도입을 통해 평가 내용 상호 검증과 지표별 기관 간 편차 최소화를 위한 장치 마련 또한 긍정적이다. 그러나 이런 과정의 부분적 개선도 필요하겠지만, 더 중요한 것은 교차평가 방식보다는 평가유형별 재분류를 통한 평가군 재설정과 평가기관 수 조정이 전제되어야 체계적 평가시스템 구축이 가능하다. 드러난 문제만 걷어내는 해결책으로만 복잡하고 확인 불가능한 평가시스템의 문제점을 해결할 수 없다.

둘째, 평가의 실효성을 강화한다. 이를 위해 ① 기관별 경영실적 개선도 반영 ② 맞춤형 경영 컨설팅 강화 ③ 성과급 지급기준 · 방식 개선을 추진한다고 밝히고 있다. ①에서 기관의 실적개선도 평가 반영 공개와 실적개선 노력 및 향상도 우수기관 가점 부여를 통해 개선치를 반영하는 것은 기관의 외적 조건에 따라 평가결과가 좌우되는 문제를 해결하는 점에서 긍정적이다. 일례로 "공기업 경영실적평가제도는 계량지표에 의해 좌우되며, 계량지표는 매출액과 영업이익에 의해 결정되는 구조를 갖고 있다. 매출액과 영업이익이 높은 일부 공기업의 경우 지속적으로 평가가 우수한 기관이 될 가능성이 높으며, 외부요인에 따라 매출액과 영업이익이 낮은 공기업의 경우 평가가 저조한 기관이 될 가능성이 높다"(조세재정연구원, 2017). 그러나 개선도 반영은 전년도나 과거의 실적이 뚜렷하게 높았거나 낮았을 때 객관적인 기준이 되기 어렵다. 과거 의존적 변수이기에 개선도 평가가 없을 때와 또 다른 평가의 객관성, 타당성의 문제를 초래한다. ②의 맞춤형 경영 컨설팅 강화를 위해 생애주기와 수요에 상응하는 맞춤형 컨설팅(신설기관 컨설팅, 실적 부진기관 컨설팅,

수시 컨설팅), 컨설팅 결과 경영개선계획 수립 시 반영 제출 의무화와 이행실적 평가 반영 강화를 내용으로 한다. 평가결과 반영이 경영성과급이나 기관장 평가를 통해 환류되는 시스템이 아니라 기관의 서비스 개선을 위한 협의와 컨설팅 방식으로 이루어져야 한다는 의미를 축소해 실적이 부진한 기관에 대한 컨설팅이라는 측면에서 반영하고 있다. 그 자체가 미시적 개선일 수 있으나 경영개선 조치에 대한 컨설팅이 아니라 기관 운영과 공공서비스 가치 창출의 적합성 평가를 위한 컨설팅이라는 의미를 축소 해석하고 있다. ③ 성과급 지급기준·방식 개선에서도 실적개선도를 반영하여 '상대등급 + 절대등급 + 개선도'를 모두 반영하고 기관장 중기 성과급제 적용 확대를 개선방안으로 제시하고 있다. 경영성과급의 과도한 비중과 과도한 임금 격차를 초래하여 성과급에 매몰되는 왜곡 현상을 바로잡는 대안은 제시하지 않고 경영성과급 문제의 핵심을 비껴갔다.

셋째, 국민 체감형, 기관 맞춤형 평가체계를 도입한다. ① 국민 체감형 평가 지표를 강화하여 윤리경영의 배점을 강화하고(3점→5점), 권익위 청렴도와 부패방지시책평가와 연계하며, 중대위반 시 0점으로 처리했다. 이는 LH사태에 따른 즉자적 대응이라는 한계에도 불구하고 바람직한 방향의 변화이다. 안전경영 항목으로 중대사고 발생 시, 재난 및 안전관리 지표를 0점 처리하는 것도 중대재해처벌법 통과와 산업재해에 대한 여론을 반영한 측면이 크다. 재무경영 항목이 삽입되었는데, 재무경영 강조는 이전 평가 틀(NPM)로 회귀하는 위험성이 있다. 이 항목 전반에서 0점으로 점수를 부여하는 것도 가능해 기관 간에 과도한 격차를 초래하고 전체 평가에 결정적 영향을 미치는 문제가 있다. 관련 위험성에 많이 노출되어 있는 기관의 특성을 고려하지 않아 획일적 지표가 과도한 점수편차를 낳기 때문이다. ②

국민 체감형 성과급 지급·산정 개선을 포함하여 기관장 성과급 지급률 하향조정(120→100, 100→80)과 범주별 성과급 산정방식을 폐지하여(종합등급만을 토대로 성과급 산정) 미흡 기관에 성과급을 지급하는 사례를 방지하고자 했다. 성과급 지급률 하향 조정은 긍정적이나 효과는 미미할 것으로 판단된다. 성과급 지급의 아주 미세한 문제만을 다뤘을 뿐인데 국민 체감형 또는 기관 맞춤형 평가체계 개선의 내용이라고 하는 것은 과도하다고 할 수 있다.

넷째, 기관 유형을 재분류하고 지표도 간소화한다. 규모, 업무특성에 따라 기관 유형을 재분류하여 공기업은 SOC, 에너지, 산업진흥 등 산업별로 분류하고 준정부기관은 기금관리형, 위탁집행형, 강소형 1, 2로 분류한다. 또한 강소형 기관의 경우 평가 지표 수를 축소하고 과다 유사, 중복지표 정비를 통한 간소화를 추진한다. 공기업 재분류는 이 연구에서 제시하는 공공기관 업무별, 산업별 재분류 방안과 유사하다. 그러나 준정부기관은 현행 방식을 유지하고 있는데, 동일한 잣대를 적용하지 않고 있다. 준정부기관도 공기업과 유사하게 분류하고, 평가군을 10-15개 내외 기관으로 한정할 필요가 있다. 강소형 기관의 평가 지표, 중복지표 간소화는 긍정적이며 특히, 중복지표 간소화가 중요하다.

다섯째, 맞춤형 평가의 세부지표 개발 추진하여 기관 발전 단계별 기관장 임기별로 지표 차별화와 유사기관 공통지표를 도입한다. 기관 단계별, 기관장 임기별 지표 차별화는 이미 복잡한 체계를 더 복잡하게 할 위험성이 있다. 물론 간소화가 이루어지는 전제 하에서는 평가의 타당성을 높이는 효과가 있다. 무엇보다 맞춤형의 기본은 기관특성을 고려한 지표가 우선적 과제이다. 그런 점에서 유사기관 공통지표 도입은 긍정적이다.

여섯째, 평가추진 조직 · 인력을 체계적으로 정비하여 공공기관연구센터를 평가지원조직으로 보강 · 재편하는 방안과 새로운 상시 평가지원조직의 신설도 고려한다. 공공기관연구센터 평가지원조직으로 재편 보강하는 것은 이미 제안된 논의이며 긍정적이나 관할 기구의 독립성이 온전히 이루어지는 경영평가 기구의 독립성이 전제되어야 한다.

3. 해외사례와 OECD 공공기관 운영지침에서 본 시사점

해외사례를 검토한 연구결과에 따르면(정동관 외, 2020; 박정수 외, 2020), 서구 주요 국가들의 경영평가 방식은 우리나라와 차이점이 크다. 우리나라의 공공기관 경영평가는 세계적으로 유례를 찾아보기 힘들 만큼 정밀하고 복잡하며 포괄적이다. 우리나라 공공기관 관리 및 평가시스템은 매우 촘촘하고 구체적이며 형식적인 합리성의 수준이 높다. 그 이유는 공공기관의 방만한 경영 방지의 필요성과 대중의 공감대가 경제부처의 압도적 영향력과 결합해 매우 정밀한 체계로 형식화되었기 때문이다. 제기되는 사안을 보완하는 과정에서 부분 개편하여 자기 완결성을 높이는 방식이 지속되면서 과도한 평가체계의 문제는 더 심해졌으며, 계속 지적되는 근본적인 문제점 해결로부터 거리가 멀어졌다.

이런 복잡하게 꽉 짜인 체계에서 경영평가가 지닌 영향력은 전방위적이고 막강하다. 경영평가는 사후적 평가를 통해 사전적 예방효과를 가지는 것인데, 우리의 경우 정원과 예산의 통제를 하는 부처인 기획재정부가 사전적 통제인 인건비 관리제와 사후적 통제인 경영평가까지 독점하고 있어 공공기관이 매우 제한된 경영 자율성 하에서 경영평가 항목에 매몰되는 결과를 가져온다(정동관 외, 2020). 아울러 그 적용대상도 공기업을 넘어 시장성보다 공공성이 높은 모든 공공기관에 적용될 정도로 매우 포괄적이다. 일률적이고 줄 세우기식 평가에 매몰되어 공공기관의 역할을 왜곡하는 데 있어 매우 높은 수준의 경영성과급이 핵심적인 역할을 하는데, 경영성과급이 매우 과도한 비중을 차지하고 있는데다가 그 공정성과 객관성에 비해 과도한 임금격차를 초래하고 있다.

서구의 주요 국가들의 공공기관 경영평가 방식은 모든 공공기관에 일률적인 잣대(영영별 부분적인 가감 포함)를 적용하지 않으며, 시장성이 높은 공기업에 중점적으로 적용하고 있다. 또한 경영평가 성과급, CEO의 연임 및 해임 건의와 같은 인센티브가 크지 않으며 주로 성과협약의 내용을 주기적으로 모니터링하는 차원에서 이루어진다(정동관 외, 2020). 주요 선진국에서는 대부분 공기업의 경영 자율성을 최대한 보장하되, 경영성과평가를 시행하거나 소유권 기관이 이사회 임명 권한을 가지는 등 직·간접적으로 공기업 경영에 참여한다(박정수 외, 2020). 따라서 전문가로 구성된 독립된 평가단 구성과 전담지원 기관이 필요 없다.

세계적으로 유례를 찾기 어려울 정도로 복잡하고 과도한 공공기관 평가제도는 공공기관의 방만 경영이라는 한국의 역사적 맥락에서 비롯되긴 했지만, 국제 기준에 기초하고 있기도 하다. 한국의 공공기관 평가제도는 OECD의 공공기관 관리 평가 가이드라인에 기초하고 있어 논리적, 현실적 근거를 갖추고 있는 것으로 이해되고 있다. 그러나 과연 그런지는 세밀하게 살펴볼 필요가 있다.

OECD 가이드라인은 관료적 통제에서 신공공관리론으로 이행한 흐름을 반영하고 있으며, 신공공서비스론을 반영한 2015년 개정에도 불구하고 근본적인 변화는 없는 것으로 평가된다. 신공공서비스론 자체가 관료제적 통제론과 신공공관리론의 절충적 성격을 보이며, 가이드라인 개정 수준이 2004년의 신공공관리론의 발상을 넘어설 만큼 새로운 것은 아니다(정동관 외, 2020). OECD 공공기관 가이드라인은 여전히 시장성과 공공성을 구별하여 시장화 가능 여부를 검증하고 공공기관으로서의 유지 여부를 판단하는 기준을 중심으로 구성되어 있다.

아울러 OECD 지침은 공공기관 전반에 관련된 것이 아니라 시장성이 높은 공기업에 관한 것이다. 우리의 경우 공기업 I 범주에나 제한적으로 적용되어야 할 평가가 공공성이 높거나 시장성이 낮은 공기업과 공공기관에 동일한 잣대로 적용되고 있는 것이다. 시장성 검증(market testing)이 이루어지는 배경에는 글로벌 금융위기 이후 국제기구들에서 신자유주의 흐름이 퇴조하고 있음에도 불구하고 민영화 중심에서 공기업의 시장 지향적 관리로 변화한 흐름이 반영되어 있다. 신공공서비스론이라는 새로운 기준이 확립된 것으로 단언하기 어려운 요소인 것이다.

OECD 가이드라인과 공공기관 경영평가제에서 초점이 되는 사항은 공기업의 소유권 집중 모델 해석과의 일치 여부 문제이다. 이 문제는 소유권 주체인 국민을 대리하는 정부 그리고 특정 부처의 문제이다. 우리나라의 소유권 주체는 형식상 공공기관운영위원회지만, 기획재정부의 하위 기구이기에 기획재정부의 소유권 행사 기능이 OECD 공공기관 관리지침과 괴리가 있다. 사전적 자율성을 전제로 한 사후적 평가를 의미하는 OECD 지침과 차이가 있다. 사전적 통제를 인건비, 정원 등 예산 전반에 대해 통제하는 재무부처가 사후적 평가를 독점함으로써 사후적 평가가 운영 자율성을 질식시키고 효율성 기준으로 줄 세우는 결과를 초래한다.

제 2 절

공공기관 경영평가제도의 내용과 운영의 비판적 분석

이 절에서는 공공기관 경영평가제도의 기본적 구성과 경영실적 실적 평가의 활용 및 평가제도 운영에 대해 검토해 보고자 한다.

1. 공공기관 경영실적 평가 기준의 내용과 문제점

공공기관의 경영실적은 공공기관 유형 구분기준에 따라 경영평가 유형을 구분하고, 평가목적과 대상 범위를 규정하는 평가범주와 평가 내용으로 구성된 평가 지표를 적용하여 평가가 이루어진다.

1) 공공기관 유형 구분과 경영평가 유형

「공공기관의 운영에 관한 법률」에 따르면, 공공기관은 정부의 투자·출자 또는 정부의 재정지원 등으로 설립·운영되는 기관으로서 공기업, 준정부기관, 기타 공공기관으로 구분된다. 공기업은 직원의 정원이 50명, 총수입액이 30억 원, 자산규모가 10억 원 이상이면서 총수입액 중 자체수입액이 차지하는 비중이 50% 이상인 공공기관으로 시장형과 준시장형으로 다시 구분된다. 준정부기관은 직원의 정원이 50명, 총수입액이 30억 원, 자산규모가 10억 원 이상이면서 총수입액 중 자체수입액이 차지하는 비중이 50% 미만인 공공기관으로 기금관리형과 위탁집행형으로 다시 구분된다. 기타 공공기관은 공기업, 준정부기관이 아닌 공공기관을 일컫는다.

〈표 4-6〉 공공기관 유형 및 개념

유 형		개 념
공기업	시장형	자산규모가 2조 원 이상이고, 총수입액 중 자체수입액이 85% 이상인 공기업
	준시장형	시장형 공기업이 아닌 공기업
준정부기관	기금관리형	국가재정법에 따라 기금을 관리하거나, 기금의 관리를 위탁받은 준정부기관
	위탁집행형	기금관리형이 아닌 준정부기관
기타 공공기관		공기업, 준정부기관이 아닌 공공기관

자료: 공공기관 경영정보 공개시스템 알리오

2021년 현재 공공기관은 모두 350개로, 공기업 36개, 준정부기관 96개, 기타 공공기관 218개 기관이 운영 중이다. 이들 공공기관 중 경영실적 평가 대상기관은 공기업과 준정부기관으로, 2020년 경영실적 평가는 시장형 공기업 16개, 준시장형 공기업 20개, 기금관리형 준정부기관 13개, 위탁집행형 준정부기관 82개 등 131개 기관을 대상으로 하고 있다.

〈표 4-7〉 공공기관 운영현황

구 분		2015	2016	2017	2018	2019	2020	2021
공기업	시장형	14	14	14	15	16	16	16
	준시장형	16	16	21	20	20	20	20
준정부기관	기금관리형	17	16	16	16	14	13	13
	위탁집행형	69	73	73	77	79	82	83
기타 공공기관		200	202	208	210	210	209	218
합계		316	321	332	338	339	340	350

자료: 공공기관 경영정보 공개시스템 알리오

공공기관의 경영평가 유형은 공공기관 유형 구분기준에 따라 공기업과 준정부기관으로 구분된다. 「공공기관 경영평가 편람」에 따르면, 공기업, 준정부기관의 경영평가 유형은 5가지로 구분되는데, 그 유형과 구분기준은 다음과 같다.

〈표 4-8〉 공공기관 경영평가 유형 및 구분기준

유 형		유형 구분기준
공기업	공기업 I	법률 제4조 내지는 제6조에 따라 지정된 공기업 중 사회기반시설(SOC)에 대한 계획과 건설, 관리 등을 주요업무로 하는 대규모 기관
	공기업 II	법률 제4조 내지는 제6조에 따라 지정된 공기업 중 특정 분야의 산업에 대한 진흥을 주요 업무로 하는 기관, 중소형 SOC기관, 자회사 등
준정부기관	기금관리형	법률 제4조 내지는 제6조에 따라 직원정원이 50인 이상이고, 「국가재정법」에 따라 기금을 관리하거나 기금의 관리를 위탁

		받은 기관 중에서 기금관리형 준정부기관으로 지정된 기관 (강소형 기관은 제외)
	위탁집행형	법률 제4조 내지는 제6조에 따라 직원정원이 50인 이상이고, 기금관리형 준정부기관이 아닌 기관 중에서 위탁집행형 준정부기관으로 지정된 기관 (강소형 기관은 제외)
	강소형	법률 제4조 내지는 제6조에 따라 위탁집행형 준정부기관으로 지정된 기관 중에서 정원이 300인 미만인 기관과 기금관리형 준정부기관으로 지정된 기관 중에서 자산규모(위탁 관리하는 기금자산 포함)가 1조 원 미만이고 정원이 300인 미만인 기관

자료: 기획재정부(2020), 공공기관 경영평가편람

경영평가 유형 구분에 따라 2020년도 공기업 및 준정부기관의 기관을 분류하면 다음과 같다.

〈표 4-9〉 경영평가 유형별 공공기관 현황

유 형		기 관 명
공기업 (36)	공기업 I (10)	인천국제공항공사, 한국가스공사, 한국공항공사, 한국도로공사, 한국석유공사, 한국수자원공사, 한국전력공사, 한국지역난방공사, 한국철도공사, 한국토지주택공사
	공기업Ⅱ (26)	강원랜드(주), 그랜드코리아레저(주), 대한석탄공사, 부산항만공사, 여수광양항만공사, 울산항만공사, 인천항만공사, 제주국제자유도시개발센터, 주식회사 에스알, 주택도시보증공사, ㈜한국가스기술공사, 한국감정원, 한국광물자원공사, 한국남동발전(주), 한국남부발전(주), 한국동서발전(주), 한국마사회, 한국방송광고진흥공사, 한국서부발전(주), 한국수력원자력(주), 한국전력기술(주), 한국조폐공사, 한국중부발전(주), 한전KDN(주), 한전KPS(주), 해양환경공단

준정부 기관 (95)	기금 관리형 (13)	공무원연금공단, 국민연금공단, 국민체육진흥공단, 근로복지공단, 기술보증기금, 사립학교교직원연금공단, 신용보증기금, 예금보험공사, 중소벤처기업진흥공단, 한국무역보험공사, 한국원자력환경공단, 한국자산관리공사, 한국주택금융공사
	위탁 집행형 (41)	건강보험심사평가원, 국립공원공단, 국립생태원, 국민건강보험공단, 대한무역투자진흥공사, 도로교통공단, 사회보장정보원, 소상공인시장진흥공단, 우체국금융개발원, 우체국물류지원단, 축산물품질평가원, 한국가스안전공사, 한국고용정보원, 한국관광공사, 한국교통안전공단, 한국국제협력단, 한국국토정보공사, 한국농수산식품유통공사, 한국농어촌공사, 한국방송통신전파진흥원, 한국보훈복지의료공단, 한국산업기술진흥원, 한국산업단지공단, 한국산업안전보건공단, 한국산업인력공단, 한국석유관리원, 한국소비자원, 한국승강기안전공단, 한국시설안전공단, 한국에너지공단, 한국연구재단, 한국인터넷진흥원, 한국장애인고용공단, 한국장학재단, 한국전기안전공사, 한국전력거래소, 한국정보화진흥원, 한국철도시설공단, 한국해양교통안전공단, 한국환경공단, 한국환경산업기술원
	강소형 (39)	국제방송교류재단, 국토교통과학기술진흥원, 농림수산식품교육문화정보원, 농림식품기술기획평가원, 농업기술실용화재단, 독립기념관, 시청자미디어재단, 아시아문화원, 연구개발특구진흥재단, 재단법인 대한건설기계안전관리원, 정보통신산업진흥원, 중소기업기술정보진흥원, 창업진흥원, 한국건강증진개발원, 한국과학창의재단, 한국광해관리공단, 한국교육학술정보원, 한국기상산업기술원, 한국노인인력개발원, 한국디자인진흥원, 한국보건복지인력개발원, 한국보건산업진흥원, 한국보육진흥원, 한국산림복지진흥원, 한국산업기술평가관리원, 한국소방산업기술원, 한국수산자원공단, 한국식품안전관리인증원, 한국언론진흥재단, 한국에너지기술평가원, 한국우편사업진흥원, 한국임업진흥원, 한국재정정보원, 한국청소년상담복지개발원, 한국청소년활동진흥원, 한국콘텐츠진흥원, 한국특허전략개발원, 한국해양수산연수원, 해양수산과학기술진흥원

자료: 기획재정부(2019: 12), 공공기관 경영평가편람

2) 평가지표체계

(1) 평가 지표의 기본체계

경영실적 평가지표체계는 「경영관리」와 「주요사업」 2개의 범주로 구성되고 범주별로 주요 평가 지표를 제시하고 있다.

〈표 4-10〉 평가 지표 기본체계

범 주	평가 지표	
	2017년	2018년 이후
경영관리	·경영전략 및 사회공헌 ·업무효율 ·조직 및 인적자원관리 ·재무예산관리 ·보수 및 복리후생 관리	·경영전략 및 리더십 ·사회적 가치 구현 ·(업무효율) ·조직·인사·재무 관리 ·보수 및 복리후생 관리 ·혁신과 소통
주요 사업	사업계획 활동성과를 종합평가	

자료: 기획재정부, 공공기관 경영평가 편람, 각 년도

2018년 이후 경영실적 평가 지표는 「경영관리」 범주에서 경영전략 및 리더십, 사회적 가치구현, 업무효율, 조직 · 인사 · 재무 관리, 보수 및 복리후생 관리, 혁신과 소통의 6가지 주요 지표로 제시되고 있다. 문재인 정부 수립 이후 「경영관리」 범주의 평가 지표는 수정이 이루어졌는데, 공공기관 경영실적 평가에서 사회적 가치와 혁신 · 소통을 강조하는 지표들을 추가하였으며, 조직 · 인사 관리와 재무예산 관리 2개의 지표를 조직 · 인사 · 재무 관리 하나의 지표로 통합하였다. 또한, 유형별 지표에서 공기업과 준정부기관과 주요 평가 지표에서 차별화를 시도하여, 공기업 평가 지표와는 달리 준정부기관 평가 지표에서는 업무효율 지표를 폐지하였다. 「주요사업」 범주에서는 기존과 같이 주요사업 계획·활동·성과를 종합적으로 평가하는 것으로 제시하고 있다.

(2) 유형별 평가 지표의 구성 및 특징

유형별 평가 지표는 공기업, 기금관리형 준정부기관, 위탁집행형 준정부기관의 유형에 따라 주요 평가 지표와 세부평가 지표, 가중치 기준을 제시하고 있다. 문재인 정부가 들어서면서 유형별 평가 지표 및 가중치 기준을 수정하였는데, 다음과 같은 특징을 지니고 있다.

먼저, 공기업, 기금관리형 준정부기관, 위탁집행형 준정부기관의 유형에 따라 평가범주별 점수 배정을 다르게 하였다. 특히 「경영관리」에서 사회적 가치구현에 대한 지표를 새롭게 설정하고 가장 높은 배점을 부여함으로써 이를 중심적인 평가 기조로 배치하였다.

평가유형별 주요 평가 지표의 내용은 아래 표와 같다. 모든 평가유형에서 '사회적 가치구현' 지표의 점수가 가장 높아 핵심적인 평가 지표로 설정되어 있다. 공기업은 「경영관리」범주의 주요 평가 지표로 경영전략 및 리더십, 사회적 가치구현, 업무효율, 조직·인사·재무 관리, 보수 및 복리후생 관리, 혁신과 소통 등 6개로 구성되지만, 준정부기관은 업무효율 지표를 제외한 5개의 지표로 구성되었다. 중장기 재무관리계획 제출대상 공기업과 기금관리형 준정부기관의 경우, 세부평가지표에서는 조직·인사·재무 관리 지표에서 세부평가 지표가 추가되어 일부 차이가 있다.

〈표 4-11〉 평가유형별 평가 지표 비교

구분	공기업	준정부기관 (기금관리형)	준정부기관 (위탁집행형)
경영 관리	1. 경영전략 및 리더십(6)	1. 경영전략 및 리더십(6)	1. 경영전략 및 리더십(6)
	- 전략기회 - 경영개선 - 리더십	- 전략기회 - 경영개선 - 리더십	- 전략기회 - 경영개선 - 리더십
	2. 사회적 가치 구현(24)	2. 사회적 가치 구현(22)	2. 사회적 가치 구현(22)
	- 일자리 창출 - 균등한 기회와 사회통합 - 안전 및 환경 - 상생 협력 및 지역발전 - 윤리경영	- 일자리 창출 - 균등한 기회와 사회통합 - 안전 및 환경 - 상생 협력 및 지역발전 - 윤리경영	- 일자리 창출 - 균등한 기회와 사회통합 - 안전 및 환경 - 상생 협력 및 지역발전 - 윤리경영
	3. 업무효율(5)	-	-
	4. 조직·인사·재무관리(7)	3. 조직·인사·재무관리(9)	3. 조직·인사·재무관리(4)
	- 조직 인사 일반 (삶의 질 제고) - 재무예산 운영성과 (중장기 재무관리계획)	- 조직 인사 일반 (삶의 질 제고) - 재무예산 운영성과 기금운용관리 및 성과	- 조직 인사 일반 (삶의 질 제고) - 재무예산 운영성과
	5. 보수 및 복리후생 관리(8)	4. 보수 및 복리후생 관리(8)	4. 보수 및 복리후생 관리(8)
	- 보수 및 복리후생 - 총인건비 관리 - 노사관계	- 보수 및 복리후생 - 총인건비 관리 - 노사관계	- 보수 및 복리후생 - 총인건비 관리 - 노사관계
	6. 혁신과 소통(5)	5. 혁신과 소통(5)	5. 혁신과 소통(5)
	- 혁신 노력 및 성과 - 국민소통	- 혁신 노력 및 성과 - 국민소통	- 혁신 노력 및 성과 - 국민소통
주요 사업	주요사업 계획·활동·성과를 종합적으로 평가(45)	주요사업 계획·활동·성과를 종합적으로 평가(50)	주요사업 계획·활동·성과를 종합적으로 평가(55)

다음, 계량 점수보다 비계량 점수의 비율을 높이는 방향으로 배점을 조정하였는데, 특히 「경영관리」 범주의 비계량 점수를 더욱 높이는 방향으로 수정하였다.

공기업의 경우, 경영관리와 주요사업에 50:50의 동일한 평가 점수 배정(2017년)에서 경영관리에 좀 더 많은 점수를 배정하여 55:45로 조정했으며(2018년 이후), 비계량과 계량 점수 비율도 2017년도 45:55에서 2018년도에 50:50으로, 2019년 이후에는 56:44로 비계량 점수를 높이는 방향으로 조정하였다.

〈표 4-12〉 공기업 평가범주별 가중치 기준

구 분		2017	2018	2019	2020	변화량
경영관리		50	55	55	55	+5
	비계량	27	32	35	35	+8
	계량	23	23	20	20	-3
주요사업		50	45	45	45	-5
	비계량	18	18	21	21	+3
	계량	32	27	24	24	-8

기금관리형 준정부기관의 경우, 경영관리와 주요사업에 50:50의 동일한 점수를 배정하였으나, 비계량과 계량 점수의 비율에서는 2017년도 45:55에서 2018년도 50:50으로 조정한 후, 2019년 이후부터는 56:44로 비계량 점수를 더 높게 배정하였다.

〈표 4-13〉 준정부기관(기금관리형) 평가범주별 가중치 기준

구 분		2017	2018	2019	2020	변화량
경영관리		50	50	50	50	-
	비계량	27	29	32	32	+5
	계량	23	21	18	18	-5
주요사업		50	50	50	50	-
	비계량	18	21	24	24	+6
	계량	32	29	26	26	-6

위탁집행형 준정부기관의 경우, 경영관리와 주요사업에 50:50의 배점에서 2018년 이후 45:55로 조정하여 주요사업의 평가에 좀 더 높은 점수를 배정하였다. 이는 수익성 측정이나 계량 평가가 곤란한 준정부기관의 성격을 고려한 것으로 평가할 수 있다. 비계량 점수와 계량 점수도 2017년도 45:55에서 2018년도 50:50으로 조정한 후, 2019년 이후에는 56:44로 비계량 점수의 기준을 더욱 높이는 방향으로 수정하였다.

〈표 4-14〉 준정부기관(기금관리형) 평가범주별 가중치 기준 변화

구 분		2017	2018	2019	2020	변화량
경영관리		50	45	45	45	-5
	비계량	27	29	32	32	+5
	계량	23	16	13	13	-10
주요사업		50	55	55	55	5
	비계량	18	21	24	24	+6
	계량	32	34	31	31	-1

3) 평가지표별 세부평가 내용

여기서는 각 평가 지표별 배점 및 배점 방식, 그리고 세부평가 내용을 표로 정리하였다.

(1) 경영관리

〈표 4-15〉 가) 경영전략 및 리더십: 비계량 6점

평가지표	계량	비계량	세부평가내용
전략기획		2	▸ 기관 비전, 핵심가치 설정 ▸ 경영목표 설정과 경영전략 수립 및 실행 - 효율성과 사회적 가치의 균형 - 핵심업무와의 연계성 - 국정과제 반영 여부 등 확인
경영개선		2	▸ 기관 기능조정, 신규사업 발굴 ▸ 경영계획수립 및 이행 ▸ 경영 효율화
리더십		2	▸ 기관장 평가 - 경영계약 목표 이행 - 조직구성원 동기부여 - 이사회 운영 활성화

〈표 4-16〉 나) 사회적 가치구현: 계량 7점, 비계량 17점(준정부기관 15점)

평가지표	계량	비계량	세부평가내용
일자리 창출	3		▸ 비정규직·간접고용의 정규직 전환 실적 ▸ 청년미취업자 고용실적 ▸ 시간 선택제 일자리 실적
		4(3)*	▸ 일자리 창출과 고용의 질 개선 ▸ 다양한 근로 형태 도입을 통한 일자리 창출 ▸ 비정규직 운용 및 정규직 전환 과정

			▸ 직·간접적 민간부문 일자리 창출 노력/성과 ▸ 지속 가능한 일자리 창출과 혁신, 협력과 공유
균등한 기회와 사회통합	1		▸ 장애인 의무고용 ▸ 국가유공자 우선채용 ▸ 용역근로자 보호 지침 준수
		3(2)*	▸ 차별 배제, 채용과정 공정성 투명성 ▸ 사회 형평적 인력 채용(청년·고졸자/지역인재/저소득층, 북한이탈주민, 다문화가족, 중증장애인 등) ▸ 여성 관리자 및 여성채용 확대, 여성 인력 활용 ▸ 고졸자, 무기계약직, 별도직군, 여성 등에 대한 차별 해소, 처우개선 ▸ 임원 임명에서의 양성평등
안전 및 환경		1	▸ 온실가스 감축, 에너지 절약 실천 ▸ 녹색 제품 구매실적 ▸ 환경보전 노력/성과
		4	▸ 재난관리시스템 구축 운영 ▸ 국민의 생명 재산 보호(재난 사고) ▸ 산업재해 방지 및 사업장 안전관리 ▸ 시설물 관리 및 건설과정 안전 확보 ▸ 정보보안 관리체계 구축 운영
상생 · 협력 및 지역발전	3		▸ 상생 · 협력 실적(중소기업생산품, 기술개발생산품, 사회적기업 · 협동조합생산품, 전통시장 온누리상품권, 여성기업생산품, 장애인생산품, 국가유공자 · 자활용사촌생산품, 재정조기집행 등)
		2	▸ 지역사회 참여, 지역경제 활성화 프로그램 개발 · 실행 ▸ 협력 · 위탁업체와의 공정한 경제 질서 확립 ▸ 중소기업 · 소상공인 기술지원 ▸ 사회적 경제 기업 지원, 구매확대
윤리경영		3	▸ 준법 윤리 경영체계 구축 운영 ▸ 기관운영의 투명성 제고 ▸ 윤리경영 내부견제시스템 구축 운영 ▸ 인권교육, 인권침해 구제절차 등의 인권 존중

* 숫자는 공기업 배점, 괄호안은 준정부기관 배점

〈표 4-17〉 다) 업무 효율 :계량 5점

평가지표	계량	비계량	세부평가내용
업무효율	5		▸ 노동생산성 혹은 자본 생산성 등의 지표

〈표 4-18〉 라) 조직 · 인사 · 재무관리 : 계량 3점, 비계량 4점(준정부기관 3점)

평가지표	계량	비계량	세부평가내용
조직·인사 일반		2	▸ 조직 및 인적자원 운용계획 수립 ▸ 업무 관련 단위조직의 역할과 책임설정, 인력 배분 ▸ 기관의 설립목적 달성과 경영성과 확보 ▸ 구성원 역량 계발·향상 ▸ 합리적 성과평가시스템 구축 ▸ 인력운영의 전문성 ▸ 일-가정 양립 노력/성과
재무예산운영성과	2		▸ 부채비율 혹은 이자보상비율 등의 지표
	1*		▸ 중장기 재무관리계획 이행실적
		2(1)**	▸ 중장기 재무관리계획 적정성 ▸ 재무구조의 안정성과 건전성 유지 ▸ 사업선정의 타당성 확보, 합리적 예산편성·집행 ▸ 재무중점관리기관의 부채감축 노력 ▸ 예산 절감(원가 및 경비 절감 등)

*공기업 준정부기관 중 중장기재무관리계획 수립대상
** 공기업 2점, 괄호안은 준정부기관 중 중장기재무관리계획 수립 대상

〈표 4-19〉 마) 보수 및 복리후생 관리: 계량 3점, 비계량 5점

평가지표	계량	비계량	세부평가내용
보수·복리후생		3	▸ 직무 중심의 보수체계로의 전환 ▸ 예산편성지침, 예산집행지침에 따른 편성·집행 ▸ 임금피크제 운영
총인건비 관리	3		▸예산편성지침의 총인건비 인상률 준수
노사관계		2	▸ 노사 간 협의 체계 구축과 운영 ▸ 노사 간 의사소통과 노사관계 관리역량 강화 ▸ 노사협의를 통한 근로조건 향상과 성과

〈표 4-20〉 바) 혁신과 소통: 계량 2점, 비계량 3점

평가지표	계량	비계량	세부평가내용
혁신 노력 및 성과		1	▸ 혁신목표와 기관 비전·전략체계와의 부합 여부 ▸ 기관혁신을 위한 기관장의 노력 ▸ 혁신추진조직 구축, 적절한 보상체계, 혁신 역량 강화 ▸ 대내외 혁신 네트워크 구축, 혁신 아이디어 우수과제 공유시스템
		1	▸ 이해관계자 및 대국민 소통 채널 구축 운영 ▸ 국민소통과 환류 ▸ 대국민 투명성 제고 ▸ 규제혁신, 적극 행정
		1	▸ 기관별 중점 추진과제 성과
국민소통	1		▸ 경영정보 공개시스템(알리오) 공시 자료의 정확성· 적시성
	1		▸ 고객만족도 지수, 사회적 가치 기여도 지수 수준

(2) 주요사업

〈표 4-21〉 가) 주요사업 계량지표 구성의 적정성 및 목표의 도전성: 계량 4점(준정부기관 5점)

평가지표	계량	비계량	세부평가내용
주요사업 지표구성의 적정성	4(5)*		▸ 주요사업 계량지표 구성의 적정성 - 지표의 대표성 - 가중치 배분의 적정성 - 산출·결과 지표 중시 - 중장기적 지표 설정 - 평가 데이터의 신뢰성 ▸ 주요사업 계량지표 목표의 도전성 - 평가방식, 산식구성, 목표치 설정, 사업여건 변화 등에 따른 목표의 도전성

*괄호 안은 준정부기관

〈표 4-22〉 나) 주요사업 성과관리의 적정성: 비계량 17점(준정부기관 19점)

평가지표	계량	비계량	세부평가내용
주요사업 성과관리의 적정성		17(19)*	▸ 주요사업별 추진계획은 구체적이고 적정하게 수립되었는가? ▸ 주요사업별 추진계획이 적절하게 집행되었는가? ▸ 주요사업별 성과는 적정한 수준인가? ▸ 주요사업별 환류 활동은 적절하게 수행되었는가?

*괄호안은 준정부기관

〈표 4-23〉 다) 혁신성장 가점: 2점(준정부기관 1점)

<table>
<tr><th>평가지표</th><th>계량</th><th>비계량</th><th>세부평가내용</th></tr>
<tr><td>혁신성장</td><td colspan="2">2(1)*</td><td>▸ 혁신성장 수요 창출(투자, 혁신기술·제품 구매, 우수 소프트웨어 구매실적 등)
▸ 공공서비스·혁신기술 융합 활성화
데이터 경제 활성화</td></tr>
</table>

		혁신성장 인프라 확대·민간기업 지원 혁신지향 공공조달

*괄호 안은 준정부기관

4) 경영평가 기준 내용의 문제점

(1) 평가유형 구분의 문제

공공기관 유형 구분 및 평가유형 구분과 관련한 논란은 오랫동안 다양하게 제기되어 왔다(윤상우, 2013; 김철, 2015; 라영재, 2015, 이원희, 2017; 김태일, 2019; 정동관 외, 2020).

가) 유형 구분기준의 모호성

유형 분류와 관련한 비판 중의 하나는 공공기관의 지정 및 유형 구분기준이 모호하다는 것이다(윤상우, 2013). 공공기관 지정과 유형화는 기관의 특성에 맞는 지배구조를 설계함으로써 공공기관의 효율적 관리체계를 확립하는 것을 목적으로 한다. 그러나 정원 외 다른 기준 없이 공기업·준정부기관과 기타 공공기관으로 분류함으로써 유형 구분의 명확성을 저해한다.

유형 구분의 모호함은 공공기관 유형 구분과 경영평가 유형 구분의 차이에서도 드러난다. 공공기관 유형 구분에서 공기업은 시장형과 준시장형으로 구분되는데, 이러한 유형 구분이 공기업Ⅰ과 공기업Ⅱ로 구분된 경영평가 유형에서는 시장형 공기업과 준시장형 공기업이 혼재되어 구성되어 있다. 16개의 시장형 공기업 중 6개 공기업은 공기업Ⅰ로, 나머지 10개 시장형 공기업은 공기업Ⅱ로 분류되었고, 20개의 준시장형 공기업 중 4개는 공기업Ⅰ로, 16개의 준시장형 공기업은 공기업Ⅱ로 분류되었다. 대규모 사회기반시설(SOC) 기관인 공기업Ⅰ과는 달리, 공기업Ⅱ의 기준은 뚜렷한 특징을 찾기 어렵다.

〈표 4-24〉 공공기관 유형과 경영평가 평가유형의 매트릭스

구 분		공공기관 유형	
		시장형 (16)	준시장형 (20)
경영평가 유형	공기업Ⅰ (10)	인천국제공항공사, 한국가스공사, 한국공항공사, 한국석유공사, 한국전력공사, 한국지역난방공사	한국도로공사, 한국수자원공사, 한국철도공사, 한국토지주택공사
	공기업Ⅱ (26)	㈜강원랜드, 부산항만공사, 인천항만공사, 한국광물자원공사, 한국남동발전(주), 한국남부발전(주), 한국동서발전(주), 한국서부발전(주), 한국수력원자력(주), 한국중부발전(주)	㈜한국가스기술공사, 그랜드코리아레저(주), 대한석탄공사, 여수광양항만공사, 울산항만공사, 제주국제자유도시개발센터, 주식회사 에스알, 주택도시보증공사, 한국마사회, 한국방송광고진흥공사, 한국부동산원, 한국전력기술주식회사, 한국조폐공사, 한전KDN, 한전KPS(주), 해양환경공단

기타 공공기관의 유형의 구분 기준도 모호하기는 마찬가지다. 기타 공공기관에는 다양한 형태의 기관들이 뒤섞여 있는데, 인력과 자산, 수입 등 규모나 중요도 면에서 준정부기관과 비교하여 손색이 없는 기관들이 기타 공공기관으로 획일적으로 유형화되어 있다(정동관 외, 2020: 248). 기타 공공기관으로 분류되면 경영실적 평가에서 상대적으로 자유롭다.

나) 기관 간 형평성 문제

유형 분류에서 기관 간 형평성 논란도 중요한 문제의 하나로 제기되고 있다(라영재, 2015; 김철, 2015). 경영실적 평가는 기관에 대한 절대평가와 더불어 유형 내에서 상대적 분포를 고려하기 때문에, 기관으로서는 상시적으로 불만을 가질 수밖에 없다(이원희, 2017; 정동관 외, 2020). 기관의 직원 수, 자산 및 매출 규모는 경영실적 평가와 긴밀한 연관이 있고, 그에 따라 경영평가 결과가 달라질 수 있다. 기관 간 차이는 규모가 큰 공기업Ⅰ 기관들보다 규모가 상대적으로 작은 공기업Ⅱ 기관들에서 훨씬 크게 나타나고 있다. 일례로 공기업Ⅱ 기관 중 자산이 가장 적은 해양환경공단과 자산이 가장 많은 한국수력원자력(주)과의 자산규모의 차이는 약 300배에 달한다. 직원 수도 4개 (부산, 여수, 울산, 인천) 항만공사와 한국방송광고진흥공사, 제주국제자유도시개발센터 등은 500명이 채 되지 않는 반면, 한전KPS(주)는 6천 6백 명, 한국수력원자력(주)은 1만 2천 5백 명을 훌쩍 넘는다.

〈표 4-25〉 공기업의 자산 및 직원 수의 편차

구 분	공기업Ⅰ		공기업Ⅱ	
	최소값	최대값	최소값	최대값
자산규모(조 원)	4.77	203.14	0.22	62.28
직원 수(명)	1,435	32,424	118	12,588

자료: 공공기관 경영정보 공개시스템 알리오, 공공기관 현황(2021) 자료에서 재구성

준정부기관에서도 규모의 차이가 크게 나타난다. 95개의 준정부기관 중 71개 기관(74.7%)이 직원 수가 1,000명 미만이었지만, 한국농어촌공사(6,756명), 한국보훈복지의료공단(7,426명), 국민연금공단(7,501명), 근로복지공단(9,728명), 국민건강보험공단(16,321명) 등은 직원 수가 5,000명을 훨씬 넘었다. 이러한 차이를 반영하여 강소형 기관을 별도의 유형으로 분류하고 있으나, 강소형은 법률적 개념이 아니라 평가를 위한 구분에 불과하므로 준정부기관으로 통합하여 평가하는 것이 타당하다는 의견도 존재한다(박순애, 2017). 반면에, 기금관리형을 별도의 평가군으로 분류한 것에 대해서는 긍정적으로 평가하기도 한다(정동관 외, 2020). 기금관리형 준정부기관은 국민부담으로 조성된 기금 재원을 관리하는 기관으로서, 더 강한 공공성이 적용되어야 한다는 이유에서다(송희준・장지인, 2006; 정동관 외, 2020).

기관 간 형평성의 문제는 결국 경영평가 유형의 구분이 차별화에 실패했다는 의미이기도 하다. 유형별 기관의 경영여건, 사업특성, 기관 규모 등을 고려하여 차별화한 평가가 이루어져야만 유형 구분이 의미를 갖게 되는데, 기관의 특성에 대한 고려 없이 획일적으로 유형화함으로써 그 의미가 퇴색되는 결과를 가져왔다.

송희준・장지인(2006)에 따르면, 유형 분류는 평가수행의 경제성 측면에서도 고려되어야 하는데, 평가수행의 경제성 측면에서 볼 때 한 유형의 기관 수는 될 수 있으면 15개를 넘지 않는 것이 바람직하다(정동관 외, 2020). 이런 측면에서 볼 때, 준정부기관의 위탁집행형(41개), 강소형(39개) 유형은 지나치게 많다. 아울러, 유형 간 차별화에 실패한 평가는 유형별 맞춤형 평가에도 한계를 노정하게 된다(라영재, 2015).

(2) 평가 지표의 문제

평가 지표의 문제도 경영평가 초기부터 계속해서 제기되어 왔다(김태일, 2019). 평가 지표의 문제는 공공기관 경영평가 유형 구분과 연계된 문제이기도 하지만, 평가 지표의 세부평가내용이 지닌 문제이기도 하다.

가) 평가지표체계의 획일성

평가 지표와 관련하여 먼저 제기되는 문제는 평가지표체계의 획일성 문제이다. 공공기관은 설립목적에 이미 고유한 업무와 기능이 정해져 있고, 그 업무와 기능을 수행하는 것이 경영의 핵심 과제이다. 따라서 기관별 경영평가는 기관의 업무와 기능에 따라 다양하게 이루어질 필요가 있다. 그런데 현재의 평가지표체계는 기관의 고유 업무나 기능 수행의 적절성과 성과를 평가하기에는 지나치게 무차별적이고 획일화되어 있다.

평가 지표의 획일화 문제는 두 가지 문제를 야기한다. 먼저, 기관별 특성을 고려하지 않은 평가 지표로 인해 평가결과에 대한 수용성이 낮아진다는 점이다. 예컨대, 사회적 가치의 '안전 및 환경'지표의 <재난 및 안전관리> 지표는 비계량 4점으로 가중치 비중이 높은데다 재난·사고의 발생 여부에 따라 만점/0점이 부여되고 있다. 그런데, 업무와 기능이 건설 현장과 관련돼있는 기관은 재난·사고의 노출 정도가 상대적으로 높은데도 그렇지 않은 기관과 동일한 평가 지표로 평가를 받는 것에 대한 불만이 있다. 또한, 재난·사고가 발생하고 안전 관련 법령 동시 위반 시 0점이 부여되므로, 기관의 안전 및 재난 방지의 고유한 노력·성과는 아무런 영향을 미치지 못한다. 조직과 조직구성원 모두 평가에 대한 불만이 제기될 수 있다.

다른 하나는 기관별 특성을 무시함으로써 지표 간 충돌이 심화될 수 있다. 예컨대 '일자리 창출' 지표에는 <신규 고용실적>이 세부평가내용의 하나로 들어있다. 규모가 크고 재정 능력이 있는 기관과 달리, 규모가 작은 강소형 기관의 경우, 신규 인력 채용의 여력도 부족하지만, 신규 고용이 '업무효율' 지표나 '재무 관리'지표의 악화를 가져올 수 있다. 이런 경우, 지표 간 충돌을 방지하는 방법은 평가 지표 중 하나를 포기하는 방식이거나, 신규 고용을 하지 않는 방식을 취하게 될 것이다.

나) 수익성 중심의 계량지표

수익성 중심의 계량지표 평가도 평가 지표의 문제점 중의 하나이다. 이전보다 계량지표가 축소됨으로써 수익성에 대한 강조는 줄어들긴 했지만, 여전히 문제로 남아 있다. 공기업의 '경영관리 ' 평가 가중치 점수 55점으로 비계량 가중치 35점과 계량 가중치 20점으로 구성되어 있다. 문제는 계량지표 가중치 점수 20점 중 11점(55%)이 수익성에 대한 평가로 이루어져 있다. 구체적으로는 노동생산성 혹은 자본 생산성 중심의 업무효율 지표 5점, 부채비율 및 중장기 재무관리계획의 재무예산운영성과 3점, 총인건비 관리 3점은 기관의 수익성과 관련된다. 앞서 지적했듯이, 사회적 가치지표는 수익성 중심 지표와 충돌을 야기할 수 있다.

다) 비계량 지표의 모호성

공공기관 경영평가제도가 공공성을 중심으로 한 평가로 진행되려면, 수익성 및 양적 실적 중심의 계량지표보다는 질적 평가를 할 수 있는 비계량 지표의 비중을 늘릴 필요가 있다. 2019년 이후 경영평가에서 비계량 지표의 비중을 늘린 점은 높은 평가를 받을만하다. 그런데 문제는 비계량 지표가 상당히 모호하다는 점이다. '경영관리' 평가 지표에서 상당수의 비계량 지표가 뚜렷한 기준을 제시하고 있지 않다. 비계량 지표가 지표 관련 내용에 관한 '노력과 성과'를 평가한다고 제시되어 있다. 일부 지표는 그 항목의 내용을 제시함으로써 노력과 성과에 관한 구체성이 제시되어 있는 반면, 일부 지표는 항목의 구체성이 결여되어 있다.

비계량 지표의 구체성이 결여되면 평가의 주관성과 자의성이 높아진다. 피평가기관과 조직구성원으로서는 평가결과를 선뜻 이해하기 어렵다. 같은 내용을 두고 평가 기준에 대한 해석의 차이가 존재하기도 하고, 해가 바뀌고 해당 지표에 대한 개선이 이루어지더라도 다른 평가를 받기도 한다. 평가의 객관성과 일관성이 떨어지면 평가체계는 물론 제도 자체에 대한 신뢰가 떨어지게 된다.

라) 평가 세부지표의 문제

세부평가지표도 문제를 안고 있다. 어떤 지표는 일방적인 정부 정책을 반영한 평가 지표이고, 어떤 지표는 기관의 자율성을 과도하게 침해하기도 하며, 어떤 지표는 시대적 가치에 맞지 않게 배치된 것도 있다. 이를 좀 더 구체적으로 살펴보고자 한다.

경영전략의 '전략기획'지표는 기관의 경영목표와 경영전략 수립에서 국정과제 반영 여부를 평가하고 있으며, '보수 · 복리후생' 지표는 직무급 체계로의 전환을 세부평가내용으로 규정하고 있다. 공공기관은 이미 공공성에 기반한 업무와 기능을 가지고 있기에 경영목표 및 전략 수립에서 국정과제 반영 여부를 평가하는 것은 정부 정책을 평가 지표화한다는 우려를 낳을 수 있다. 또한, 직무급 보수체계로의 전환이 지닌 긍정성을 고려하더라도, 평가 지표에 '보수 · 복리후생' 지표에 '직무급 체계로의 전환' 내용을 일방적으로 산입하는 것은 노-사간 의사소통을 무시할 뿐 아니라, 노사관계지표의 악화를 초래한다.

예산편성지침, 예산집행지침에 따른 예산편성'과 '총인건비 관리' 지표는 이미 가이드라인을 제시함으로써 기관의 자율성을 과도하게 침해하는 경향이 있고, 기관 간 인건비 격차의 해소에도 도움이 되지 않는다. 또한, 노사관계 지표가 '보수 · 복리후생 관리'의 하위지표로는 부적합하고, 평가 지표의 세부내용들도 시대적 가치에 맞게 확대할 필요가 있다(김철, 2021).

'사회적 가치'지표는 사회적 가치 항목들의 기본 개념에 대한 설명이 부족하여 다의적으로 해석될 여지가 크고, 지표의 준비과정에서 기관들의 부담이 증가할 우려도 제기되고 있다(민경률 · 정아름 외 2020). 이러한 문제가 제기되는 배경에는 '사회적 가치'의 의미에 대해 제대로 정의되지 못하고 있는 사정과 관련이 있다. 사회적 가치의 의미가 제대로 제기되지 못하다 보니 세부평가내용에 정부 부처의 시행과제들이 평가 내용으로 포함되기도 한다.

2. 경영실적 평가방법의 내용과 문제점

1) 비계량 지표 평가방법

비계량 지표는 등급별 평점 방식으로, C등급을 기준으로 5개 등급으로 구분하고 기본 등급보다 우수한 성과를 내는 경우 +점수를 부여하여 9등급으로 구성되어 있다. 등급과 평점은 A^{+}(100점)부터 E^{0}(20점)까지 10점 단위로 설정되어 있다.

등급부여 방식은 각 지표별 세부평가내용 전체를 대상으로 전반적인 운영실적과 전년 대비 개선 정도를 고려하여 등급을 부여한다. 등급부여에서 예외적 적용도 존재한다. 도덕적 해이 또는 사회적 기본책무 위반 시에는 해당 지표를 최하위 등급으로 평가할 수 있다. '보수 및 복리후생' 지표의 방만 경영 정상화 여부와 관련하여 지속적인 지적을 받거나 경영 정상화 계획상의 이행 내역 위반도 해당 지표를 최하위 등급으로 평가한다.

아울러 비계량 지표 평가는 사전에 설정된 평가등급 기준을 적용한 절대 점수체계에 근거하여 그룹별 공동 평가를 실시한다.

비계량 지표 평가방법에서 주목할 만한 점은 사회적 가치지표에 대한 배점 비중이다. 평가대상 기관이 '윤리경영'지표를 제외한 지표의 배점 비중을 주어진 배점의 ±50% 범위에서 설정할 수 있다. 다만 세부지표 배점의 총합계는 공기업 13점, 준정부기관 11점으로 하고 있다.

〈표 4-26〉 사회적 가치구현 평가 배점 및 가중치

구 분		가중치 범위	
		공기업	준정부기관
사회적 가치구현	일자리 창출	4점(2~6)	3점(1.5~4.5)
	균등한 기회와 사회통합	3점(1.5~4.5)	2점(1~3)
	재난 및 안전관리	4점(2~6)	4점(2~6)
	상생·협력 및 지역발전	2점(1~3)	2점(1~3)
	총점	13점	11점

2) 계량지표 평가방법

계량지표에 대한 평가방식은 기관별 경영평가 편람에 기반한다. 기관들은 경영평가 편람에서 계량지표들에 대한 평가방식을 제시하고 있다. 별도의 정함이 없는 경우 평가는 크게 목표부여 평가, 글로벌 실적 비교 평가, 중장기 목표부여 평가, 추세치 평가, ß분포 평가, 목표 대 실적 평가 등의 방법으로 이루어지고 있다.

기관들은 위의 평가방식 중에서 적절하다고 판단하는 평가방식을 선택하고 그 기준에 근거하여 경영평가 편람을 작성한다. 아래 표는 한국토지주택공사가 업무효율(계량 5점) 지표의 세부내용 중 자본생산성 평가에 대한 평가방식을 서술한 것이다. 여기서는 목표부여 평가방식을 제시하고 있다. 기준치를 제시하고 목표와 측정 식, 그리고 변수 등을 제시하고 있다.

〈표 4-27〉 한국토지주택공사 경영평가 편람 중 업무효율 지표 평가방식의 기재 예

자본생산성 (평가방식 : 목표부여(편차), 가중치 : 2.5점)	
정 의	기관의 자본생산성 향상 실적을 평가한다(상향지표)
기준치	전년도 실적과 직전 3개년 평균 실적 중 높은 실적
목 표	최고목표 : 기준치 + 1 × 표준편차(과거 5개년) 최저목표 : 기준치 - 2 × 표준편차(과거 5개년)
측정산식 및 변수	① 자본생산성= $\frac{부가가치}{총자산}$ ② 부가가치, 총자산의 정의는 평가 기준 방법이 정한 바에 따름 ※산출 시 고려사항 • 부가가치는 노동생산성 지표상의 부가가치를 사용함

다음 표는 인천국제공항공사의 주요사업 지표 중 '안전한 공항' 지표 평가방식의 작성례를 보여준 것이다. 평가방식으로 목표 대 실적 평가방식을 제시하고 있다. 목표와 더불어 측정 식과 변수를 제시한다.

〈표 4-28〉 인천국제공항공사 경영평가 편람 중 주요사업 지표 평가방식의 기재 예

(1) 공항보안관리 (평가방식 : 목표 대 실적, 가중치: 2점)	
정 의	외부검사 시정지시 건수, 항공보안법상 벌금 및 과태료 부과 건수를 측정하여 세계 최고 수준의 항공보안 예방 및 관리 노력을 평가한다(하향지표)
목 표	① 벌칙(벌금, 과태료) 부과 건수 0건 ② 외부 검사 보안 지적 건수 0건
측정산식 및 변수	① 공항보안관리 = 100점 - Σ감점 - (감점) 유형별 감점 점수 적용 [감점유형 / 벌칙 부과 건수: 벌금, 과태료 / 외부검사 보안 지적 건수] 감점점수: 20점, 15점, 10점 ② 벌칙 부과 건수 : 항공보안법 제50조(벌칙) 또는 제51조(과태료)에 따라 공항 운영자의 귀책으로 벌금 또는 과태료를 부과받은 건수로 산출함 ③ 외부검사 보안 지적 건수 : 국토교통부 예규 제61호 "국가항공보안 수준 관리지침"에 의한 인천국제공항의 정기 보안 점검 지적(시정지시) 건수로 산출함.

감점유형	벌칙 부과 건수		외부검사 보안 지적 건수
	벌금	과태료	
감점점수	20점	15점	10점

(2)공항안전관리 (평가방식 : 목표 대 실적, 가중치: 3점)	
정 의	항공사고, 항공준사고, 지상안전사고, 비행장 장애발생건수 및 안전관리와 관련된 외부검사 지적건수를 측정하여 세계 최고수준의 안전운항 시스템 구축 노력 및 항공기 안전운항 노력을 평가하고 국가기반시설로서 재난관리노력을 평가한다.(하향지표)
목 표	①무사고달성(사고건수 0건) ②외부지적 0건 ③재난평가 우수(A) 달성

3) 경영실적 평가 방법의 문제점 검토

2019년 경영평가지표에서 비계량 점수가 대폭 상승하여 수익성 및 실적 중심의 정량 평가 중심에서 기관의 특성을 고려한 정성적 평가 중심으로 강화된 것은 긍정적 변화 중의 하나이다. 그런데, 경영실적 평가방법에 대해서도 문제가 제기되고 있다(김태일, 2019; 김철, 2021).

먼저, 지표의 가중치 무차별화로 인해 발생하는 문제점이다. 평가지표는 기관의 목적과 특성에 따라 가중치를 다르게 운용할 필요가 있는데(김태일, 2019), 이를 고려하지 않고 동일하게 부여함으로써 무차별적, 일률적 평가가 되어 버렸다. 예를 들면, 비계량 지표 중 사회적 가치지표 평가방식은 공기업과 준정부기관에 따라 가중치를 다르게 부여하고 주어진 배점 내에서 가중치 변화 범위를 주는 방법을 시도하고 있다. 사회적 가치지표의 5개 세부지표별로 배점이 주어져 있다. 그런데 평가대상 기관에 따라 5개 지표 중 어떤 지표는 경영관리에 반영하는 것이 쉬울 수도 있고, 어떤 지표는 어려울 수도 있다. 규모가 큰 기관에서는 일자리 창출 지표를 반영하기 쉬울 수 있지만, 규모가 작은 기관에서는 지표 반영이 어려울 수도 있다. 또 어떤 기관은 공사현장이 많아 재난/안전관리가 어려울 수도 있고, 또 어떤 기관은 재난/안전관리가 기관 목적의 하나일 수도 있다. 그런데 경영실적 평가는 평가대상 기관의 특성을 고려하지 않고 사전에 설정된 가중치에 따라 진행됨으로써, 경영실적 평가가 '일률적 평가'로 귀결되게 된다. 따라서 이러한 일률적 평가를 해결하기 위해서는 기관의 특성에 맞게 가중치를 부여하거나, 평가유형을 기관의 특성에 따라 세분화할 필요가 있다.

또한 비계량 지표 평가가 등급별 평점 매기는 식의 점수화 방식인 것도 문제라는 지적이 있다(김철, 2021). 비계량 지표 평가방법은 C를 기준으로 A^{+}(100점)부터 E^{0}(20점)까지 9등급으로 구성되어 등급을 부여하는 방식으로 평가가 이루어진다. 계량지표도 아닌 비계량 지표조차도 점수 매기기식으로 이루어지는 것에 대한 비판이자 서열화에 대한 비판이다. 그러나 한편으로는 등급을 부여하는 것은 평가를 위한 과정이므로 이해할 수 있다. 문제는 비계량 지표의 상대평가에서 드러난다. 위탁집행형이나 강소형은 그것에 속한 기관의 수가 많다 보니 등급부여를 통한 절대 점수체계의 평가도 사실상 의미를 상실하고 서열 매기기가 되어 버린다. 이러한 문제를 해결하기 위해서는 상대평가의 기준이 되는 대상기관 수를 줄이거나 상대평가가 아닌 절대평가로 수행할 필요가 있다.

또한 계량지표 평가방법에서도 문제가 나타나고 있다. 계량지표 평가는 기관들이 경영평가방식을 제안할 수 있으므로 상대적으로 다양한 평가가 가능할 것으로 보인다. 그러나 앞서 보았듯이, 대부분의 기관은 평가방식을 목표부여평가, 목표 대실적평가 등의 방법을 주로 활용하고 있다. 기관들이 제시하는 계량지표 평가방식 또한 이미 주어진 경영평가 방식 중에서 선택하므로 크게 다르지 않다. 다만, 기관들이 평가방식을 제시할 수 있으므로, 자신들에게 유리하게 평가방식을 선정할 수 있다. 경영평가가 지속되면서 계량지표 평가 점수는 해마다 개선되고 있는 것으로 나타나고 있는데, 이런 점도 이러한 사정과 무관하지 않을 것으로 보인다.

〈표 4-29〉 주요사업 계량지표 득점 현황

구 분		2016년	2017년	2018년	2019년
공기업	공기업 1	75.2	79.1	82.6	83.0
	공기업 2	82.3	81.2	86.0	87.8
준정부기관	기금관리형	85.6	88.1	94.3	95.7
	위탁집행형	86.6	90.3	93.1	95.3
	강소형	89.2	90.4	91.5	95.2

자료: 2019년 공공기관 경영평가보고서

3. 경영실적 평가결과 활용과 문제점

1) 평가절차 및 결과

경영평가 편람에서 제시된 평가절차를 보면, 각 지표별 평가 점수는 지표별 평점에 지표별 가중치를 곱하여 산출하고, 비계량 지표와 계량지표의 평가 점수를 합산하여 기관의 종합평가 결과와 범주별 평가결과를 산출하는 것으로 진행된다. 산출된 기관의 평가결과를 기관 유형별로 각각 6등급(S, A, B, C, D, E)으로 구분하는데, 비교평가 등급 구간과 기관 단위 개별평가 등급 구간을 구분하여 등급을 부여한다. 이렇게 부여된 기관의 평가등급은 공공기관운영위원회의 심의・의결로 확정된다.

2) 평가결과 활용 및 후속 조치

경영실적 평가는 성과급 지급의 근거로 활용된다. 현재 「공기업・

준정부기관 예산편성지침」에 따라 편성된 예산 범위 안에서 경영평가 결과에 따라 성과급이 지급되고 있다.

경영평가 편람에 의하면, 경영실적 평가는 또한 우수기관과 부진기관에 대한 조치로 이어진다. 즉, 우수기관에 대해서는 표창을 시행하거나, 부진기관에 대해서는 경영개선계획을 제출받아 이행상황을 점검한다. 또한 부진기관의 기관장 상임이사에 대한 징계가 진행될 수도 있다.

3) 평가결과 활용 및 후속 조치의 문제점

평가결과에 따라 성과급을 지급하는 것은 성과급이 기관의 경영실적을 개선하려는 동기 유발의 수단이 된다는 점에서 이해할 수 있다. 그런데 문제는 성과급 연계로 나타나는 성과연봉의 과도한 비중이다. 경영평가 결과에 따라 최대 100%의 성과급의 격차가 나타나고 있는데, 이는 공공기관 목적 실현을 위해 사업을 수행해 온 기관구성원의 노력을 무시하는 요소가 될 뿐만 아니라 갈등을 유발하는 요소로 작용한다. 때로는 구성원들의 사기를 저하함으로써 오히려 성과유인이 아니라 성과 저해요소로 작동할 수도 있다. 아울러 경영평가 실적에 따라 기관의 등급이 부여되고 등급에 따라 기관의 서열이 정해지고, 그 서열에 따라 성과급이 지급되는 현재의 방식은 기관 간 경쟁을 조장하며, 공공기관의 목적과 그에 맞는 사업 수행을 저해하는 요소가 될 수 있다. '공공성'보다 '실적 · 성과'에 더 큰 의미를 부여하게 되는 것이다.

더 큰 문제는 성과급 연계의 경영평가 결과 활용이 공공기관에 대한 정부의 통제수단으로 작용한다는 점이다. 공공기관의 책임성과 자율성을 제고하기 위해 도입된 경영평가제도가 '성과급 인센티브제도'로 귀결될수록, 정부는 손쉽게 공공기관을 통제할 수 있게 된다. 기관과 기관구성원들은 성과급을 획득하기 위해 경쟁하게 될 것이고, 정부는 예산지침과 성과급 인센티브만으로도 이러한 기관들을 정치적으로 활용할 수 있게 된다.

4. 평가단 운영의 특징과 문제점

1) 평가단 구성과 운영의 특징

평가단은 공기업 평가단과 준정부기관 평가단으로 나누어 구성되고, 각각의 평가단은 총괄반, 경영관리 비계량팀, 주요사업팀으로 나누어 구성·운영된다. 총괄반은 경영평가단장, 경영관리 간사, 주요사업 간사로 구성되며, 평가 진행 상황 점검, 평가유형 간 평가등급 결정 등 평가 업무를 총괄하고 평가 기준 및 평가방식을 유지하고 평가보고서의 총평을 수행한다. 경영관리 비계량팀과 주요사업팀은 유형별 기관평가를 수행한다.

2020년도 공공기관 경영평가단 구성을 보면, 공기업 평가단 37명과 준정부기관 평가단 61명으로 총 98명으로 구성되었다. 각 평가단의 구성은 아래 <표 4-19>와 같다.

경영평가단 구성은 ① 공공기관의 운영 및 경영관리에 관한 전문지식이 있는 대학의 교수 ② 정부출연연구기관에 소속된 박사학위 소지자 및 이에 준하는 자격이 있다고 인정되는 자 ③ 5년 이상의 실무경험이 있는 공인회계사·변호사 및 경영 자문 업무에 관한 전문가 ④ 그 밖에 공공기관의 운영 및 경영관리에 관한 전문지식과 경험이 풍부하다고 인정되는 자로 규정하고 있다(「공공기관의 운영에 관한 법률 시행령」 28조). 실제 운영에서의 경영평가단 구성원 대부분은 대학교수들로 구성되었고, 일부는 회계사, 노무사 및 노사관계 관련 전문가 등으로 구성되었다.

〈표 4-30〉 2020년 공공기관 경영평가단 구성

구 분	공기업 평가단(37)	
	경영관리(18)	주요사업(18)
단장	1명	
간사	1명	1명
공기업1	5명	5명
공기업2	12명 (팀당 4인, 3팀)	12명 (팀당 4인, 3팀)

구 분	준정부기관 평가단(61)	
	경영관리(29)	주요사업(31)
단장	1명	
간사	1명	1명
기금관리형	4명	4명
위탁집행형	11명(3팀)	13명(3팀)
강소형	13명(3팀)	13명(3팀)

2) 평가단 운영의 문제

(1) 평가단 구성의 문제

경영평가단은 매년 구성되고 평가 종료와 함께 해체된다. 매년 새롭게 구성하다 보니 기존 평가위원과 신규평가위원이 혼재되어 있고, 신규위원의 구성 비율은 해마다 유연하게 적용된다. 2019년 경영평가단의 경우에는 신규위원 비율이 약 60%에 달했다. 매년 평가위원이 새롭게 구성되면서 평가위원과 기관의 유착 가능성이 약화되고, 다양한 인력풀이 참가할 수 있는 장점을 보여주고 있다. 이러한 장점과 더불어 평가단 구성에서의 문제도 야기되고 있다.

먼저, 평가위원이 매년 새롭게 구성되지만, 평가위원 선정기준이 명확하지 않은 문제가 있다. 평가위원의 선정기준 명확하지 않은 상태에서 매년 새롭게 구성이 이루어지면 평가의 일관성이 유지되기 어렵다. 일례로, 기관평가 결과를 반영하여 차기 연도 경영계획에 반영하여 사업 수행을 했는데, 신규위원이 개선사항에 대해 오히려 문제를 제기한 사례도 있다. 평가가 일관되지 못하다 보니 평가대상 기관은 혼란스러울 수밖에 없고 평가결과에 대한 수용성도 떨어지기 쉽다.

평가단 구성이 대학교수 위주로 이루어지는 것도 문제가 있다. 평가단의 약 70%가 인문·사회 분야 대학교수로 구성되어 편향적일 뿐만 아니라(김철, 2021) 다양한 시각을 지닌 전문가의 참여는 매우 제한적이다.

평가단 구성의 문제를 해결하기 위해서는 위촉 구성원의 비율, 기존 위원과 신규위원 사이의 구성비율 등의 선정기준을 좀 더 명확히 할 필요가 있다.

(2) 평가단의 전문성, 독립성, 객관성

평가단과 관련한 비판 중의 하나는 평가단의 전문성에 관한 문제다(김태일, 2019; 김철, 2021). 공공기관의 평가가 제대로 이루어지기 위해서는 평가유형별 기관의 특성을 이해할 필요가 있다. 즉 기관의 목적뿐만 아니라 운영여건, 사업특성 및 규모 등을 이해할 필요가 있다. 그런데 평가위원들이 다양한 측면에서 평가를 수행하기보다는 자신의 전문분야에 치우쳐 평가를 수행하거나 전문성이 결여되어 기관에 대한 경영평가가 일반적 수준에 그치는 문제가 있다. 평가단이 매년 새롭게 구성되어 기관 및 평가 관련 지식 축적이 이루어지지 않는 것도 평가단의 전문성 부족에 일조하고 있다.

평가단의 전문성 문제는 객관성의 문제로도 이어진다. 평가 지표나 평가과정에서 발생하는 주관성, 자의성의 문제가 평가위원의 전문성 문제와도 연결되는 것이다.

평가단의 문제의 핵심은 독립성의 문제, 즉 평가단이 기획재정부로부터 독립적으로 경영평가를 수행할 수 있느냐의 문제이다. 평가단 구성의 인력풀과 위원 위촉이 기획재정부장관에 의해 이루어지고, 경영평가의 책임이 평가단에게 전가되는 상황은 평가단 독립성에 대한 의구심을 갖게 한다. 2020년 공공기관 경영실적 평가 보고에서 벌어진 해프닝[2)]은 경영평가의 책임이 사실상 누구에게 귀결되는지를 보여준 사례라고 할 수 있다.

5. 소결

이상에서 살펴본 바를 정리하면, 다음과 같다.

경영평가 기준에서는, 먼저, 평가유형 구분의 문제가 제기되고 있

2) 기획재정부는 2021년 6월 18일 「2020년도 공공기관 경영실적 평가결과」를 발표하였는데, 6월 25일 평가결과를 수정하여 발표하였다. 이 과정에서 경영실적 평가에서 오류를 보였던 평가위원에 대해 평가위원 위촉을 제한하기로 결정 발표하였다.

다. 유형 구분기준이 모호하고, 모호한 기준에 의한 유형 분류가 기관 간 형평성의 문제를 야기하고 있다. 또한, 평가 지표의 문제도 제기되는데, 평가지표체계가 획일적이어서 평가결과의 수용성이 약화되고 기관에 따라 지표 간 충돌을 심화시키는 결과를 야기할 수 있다. 아울러 수익성 중심의 계량지표, 비계량 지표의 구체성 결여, 세부평가지표에서의 정치적 활용 등도 문제가 되고 있다.

경영평가 방법에서는, 먼저, 비계량 점수의 상승에도 불구하고, 지표 가중치의 무차별화로 '일률적 평가'라는 비판에서 벗어나지 못하고 있다. 또한 비계량 지표 평가에서의 상대평가로 인해 절대 점수체계의 평가도 등급 서열화의 활용수단에서 벗어나지 못하는 한계를 드러냈다. 아울러 계량지표에서는 기관이 평가방법을 자율적으로 선택할 수 있음에도 불구하고 실적 위주의 평가인 목표부여평가, 목표 대 실적 평가 등의 방법에 치우쳐 있다. 때로는 이런 평가를 기관 실적 및 성과측정에 유리한 방식으로만 제시하는 경향도 나타나고 있다.

경영평가 결과 활용에서는 과도한 성과급 연계가 문제가 되고 있다. 성과급의 과도한 차이는 공공기관 구성원들의 노력을 무시할 뿐 아니라 기관 간 경쟁과 갈등을 유발하는 요소로 작동하고 있다. 더 큰 문제는 성과급 연계의 경영평가가 정부의 공공기관 통제수단으로 활용된다는 것이다. 경영평가제도가 '성과급 인센티브제도'로 될수록, 정부는 쉽게 공공기관을 관리하고 통제하게 된다.

경영평가단 운영에서는, 먼저 평가단의 구성에서의 문제가 있다. 선정기준이 명확하지 않고 매년 새롭게 구성되는 방식은 평가의 일관성을 떨어뜨리는 문제를 야기할 수 있다. 평가단 구성이 대부분 대학교 교수들로 이루어지고 다양한 시각의 전문가 참여가 제한적인 점도 평가단 구성에서 드러난 문제이다. 또한 평가단의 전문성, 객관성, 독립성의 문제가 나타난다. 평가단의 전문성 결여는 평가기관에 대한 이해 부족으로 나타나 경영평가의 질에 대한 문제를 야기할 수 있다. 기관 및 평가 관련 지식의 축적이 이루어지지 않는 평가단 구성방식도 이러한 문제에 일조하고 있다. 또한 평가단의 독립성 문제도 나타난다. 평가위원을 기획재정부장관이 위촉하는 현재의 방식과 경영평가의 책임을 평가위원에게 전가하는 행태는 평가단의 독립성을 해치는 요인이 되고 있다.

제 3 절

공공기관 경영평가의 실제와 쟁점: 사례분석

이 절에서는 공공노련과 공공연맹의 사업장을 중심으로 공공기관 경영평가의 사례를 검토하고 사례에서 드러나는 경영평가제의 문제를 분석하여 대안을 제시하고자 한다. 이에 경영평가제도의 실제 적용 사례에서의 경험과 인식을 파악하기 위하여 기관별 경영평가 담당자들과의 집단인터뷰(FGI)와 기관별로 설문조사를 진행하였다.

1. 조사 개요

1) 조사목적

설문조사는 ① 공공기관의 경영실적 평가제도의 제도적 체계와 이의 실행과정, 이후 후속 조치들에 대한 실제 현황을 파악하고, 피평가기관들이 느끼는 문제점들을 분석하고 ② 공공기관의 유형별 분류에 따라 피평가기관들을 조사함으로써, 유형별 피평가기관의 차이와 현실적 문제들을 파악하고자 하였으며, ③ 이러한 조사에 기반하여 경영평가제도의 개선에 대한 함의와 방안들을 모색하는 목적으로 진행하였다.

2) 조사방법

조사방법은 설문형 조사(비대면)와 FGI(대면 및 온라인 면접조사)를 병행하였다. 설문형 조사에서는 공공노련, 공공연맹 소속 사업장을 대상으로 주관식 지문에 대한 자기기입식 방법으로 진행하였으며, 배포된 설문지 중 16개 기관으로부터 회신을 받았다. 회신한 사업장의 유형은 다음과 같다.

〈표 4-31〉 설문 조사 응답 기관 평가유형

사례	평가군	사례	평가군
A	공기업 1	I	준정부기관(위탁집행형)
B	공기업 2	J	준정부기관(위탁집행형)
C	공기업 2	K	준정부기관(위탁집행형)
D	공기업 2	L	준정부기관(위탁집행형)
E	공기업 2	M	준정부기관(위탁집행형)
F	준정부기관(기금관리형)	N	준정부기관(위탁집행형)
G	준정부기관(위탁집행형)	O	준정부기관(강소형)
H	준정부기관(위탁집행형)	P	준정부기관(강소형)

FGI는 7월 28일(대면), 9월 8일(비대면 온라인 면접) 두 차례에 걸쳐 6개 기관 경영평가 담당자를 대상으로 진행하였다. 6개 기관의 인터뷰 참여자는 총 8명이었으며, 참여자의 현황은 다음과 같다.

〈표 4-32〉 FGI 참여자 현황

사례	소속기관의 평가군	직무/직책	조사 일자
1	△△ 공기업 1	경영평가 담당	2021. 7. 28.
2	□□ 준정부기관(위탁집행형)	노조 정책실장	
3	□□ 준정부기관(위탁집행형)	경영평가 담당	
4	□□ 준정부기관(위탁집행형)	경영평가 담당	
5	○○ 준정부기관(위탁집행형)	경영평가 담당	
6	□□ 공기업 1	경영평가 담당	2021. 9. 8.
7	○○ 공기업 1	경영평가 담당	
8	△△ 준정부기관(위탁집행형)	경영평가 담당	

3) 조사내용

설문형 조사에서는 공공기관 경영실적 평가제도의 체계 및 실행과정, 후속 조치 등에 관한 인식조사와 피평가 기관으로서 느끼는 애로 및 문제점을 유형에 따라 분석해 보고자 하였다. 설문형 조사의 세부내용은 다음과 같다.

〈표 4-33〉 설문형 조사내용

구 분	내 용
조사내용	기관 유형 및 경영평가 등급
	기관의 주요 목적 및 고유업무
	경영평가 지표의 의의 및 구성에 대한 인식(양적 측정 가능 여부 등)
	경영평가 지표 중 사업 이행에서 반영하기 어려운 지표
	경영평가 지표와 공공기관 본연 임무(기관의 설립목적)와의 충돌 여부 및 해결 방향
	기관특성에 따른 필요 평가 지표 제시
	피평가 과정(평가 기간, 평가방식 등)과 이에 따른 애로, 문제점
	평가결과의 기관 적용 사례(인사상 조치, 기관 대우, 성과급 지급 등)와 이에 대한 인식
	평가결과 보고서 결과에 대한 기관 경영 활용 여부(경영 및 사업계획 수정, 조직 개편 등)
	경영평가단 구성에 대한 인지와 이에 대한 인식

집단 면접에서는 경영평가의 실제 적용 사례와 이에 따른 차이, 경영평가의 결과에 따른 후속 조치의 경험과 이에 대한 평가 등을 파악하고자 하였다. 집단 면접의 반구조화된 질문지의 구성은 다음과 같다.

〈표 4-34〉 집단 면접 반구조화 질문지의 구성

구 분	내 용
조사내용	경영평가 등급 변화 유무와 등급변화에 따른 사업장 영향의 사례
	경영평가 지표와 공공기관 본연 임무(기관의 설립목적)와의 충돌 여부 및 해결 과정의 경험
	피평가 과정(평가기간, 평가방식 등)의 경영평가 담당자로서의 애로 및 경험

	평가결과의 기관 적용 사례(인사상 조치, 기관 대우, 성과급 지급 등)의 경험과 반응
	평가결과 보고서 결과에 대한 기관 경영 활용 여부(경영 및 사업계획 수정, 조직 개편 등)
	경영평가단 구성에 대한 인지 여부와 이에 따른 경험, 사례
	경영실적 평가제도에 대한 불만 사항 및 개선 요구사항

2. 조사 결과

경영평가에 대한 인식조사에서는 △ 평가지표체계 △ 평가과정 △ 평가결과 △ 평가시스템에 대한 인식에 대하여 알아보았다.

1) 평가지표체계에 대한 인식과 문제점

공공기관들은 경영관리와 주요사업으로 구성된 2개의 평가체계에 대해서는 '대체로' 또는 '일반적으로' 적절하다고 보고 있었다. 사례 C, M이 서술하고 있듯이, 기관의 공적 역할과 경영실적을 판단할 수 있는 지표체계로 판단하고 있다.

> 공공기관 경영실적 평가체계가 경영관리와 주요사업 2개 범주로 구성되고 있는 점은 적절하다고 판단됨. 현행 공공기관 경영실적 평가체계에서는 기관의 경영실적을 평가하기 위해 경영활동 전반에 대해 종합적 관점에서 평가를 진행하고 있음. 통상 기업의 경영활동은 이윤을 창출하는 프로세스로서, 세부적으로는 본원적 활동(primary activ-

ities)과 보조 활동(support activities)이 통합·연계되어 부가가치를 창출. 현 평가체계에서의 경영관리 및 주요사업 범주는 기업의 경영활동 과정에서의 보조 활동과 본원적 활동 아우르는 것으로 해당 범주 평가를 통해 기업 전반에 대한 점검·진단할 수 있는 범주라고 판단됨.

(C 공기업 경영평가담당자)

기관의 고유업무뿐만 아니라 공공기관으로서의 공적 역할을 강화하고 경영실적을 종합적으로 평가할 수 있도록 평가 지표를 경영관리와 주요사업 2개 범주로 구성한 부분은 적절한 것으로 사료됨.

(M 위탁집행형 준정부기관 경영평가담당자)

또한 공공기관들의 조직도 경영관리부서와 사업추진부서로 구분되어 있어 평가체계의 구성에 대한 판단과 관련되어 있다. 다만 평가점수의 비율에 대해 조정이 필요하다는 의견이 제기되었는데, 경영관리의 가중치를 더 늘려야 한다는 의견이다.

대부분 공공기관 본부 조직은 경영관리(지원) 부서와 사업추진부서가 구분되어 있고 평가지표별 세부내용에서도 그 구분이 명확히 나누어져 있으므로 평가 또한 분리되어 실시함이 타당함.

(F 기금관리형 준정부기관 경영평가담당자)

공기업의 특성상 사업성에 대한 평가보다는 공공성에 대한 기여도가 높아야 한다. 따라서 경영관리 및 주요사업에 대한 배점 비율이 55:45보다는 60:40 정도 되어야 한다.

(D 공기업 경영평가담당자)

그러나 평가범주의 판단과는 달리, 평가 지표에 대해서는 다양한 문제의식이 있는 것으로 나타났다.

① 평가기관 유형 분류의 문제

먼저, 평가기관 유형 분류의 문제가 제기된다. 평가기관 유형 분류에 대해 '기울어진 운동장'(사례 2, 사례 5)으로 표현할 정도로 문제를 제기하기도 했다. 면접에 응했던 대부분의 공공기관들이 유형 분류에 불만이 있었으며, 업무와 임무를 지닌 기관들과의 평가가 아니라 성격이 다른 기관들과 같은 평가군으로 분류되어 불이익이 있거나 불리하게 작용한다는 인식이 강했다.

> 지금 공기업 1군도 그런 문제가 발생하고 있고요. 그게 과연 그 기관이 경영을 잘못하고 능력이 없어서 그런 것이냐? 저희는 그렇게 생각하지 않고요. 지금 공기업 1군 평가군은 주로 제가 봤을 때는 큰 기관들 모아 놓은 거 같아요. 굵직한 기관들 모아 놓은 거 같은데, 거기에는 기관의 특성, 산업의 특성이 잘 반영이 안 되어있거든요. 최근에 9월 1일 기재부에서 경영평가제도 개편을 발표했는데 거기서 이걸 SOC라든지 에너지 이런 식으로 산업별로 구분하겠다고 발표해주셔서 저희는 기대하고 있습니다.
>
> (□□ 공기업 경영평가담당자)

평가를 받는 입장에서는, 현재 경영평가 제도가 상대평가 제도와 절대평가 제도가 혼합되어 나오는 제도이긴 하지만, 기관 내 입장에서 봤을 때는 어떠한 기관들과 경쟁을 해야 하는가가 가장 민감한 요소 중 하나일 수밖에 없습니다. 설립목적 자체가 다르고 미션 자체가 다른 기관들의 평가결과를 일률적으로 평가할 수 있는 게 과연 정당한가? 합당한가? 라는 거에 대해서 항상 퀘스천 마크가 있을 수밖에 없습니다. 경영관리 같은 경우에 공통적인 사항을 평가하고 주요사업을 개별적인 특성을 평가한다고 하더라도 어느 정도의 수용도 신뢰도 수용도 측면에서는 항상 일부 기관의 불만을 받을 수밖에 없는 현재 평가제도라고 생각합니다.

(○○ 공기업 경영평가담당자)

그와 반면에 기재부 입장에서도 131개 공공기관을 개별적으로 맞춤형으로 평가할 수는 없다는 입장도 어느 정도 이해는 갑니다만 궁극적으로 봤을 때는 이런 평가유형을 따라서 하는 게 어느 정도 평가 제도상의 편의성 때문에 효율성 편의성 때문에 진행되는 것이 아닌가 싶고요. 장기적으로 봤을 때는 결국은 '131개 공공기관이 저마다 설립된 목적이 있고 미션이 있기 때문에 그에 맞춰서 개별적인 평가로 나아가야 한다'고 생각합니다.

저희 기관 역할이 일반 강소형 기관보다 넉넉하지도 않거든요. 큰 기관들이랑 같이 평가를 받다 보니까 평가 실사 나오셔서 안타까워하시는데 지금은 정원 300명 이상이면 준정부기관으로 평가를 받고 있습니다. 저희는 당연히 천명 이상이기 때문에 준정부기관으로 평가를 받고 있는데요. 하지만 저희가 본사에 있는 사무인력이 50명이 채 안 되다 보니까 정규직이 과연 대형기관이랑 하는 게 맞는가? 획일적인 정원만 가지고 하고 있는데, 거기에 대해서 항상 솔직히 불만이 있는 상황입니다. 거기에 대해서 노동집약적인 산업이라든가 판매관리비가 적은 기관은 별도로 한다든가, 아니면 00 산하는 특별 회계를 받고 있다 보니까 정부 예산을 필요한 만큼 따다가 쓰는 게 아니라 벌어서 써야 하는 그런 상황입니다.

(△△ 위탁집행형 준정부기관 경영평가담당자)

② 평가 지표의 획일성

또한, 평가 지표의 획일성에 대한 지적이다. 기관의 특성을 고려하지 않은 지표로 인해 기관의 부담이 매우 크다는 지적이다.

공기업, 준정부기관(기금관리형, 위탁집행형, 강소형) 간 기관의 규모(인력, 예산)가 크게 차이 남에도 불구하고, 동일한 세부평가지표를 적용·평가하여 상대적으로 규모가 가장 작은 강소형의 경우 경영평가에 대한 업무 부담이 매우 큰 상황입니다. 이에 현재의 평가 기준은 본 기관의 경영실적 평가에 적절하지 않다고 생각합니다.

(P 강소형 준정부기관 경영평가담당자)

기관의 특성을 고려하지 않은 데 따른 평가 지표는 사실상 기관의 사업 수행에서 반영하기 어렵고, 이에 따른 평정 또한 낮게 반영될 수밖에 없다. 구체적 지표들에 대한 기관의 목소리는 다양하다. 강소형 기관인 사례 O와 사례 P뿐만 아니라 기금관리형, 위탁집행형 준정부기관 또한 획일적 지표에 따른 애로를 토로한다.

사회적 가치구현의 일환인 일자리 창출과 관련하여, 기관 역량의 한계가 상존함. 기관의 설립목적에 따른 고유업무는 대부분 직접적으로 소속 구성원들에 의해 수행되므로 업무 대행 등 부차적인 일자리 창출의 기회가 매우 적음. 또한, 기관에 소속되었던 비정규직 등은 이미 모두 정규직 등으로 전환되어 더 이상 실적으로의 활용이 불가함.

(O 강소형 준정부기관 경영평가담당자)

혁신성장 가점 지표의 경우 본 기관에서의 대응이 어려운 상황입니다. 기관 업무 특성 상, 혁신성장 가점에서 제시하는 혁신제품 등을 기관 주요 업무와 연관성이 낮아 구매하는 데 어려움 존재합니다. 또한, 예산 규모가 작은 기관의 경우, 혁신성장산업에 대한 자금지원, 8대 선도사업 투자 등을 대응하기 위해 기관 고유 사업 이외에, 또는 이를 확장해 예산을 지원하는 것은 쉽지 않은 상황입니다. 이에, 해당 지표 평가 대응을 위해, 기관 주요사업 운영과는 연관성이 낮은 물건을 구매하고 과제를 발굴하는 등의 실적은 예산상으로나 행정적으로 비효율적인 낭비가 될 수 있습니다.

(P 강소형 준정부기관 경영평가담당자)

계량지표 중 사회적 가치구현 지표 관련, 한정된 자원으로 녹색제품, 기술개발제품 등을 전년 등과 대비하여 증액하여 구매해야 함. 예산이 한정되어 있음에도 불구, 평가를 위해 해당 제품들로만 구매함에 따라 사업 금액 및 소요 기간 증가 등의 어려움 발생. 또한, 해당 기업의 구매대상이 없는 경우에도 구매해야 하거나 구매대상 금액이 시장가격보다 높은 가격대를 형성하여 사업 추진에 차

질을 빚는 경우 발생합니다.

(M 위탁집행형 준정부기관 경영평가담당자)

사회적 가치지표 중 ‘일자리 창출’ 지표의 경우 민간일자리 창출 실적을 평가하고 있으나 본 기관은 정부 정책을 위탁 집행하는 기관으로 예산 사용에 있어 재량권이 없어 일자리 창출을 위한 신규 사업이나 투자를 하기가 어려운 구조입니다.

(N 위탁집행형 준정부기관 경영평가담당자)

대형 SOC를 담당하는 공공기관도 기업의 특성을 고려하지 않은 평가 지표의 가중치 때문에 문제를 제기한다.

가장 대표적인 게 재난 및 안전관리 지표인데요. 그 지표는 굉장히 배점도 크고 사실 계량 비계랑 다 평가를 하고 있거든요. 취지는 공감을 합니다. 국민체감형이고 언론에 나왔을 때 굉장히 비판적이고 사실 발생을 안 해야겠죠. 기관에서 그 사망사고라든지 안전사고가 발생하기를 원하는 기관이 누가 있겠습니까? 저희 동료들이고 저희 협력 업체들인데요. 저희도 굉장히 노력하고 있고요. 재난 안전 수준 평가를 하면 높은 점수가 나오거든요. 그런 노력을 많이 하고 있습니다. 그럼에도 불구하고 기관의 규모라든지 저희가 도급공사 규모가 굉장히 크거든요. 그렇게 되다 보면 도급 발주 협력 기관이 되게 많겠죠. 그러면 저희가 거기 가서 직원들이 통제를 할 수 있는 것도 아니고 거기 가서 발생하는 사고들을 더 관리할 수 있는 것도 아닙니다. 그래서 그런 현실적인 부분을 기관의 규모라든지 특성에 따라서 공사들이 많은 기관들은 특성을 반영해주시고 이런 부분이 필요하다고 봅니다. 지금은 일괄적으로 사망사고가 발생하면 9월 1일날 발표한 방안에도 보면 0점 처리한다고 나와 있거든요. 그러면 재난 및 안전관리가 6점을 차지하는데 거기서 0점을 받아 버리면 20% 최소한 평가해서 20%는 준다고 했어요. 1점, 2점을 받으면 그 해 평가는 끝난 거거든요. 그러면 저희가 열심히 노력해서 그 평가를 받을 이유도 없는 거고, 사실은 극단적으로 그렇게 말씀드리는데, 그래서 재난 및 안전관리라든지 현실을 반영하지 못한 지표가 있습니다.

(□□ 공기업 경영평가담당자)

③ 평가 지표의 중복성

또 하나의 지적은 평가의 중복성이다. 일부 기관들은 정부 부처의 외부평가와 경영평가의 중복성을 지적하면서, 외부평가의 합산을 통한 배점화를 대안으로 제시하고 있다. 외부평가 점수를 경영평가에 반영함으로써 평가의 중복성을 줄이는 것은 현실성 있는 제안으로 보인다. 일례로, 세부평가내용 중 하나인 '환경보전'지표에서는 환경부, 산업부 등의 평가결과를 반영하여 평가하고 있다(공공기관 경영평가편람, 2020).

재난에 대한 행안부의 평가가 있거든요, 그다음에 안전 관련 평가도 받고 있거든요. 그런 평가에서 공공기관은 등급을 받거든요. 그 등급에 맞춰서 점수를 주라는 뜻입니다. 그렇게 되면, 이와 관련된 외부평가가 기재부에서 하는 안전등급제, 고용노동부에서 하는 공공기관 안전활동 수준 평가, 국토부에서 하는 건설 참여자의 안전관리 수준평가, 행안부에서 하는 재난관리평가, 국정원에서 하는 공공기관 정보보안 관리시스템 평가, 행안부에서 하는 개인정보 보호 관리 수준 평가, 이런 다양한 평가, 정부 부처에서 공신력을 가지고 한 평가결과가 있는데, 이거에 관련해서 그 부분들을 배점화해서 그거에 대한 등급별로 점수를 넣어주면 자동 산식화해서 나오겠죠.

(□□ 위탁집행형 준정부기관 경영평가담당자)

제가 좀 말씀드리고 싶은 게 중복되는 평가가 많이 있습니다. 안전 및 환경은 행안부에서 하는 평가도 있고요. 국정원에서 하는 정보보안 관리실태 평가 개인정보보호 평가도 있고 중기부에서 하는 동반성장 평가 감사원에서 하는 감사평가 여러 가지 평가들이 직·간접적으로 평가에 영향을 미치고 있는 게 사실입니다.

(△△ 위탁집행형 준정부기관 경영평가담당자)

또 다른 일부 기관들은 지표 내에서의 중복 문제에 대해 제기하고 있다. 유사한 내용이 지표 내에 중복되고 있다는 지적이다.

저희는 동반 성장 평가를 지금까지 받으면서 상생 지표 평가를 계속 받고 있고. 안전 지표 말씀하신 대로 중복성이 너무 많고, 사실 리더십 지표가 기관평가 안에 같이 들어가면서 리더십 안의 혁신 노력에 이사장의 노력이 또 있으면서. 혁신 노력이 또다시 기관장이 되는 노력을 쓰게 되어있고요. 그 안에서도 되게 중복성이 많다고 생각이 들어서 그런 부분들을 좀 개편을 해야 된다고 생각합니다.

(△△ 위탁집행형 준정부기관 경영평가담당자)

경영관리 안에서 지표 간의 중복 중첩 문제는 좀 개선이 필요할 거 같습니다. 예를 들면 혁신 노력 및 성과라는 지표가 있는데, 유사하게 혁신성장 가점 지표가 있거든요. 굉장히 중복돼서 보고서를 씁니다. 상생 협력 및 지역발전 지표가 있는데, 코로나19 관점 지표가 있고요. 그것도 내용이 굉장히 많이 중복이 됩니다. 전략기획 지표가 있고 경영개선 지표가 있고 조직 인사 지표가 있는데 거기에 다 조직 관련된 내용이 똑같이 중복돼서 들어가거든요.

(□□ 공기업 경영평가담당자)

세부 지표별로 중복되는 내용이 상당하고 경계가 점점 모호해짐. 예컨대, 경영관리 범주 지표 중「경영개선」,「사회적 가치구현」과 「혁신 노력 및 성과」의 상당 부분은 「주요사업」실적을 지표의 관점과 평가 내용에 따라 재구성하여 작성하여 평가하고 있어, MECE(mutually Exclusive Collectively Exhaustive)하지 않습니다.

(B 공기업 경영평가담당자)

기관들은 이러한 중복성으로 인해 기관의 부담이 가중되고 업무상 비효율이 발생하고 있다고 호소한다.

유사하거나 중복되는 평가 지표 또는 세부 평가내용이 많으며, 이에 따라 경영실적보고서 작성 시 평가 지표 또는 세부평가내용에 따라 동일한 내용을 보고서에 반복 작성해야 하며 평가 또한 중복으로 받을 수밖에 없음. 또한, 기재부(경영평가단) 외 정부 부처에서 주관하는 외부평가가 기관 경영평가와 유사, 중복평가 되고 있으며, 실제 경영평가에도 적용 중임. 외부평가와 취지, 목적이 같고, 평가 내용의 유사·중복성이 높은 평가 지표로 인해 기관의 평가 부담이 가중되고, 업무상 비효율이 발생하고 있습니다.

(N 위탁집행형 준정부기관 경평담당자)

④ 과다한 평가 지표

평가 지표가 과다하다는 문제의식도 제기되었다. 평가 지표의 과다는 행정 비용과 업무 부담의 증가로 이어진다.

(지표를 세분화하면서) 지표 수가 예전에 10개였지만, 지금은 거의 20개에 육박하도록 늘어났잖아요? 경영관리 지표가 거의 두 배로 늘어나고. 그렇게 되면, 일이 플러스 알파 일이 너무 많아지는데, 그 안에서 더 지표가 다 늘어나는 거죠. 지표를 세분화 해가지고 관리를 하면은 조금 더 객관적일 수는 있겠으나, 예전에는 '채용' 부분도 사회적 책임 지표 안에 들어 있었던 부분이거든요. 그러니까 그 기관의 특성에 맞게 그해 보고를 한 실적을 강조해서 쓴다든가 아니면 윤리경영에서 좋았던 거 쓴다든가 하면 되었는데요. 지금은 지표가 다 세분화돼 있으니까, 쥐어짜내야 되는 상황인거죠. 필요 없으면 안 했는데, 이제는 써야 된다는 그런 이야기죠.

(△△ 공기업 경영평가담당자)

경영평가 지표를 간소화해야 되고, 좀 줄여야 되고, 지표도 조금 합리화해야 되는데요. 무언가는 계속 만들어지는데, 그렇다고 예전에 있는 지표가 없어지지는 않습니다. 일은 계속 많아져요. 일이 계속 많아진다면 그만큼 거기에 대한 뭔가에 대한 인력하고 그 다음에 돈을 투자를 시켜야 되는데, 인력 증액도 한도가 있습니다. 지원 예산도 여기도 또 걸거든요. 몇 퍼센트 이상 그렇게 된다고 그러면 페이퍼 작업밖에 안 돼요. 이름만 바꾸는 거예요.

(□□ 위탁집행형 준정부기관 노조 정책실장)

평가 지표 및 세부평가내용이 증가하게 되어, 조직 신설·지표 실적관리 전담 업무 신설 등 행정적인 부담이 상당히 증가해요. 하나의 동일한 기관 사업이 복수 부서·복수의 지표 담당자에 걸쳐 중첩적으로 관리되면서, 평가만을 위한 조직 및 업무 분장이 증가합니다.

(B 공기업 경영평가담당자)

평가 지표가 계속해서 늘어나는 이유에 대해서는 경영평가가 정부 시책을 공공기관에 강제하는 수단으로 이용되기 때문이라고 지적하기도 한다. 이러한 강제는 경영평가를 기관의 자율성 침해로 보는 인식으로 이어진다.

정부 부처들이 경영평가 편람 내에 해당 부처들의 평가를 포함시켜 공공기관에 대한 통제 장치로 활용하고 있음. 예를 들어, 중소벤처기업부가 '동반성장평가'(경영평가 '상생 협력 및 지역발전' 지표 반영)에 많은 공공기관들을 기관특성과 의견을 고려하지 않고 일방적으로 포함시킵니다.

(J 위탁집행형 준정부기관 경평담당자)

18년도에 평가 편람이 바뀌면서, 정부에서 원하는 방향에, 그런 상황이 있으면 평가 편람에 자꾸 다 꽂는구나라는 느낌이 있었어요. 그리고 그게 빠지는 거 없고 계속 플러스 플러스만 되고 있고요. 작년에도 기업 상생 협력제도, 중소기업 옴부즈맨 제도, 옴부즈맨 지원단이 중소벤처부에 생기면서 기업 성장 응답 센터를 설치하고 기업 관련해서 '기업 상생 평가를 하겠다'고 해서 작년에 처음으로 들어왔는데요. 평가 편람을 어떻게 반영하겠다는 게 없고 일단 그 공문상에 '추후 기간 평가에 반영 예정이다.' 그럼 공공기관들은 '평가에 반영 예정이다' 하면, '이거 중요하네' 또 다 여기에 달려들게 되거든요.

(○○ 위탁집행형 준정부기관 경영평가담당자)

'공공기관 운영에 관한 법률'을 보게 되면 그 법에 대한 목적이 있거든요. 거기에 보게 되면 자율경영과 책임경영이라는 그런 문구가 있는데, 그 문구를 없애든지 아니면, 공공기관의 자율경영과 책임경영을 확립할 수 있도록 하고요.

(□□ 위탁집행형 준정부기관 노조 정책실장)

⑤ 평가 지표의 모호성·신뢰성 문제

공공기관들은 일부 평가 지표들의 모호성이 평가의 신뢰성을 떨어뜨린다는 문제를 제기하였다. 평가 지표의 모호성은 평가위원들의 주관적 판단으로 이어져 평가에 대한 신뢰성, 평가결과에 대한 수용도 문제를 야기한다는 지적으로 이어진다.

비계량 지표의 경우 보고서 작성에 대한 매뉴얼 부재로 지표별 요구사항을 명확히 파악하기 어려움이 있어 비계량지표별 매뉴얼을 배포해 주었으면 좋겠습니다.

(K 위탁집행형 준정부기관 경영평가담당자)

사회적 가치구현 지표 적용 범위, 의미 등이 모호하고 명확한 평가 기준 미흡하여 정확성 및 신뢰성이 낮습니다. 경영평가에서는 '일자리, 균등한 기회, 안전 및 환경, 상생 협력, 윤리경영' 지표를 '사회적 가치구현'으로 정의하고 해당 내용을 평가하고 있으나, 사실상 경영관리-주요사업 전반에서 사회적 가치의 연계성을 중요하게 평가하고 있습니다. 그러나 이를 평가하기 위한 기준 또한 불분명하고 평가위원마다 제시하는 사회적 가치의 의미나 이를 바라보는 시각이 상이하여 사회적 가치 평가에 대한 대응이 어렵습니다.

(P 강소형 준정부기관 경영평가담당자)

평가위원들은 '너희 업무가 너희는 원래 이 업무잖아, 플러스 알파, 플러스 알파'를 또 계속 요구를 하시더라고요. 그러면, 이런 기관한테는 "너희는 그런 걸 어떻게 해야 된다"라는 좀 이렇게 좀 이렇게 되면 아니면 이제 이런 기준 이런 것들을 조금씩 명확하게 좀 제시를 해 주시면 어떨까 (해요). 그래서 사실 지금도 좀 혼선이 있는 부분이 있어요. 평가위원마다 사실 다르시잖아요. 어떤 평가위원은 '너희는 업무 자체가 이러니까 좋은 성과를 냈네'라고 보시는 평가위원이 있는 반면에 "너희 업무 자체가 이런데, 또 다른 거 내놔 봐" 이러시는 평가위원들이 있거든요. 평가위원마다 각각 다르게 가니까, 그런 부분들은 좀 저희 기관한테 어려움이 있었다.

(○○ 위탁집행형 준정부기관 경영평가담당자)

안전 및 환경에서 이게 안전 및 환경이 7점이거든요. 환경이 1점, 안전이 6점이에요. 이렇게 되어있는데, 환경 1점은 같은 지표 안에서도 이렇게 설계가 돼 있어요. 환경은 세 가지 항목이 있는데 온실가스 감축, 녹색 제품 구매, 기관별 여건 특성. 이게 딱 점수가 1점을 가지고 나뉘어져요. 그러니까 온실가스 감축이 0.3점 혹은 0.4. 녹색 제품 0.3점 혹은 0.2점 이렇게요. 그런데 환경은 1점짜리인데 이처럼 어떻게 할 건지를 딱 배점화를 시켜줬는데, 안전은 (그냥) 5개 항목이거든요. 환경은 이렇게 배점화시켜줬는데. 같은 지표 안에서 이걸 만들면서 위에는 이렇게 만들고 아래는 이렇게 만든 이유는 뭘까라는 부분에 대한 의심이 있잖아요? 투명성, 그러니까 투명성에 대한 의지가 부족하구나라는 부분들이죠. 그래서 결과론적으로 이렇게 편람을 만들고 이렇게 운영하니까 결과 자체가 투명하게 나올 수가 없고 상식적이고. 예측 가능한 결과가 사실 나올 수가 없거든요. 그러니까 저희가 원하는 건 지표 관련해가지고. 이런 노력들 있잖아요. 좀 작은 부분이지만 이렇게 배점을 통해서라도 평가받는 기간 상대적인 입장에서 본다고 하면, 그런 데서. 수용도도 높아지고 예측 가능성도 높아지는 부분이 있는데 그런 부분에 대한 노력을 하고. 제도적인 확충을 해야 되지 않느냐 생각해요.

(□□ 위탁집행형 준정부기관 경영평가담당자)

⑥ 평가 지표 간 충돌

지표가 과다하고 중복되다 보니 평가 지표 간에 충돌도 나타난다. 특히 '재무예산 운영 · 성과'지표와 '총인건비 관리' 지표는 다른 지표들과의 충돌, 특히 사회적 가치지표와의 충돌로 이어진다.

업무효율(노동생산성, 자본 생산성), 재무예산 운영성과 등 재무 관련 지표는 기관의 수익성이 높고 재무상태가 건전해야 좋은 성적을 기대할 수 있으나, 기관은 본연의 업무를 수행할수록 부채가 늘고 수익성이 떨어질 수밖에 없는 구조임. 수익성과 기관 본연의 역할 수행이 충돌할 경우 수익성 관련 지표 성적을 일부 포기할 수밖에 없습니다.

(A 공기업 경영평가담당자)

기관의 고유 업무인 위 인력양성에 관한 사업의 경우 매출의 상승 없이 관련 비용 증가에만 영향이 있음. 이에 따라 비용 증가와 관련된 계량지표인 '업무효율, 재무예산 운영성과'에 부정적인 영향을 미침. 다만, 평가 시 관련 실적에 대한 비계량 성과를 경영실적보고서 및 현장실사를 통해 평가를 받고 있으나, 계량지표 하락 대비 관련 업무에 대한 성과는 평가에 적절하게 반영되지 않는다고 판단됩니다.

(C 공기업 경영평가담당자)

총인건비 관리는 굉장히 효율성을 강조하는 방향으로 진행되고 있고, 공공일자리 창출이라든지 안전 강화 이런 걸 강조하고 있고요. 사실은 저희가 인건비 면에서 총 인건비가 한정돼 있는데 신입사원을 무작정 매년 뽑을 수 없는 상황이고요. 또 이제 안전관리가 강조되다 보니까 저희가 예전에 안전관리를 위해서 한번 출장 가던 걸 두 번 세 번, 한 명이 가던 걸 2인이 가고요. 이런 식이다 보니까 비용이, 관련된 인건비가 굉장히 늘어났는데요, 총인건비는 딱딱하게 꽉 조여 놓고 있으면서 또 공공성을 강조하고 있고, 약간 좀 대치되는 면이 없지 않아 있어요.

(□□ 위탁집행형 준정부기관 경영평가담당자)

2) 평가과정에 대한 인식과 문제점

경영평가 과정에 대해서는 경영평가단의 구성 및 평가 기간, 그리고 평가주기 등을 중심으로 인식조사를 진행하였다.

① 경영평가단에 대한 인식

경영평가단의 구성에 대해서는 적절하다는 평가와 부적절하다는 상반된 평가가 공존하고 있다. 적절하다는 평가는 주로 기획재정부의 인력 검증을 거친 전문가 집단으로 구성되어 있다는 점을 들고 있다.

기획재정부에서 검증 작업을 거쳐 결정되고 관련 분야 전문가(교수, 변호사 등)들로 구성되어 자격요건에는 특별한 문제없을 것으로 보입니다.

(F 기금관리형 준정부기관 경영평가담당자)

기획재정부의 경영평가단 Pool에 대하여 기관별 검증과정을 거쳐 구성되는 것으로 알고 있으며, 평가 지표와 관련한 전문지식을 가진 각계각층의 전문가(교수, 노무사, 회계사 등)를 섭외하는 것은 적절한 것으로 사료됩니다.

(K 위탁집행형 준정부기관 경영평가담당자)

이에 반해 부적절하다는 평가는 경영평가 위원들의 전문성 및 기관 이해도 부족과 결부되어 있다.

비계량 평가에서 보면, 대부분의 평가에서 평가위원들이 많이 느끼는 고충 중에 하나가 뭐냐면 이해도, 기관의 이해도. 업무에 대한 이해도, 사업에 대한 이해도가 우리가 기대하는 것에 사실 많이 못 미쳐요. 그래서 이제 평가받기 전에 "미리 방문하고 시간을 달라고 해서 공사에 대한 걸 설명하고 싶다." 그런데 사실 거부하는 분들도 많고요. 시간 내주시는 분들도 있는데요. 그래서 시간 내서 설명을 하고 최대한 노력을 해도, 실제 수신 받을 때 보면요, 그분들도 우리한테 이제 핵심을 제대로 못 짚었고, 답변이 제대로 안 됐다는 것도 물론 있겠지만, 우리가 봤을 때 핵심을 빗나간 질문들이 사실 되게 많아요. 그래서 매년 언쟁이 나와요. 왜냐하면, 우리는 이게 성과라고 해도 그분이 이해를 못하는 거예요.

(□□ 위탁집행형 준정부기관 경영평가담당자)

작년에 재난과 안전관리 같은 경우는, 회계사분이 평가를 하셔서 이해도가 좀 (제가 볼 때) 떨어지신 분이 있었고, 심지어 저희 주요사업은 지적사항에 다른 기관 업무를 언급하시면서 그걸 저희가 안 했다고 (저희 업무가 아닌데 그런 걸) 지적사항으로 넣으신 경우도 있습니다... 그러니까 아예 그 기관에 대한 업무에 대한 이해가 없는 분들이 저희를 평가한다는 자체가, 그러니까 비계량 평가함에 있어서 더욱더 신뢰도가 떨어지죠.

(□□ 위탁집행형 준정부기관 경영평가담당자)

경영평가단 구성은 다소 부적절하다고 봄. 경영평가단의 평가위원은 대다수 대학교수로 선정됨. 다만, 해당 평가위원이 다수의 기관을 평가함에 따라 평가대상 기관의 주요사업 특성을 알고 있지 않으며, 평가 기준 및 방식 등 평가자의 전문성에 대해서는 의문이 있음. 기관의 특성, 규모 등 평가 특이사항을 고려하지 않고 평가를 진행함에 따라 평가결과에 대한 평가 대상기관의 수용성 저하되며, 평가의 공정성도 담보되지 않는다고 판단됩니다.

(C 공기업 경영평가담당자)

기관 및 업무 분야에 대한 인지도가 낮고 동일·유사분야 전문가가 평가위원에 포함된 적이 없습니다. 또한, 공공기관 전반 및 평가대상에 대한 기본적인 운영, 구조 등에 대해 경험해보지 않거나 이해도가 낮은 평가위원으로 구성되어 있어, 부정적 평가로 이어진다고 판단됩니다. 이에 경영평가단 구성이 적절하지 않다고 생각합니다.

(P 강소형 준정부기관 경영평가담당자)

평가단의 문제를 다른 시각에서 바라보는 인식도 존재한다. 평가과정에 드러나는 평가단의 문제를 평가위원들의 문제가 아닌 평가단의 운영과 관련된 문제로 바라보는 것이다. 1년 임기의 평가위원이 방대한 기관의 업무를 이해하는 것이 사실상 불가능에 가깝다는 지적과 더불어, 소수의 평가위원이 다수의 기관을 평가하는 것도 기관에 대한 심도 있는 평가를 제한하는 요소로 작용하고 있다는 지적이다.

평가단의 문제가 아니라 평가단을 운영하는 방법이나 기관 이런 것들의 문제 같아요. 1군 공기업은 주요사업 다섯 분 경영관리 다섯 분 이렇게 평가를 저희들이 받고 있는데, 경영관리는 지표별로 한 지표를 받아서 10개 기관을 평가 하고 계시고 주요사업은 한 두 평가위원이 2~3개 기관의 주요 사업을 평가를 하는 방식으로 되어 있습니다. 한전 도로공사 LH 이런 대형 공기업들은 그 사업 자체가 상당히 방대하고요, 그 사업의 세밀한 부분이 상당히 어렵습니다. 아무리 전공 관련 교수님이 아닌 이상 다른 분야에 산업 공공기관 사업에 대해서 이것들을 단기간 내에 쉽게 이해해서 평가한다는 것은 구조적으로 어려운 문제가 아닌가, 그러다 보니까 기관 입장에서는 우리 입장에서는 중요하고 핵심적인 내용들이 평가위원님 입장에서는 중요하지 않은 미스매치 현상이 발생되는 거죠.

(△△ 위탁집행형 준정부기관 경영평가담당자)

평가단 개개인의 역량은 차치하더라도, 평가단이 평가해야 하는 피평가기관의 수는 조정이 필요할 것으로 생각됨. 4~5명으로 구성된 평가단의 각 평가팀이 다수의 기관을 평가함으로써 심도 깊은 평가가 이루어지기 어려움. 피평가기관에 대한 배경 지식 부족 및 평가에 할애된 시간적 제한 등으로 평가팀은 과년도 평가결과에 의존할 수밖에 없으며, 이로 인해 평가가 좋았던 기관은 계속 좋은 평가를, 반대의 경우에는 계속 좋지 못한 평가를 받게 되는 결과를 초래할 수 있습니다.

(O 강소형 준정부기관 경영평가담당자)

② 경영평가 기간 및 과정

경영평가 기간은 보통 2~3개월 정도 소용되는 것으로 나타나고 있으며, 실사 기간은 1주 이내에서 이루어지는 것으로 나타났다. 평가 기간에 대해서는 의견이 엇갈렸다. 대규모 기관이 집중된 공기업군들은 기간이 적절하다고 생각하는 것으로 나타나고 있다.

사실 기관이 1년 내내 평가로만 돌아갈 수는 없습니다. 공공기관은 사기업하고 달라서 국정 감사라는 중요한 이벤트가 있고요. 그런 것들이 끝나고 경영평가에 집중할 수 있는 기간이 정해져 있거든요. 그런 것들을 반영하고 한 해 평가가 끝나면 다음 해를 준비할 수 있도록 제도도 개선하고 지표도 개선하는 작업들이 현재 진행되는 프로세스에 다 반영이 되어있는데, 평가 기간을 늘리게 되면 그런 과정이 문제가 될 수도 있고 그래서 현행 평가 기간이 좋다고 생각하고요.

(□□ 공기업 경영평가담당자)

경영실적을 평가하는 기간은 실적보고서 제출(3월 초)부터 수검까지(4월 말) 약 2달간이며 애로나 문제점은 없습니다.

(E 공기업 경영평가담당자)

반면, 강소형 기관을 중심으로 한 준정부기관들은 촉박한 평가 기간으로 인해 업무 부담이 상당한 것으로 나타났다.

경영평가 대비를 위해 기관 직원은 비계량 보고서 작성, 현장실사 준비 등 고유업무가 아닌 업무를 추가로 수행하여 직원 업무 부담이 증가하는 요인입니다.

(F 기금관리형 준정부기관 경영평가담당자)

3월 경영실적보고서 제출 후 실사가 이루어지고, 중간평가 결과가 회람되는 5월 중순까지 약 2달간 14개 기관에 대한 평가가 이루어지는 것을 고려하였을 때 실제 우리 기관을 평가하는 기간은 약 4~5일 정도일 것으로 판단됨. 실사 전 경영평가단에서 요구하는 체크 리스트의 답변서 및 요청자료 제출 마감 시한이 촉박하여 자료취합 및 제출에 어려움이 있습니다.

(J 위탁집행형 준정부기관 경영평가담당자)

매년 3월 20일경 보고서를 제출하고 이의 평가결과가 발표되는 6월 20일경까지 약 3달간 평가를 받게 됨. 이 시기에는 경영관리, 주요사업 각 범주별 현장실사가 수반되며, 실사 전 평가팀은 사전 질의서(소위 체크 리스트)를 통보함. 통상 실사 4일 전(주말이 끼인 경우 약 일주일)에 질의서가 전달되며, 실사 전까지 답변을 회신하여야 함. 문제는 질의서의 내용이 과다하여, 이의 답변을 위해서는 상당한 시간이 소요된다는 점에 있음. 결국, 기한 내 답변을 제출하기 위해서 많은 인력이 투입되고 철야 작업도 불사하게 됩니다.

(O 강소형 준정부기관 경영평가담당자)

평가보고서를 3월 초에 제출하면 현장실사 종료까지 대략 2개월 정도의 기간 동안 대면 및 서면 평가를 받습니다. 평가보고서 작성을 위해 기관 주요 핵심 인력이 일정 기간(최소 1개월) 보고서 작성 업무에 투입됨에 따라 본연의 업무에 지장을 초래하며, 현장실사 시 업무시간 72시간 이내로 방대한 양의 질문에 대한 답변 및 증빙자료를 제출해야 함(일례로 과거 10년 치 실적에 대한 증빙자료 일체 요구)에 따라 제출된 자료가 평가에 직접적으로 영향을 주는 자료임에 따라 어떠한 실수도 용납되지 않는 상황에서 제한적인 시간 내에 방대한 질문에 대한 답변 작성은 물론 답변된 내용을 뒷받침하는 방대한 증빙자료를 준비해야 함. 이에, 상대적으로 규모가 가장 작은 강소형 기관은 자료작성, 준비 등 대응에 대한 부담과 어려움이 가중되고 있습니다.

(P 강소형 준정부기관 경영평가담당자)

평가 기간 중 평가과정 및 제도 변화를 경험한 사례도 있었으며, 기관의 고유업무 평가가 아닌 이슈 중심의 평가가 이루어지고 있다는 지적이 있었다.

좋은 제도라고 하더라도 급박하게 평가제도를 변경하여 기존 절차대로 준비한 기관들이 실사나 기관설명회를 충실히 준비할 수 있도록 새로운 제도는 그다음 연도에 적용하는 것이 바람직한 것으로 사료됨. 국민참관제의 경우, 기존 선택이었으나 실사 일주일 전 필수 사항으로 업무 지시하여 공문서 접수 후 국민참관단 대상을 모집하고 관련 예산 마련, 참관교육 등을 추진하기에 무리가 있었음. 취지는 좋으나 취지에 맞게 운영하는 데 어려움이 있습니다.

(M 위탁집행형 준정부기관 경영평가담당자)

세부 평가 내용이나 기관 사업에 대한 심도 있는 이해 없이 과도한 체크리스트 질문을 남발하거나 주관적·추상적인 기준에 따라 평가하는 사례 존재. 특히 지표 수가 많아지고 세부평가 내용이 지나치게 세분화되면서 세부평가 내용에 부합하는 사업 수행 노력보다는 지표와 관련된 불미 이슈나 기관 이미지·수행사업의 성격에 근거한 평가가 많아집니다.

(B 공기업 경영평가담당자)

③ 평가주기 및 평가방식

평가방식과 관련해서는 계량화 중심으로 진행하자는 의견도 제기되었으나, 현재의 계량, 비계량의 배점 기준을 받아들일 수 있다는 의견들이 많았다. 평가주기와 관련해서는, 매년 시행되는 경영평가 주기를 2년 혹은 3년으로 전환하는 방안도 고려해 볼 필요가 있다는 의견도 있었다.

결론은 이게 등급 폭을 줄이는 방법도 있지만, 현실적으로 1년 면제, 가점 주고 감점 주는 것보다 이걸 2년이나 3년 주기로 해서 한꺼번에 하는 것도 좋을 듯합니다.

(□□ 위탁집행형 준정부기관 노조 정책실장)

그러나 평가주기의 변경에 대해서는 신중할 필요가 있으며, 주기 변경을 위한 전제조건부터 해결할 필요가 있다는 의견들이 제기되었다. 한편으로는 경영평가 편람은 우수 평가 지표에 대한 후속 조치로, 2년 연속 우수로 평가받은 지표에 대해서는 다음 연도에 평가를 면제하는 규정을 두고 있다. 그러나 사례 1이 지적하듯이, 현실적으로 지표 평가 면제를 받는 것은 어려운 실정이다.

평가주기 문제는 굉장히 오래전부터 얘기가 나왔던 건데, 3년에 한 번이라든지 평가 유예제라든지, 우수 지표 평가 면제 그런 것들이 있잖아요. 제도적으로 다 만들어져 있기는 한데, 성적이 잘 나올 때 보니까, 한 번 A등급 나왔으면은 다음에 A등급 안 주더라고요. 이 부분이 비계량의 자의성 문제이기는 한데요. 또 우수 지표 평가 면제라고 그러면 이제 편람에 나와 있는데 그다음에 얼마나 면제인지, 그래서 그 지표가 아예 그냥 빠져도 되는 건지, 몇 점을 준다는 건지에 대한 기준이 아예 없고요. 제도적으로는 다 있어요, 편람에 보면요. 근데 약간 사문화되었다고 할까요.

(△△ 공기업 경영평가담당자)

2년 주기로 평가, 지금 단년 주기로 매년 평가하는데 그러면 2년 주기로 평가할 때 평가를 스킵 하는 해의 실적은 어떻게 관리할 것이냐? 그래서 한 해는 실적이 많이 나빴다가 그다음에 실적이 좋아졌다 하면 공통 1/N 해서 평가할 것이냐? 당해 연도에 2년 전에 이슈가 있던 걸 실제로 평가를 예를 들어서 2년 주기로 평가를 한다고 합니다. 2021년 평가를 안 하고 2022년에 평가를 하고 그다음에 또 건너뛰고 건너뛰면 그다음에 실질적으로 2022년 평가는 2023년에 받게 되는데 2021년에 나왔던 어떤 직원이 비위를 제일 저질렀다. 3년 전에 것을 가지고 2023년에 평가를 받아서 그 기간에 A를 준다고 그러면 2021년에 있던 사고 친 직원들 관련된 사람들 2022년에 나갈 수도 있고 퇴직할 수도 있고 2022년에 새로 들어온 신입사원은 나 들어오기 전에 사건 가지고 평가를 받아서 성과급에 영향을 받고 했다. 이런 문제는 간단하게 생각해서 나올 수 있는 문제들인 거죠. 그러니까 2년 주기로 평가하는 것도 좋은 아이디어이긴 하지만 앞서 제기된 문제들과 더불어 전제조건으로 해결해야 할 문제가 많다고 봅니다.

(○○ 공기업 경영평가담당자)

이러한 문제 제기 혹은 의견의 배경에는 평가에 따른 업무 부담과 연결되어 있다. 따라서 평가 부담을 어떻게 줄이고 경영평가의 목적이 무엇인지를 되돌아볼 필요가 있다.

3) 경영평가 결과 및 후속 조치에 대한 평가와 문제점

① 평가결과의 반영

평가지표체계, 평가과정에 대한 문제의식이 있지만, 모든 평가유형의 기관들이 경영평가 결과들을 기관의 후속 사업 및 경영관리에 반영하고 있는 것으로 나타났다.

> 평가보고서 지적사항 대부분을 지표 및 사업계획 수립 시 반영하고 있으며 조직 개편에도 반영하고 있습니다.
>
> (B 공기업 경영평가담당자)

> 평가보고서상 기관에 대한 지적사항은 다음 연도 평가를 위해 기관이 지적사항 해소와 관련된 업무추진을 하지 않을 수 없습니다.
>
> (F 기금관리형 준정부기관 경영평가담당자)

> 경영실적 평가보고서의 지적사항을 다음연도 경영 및 사업계획 수정, 조직 개편 및 사업 추진 시 반영하고 있습니다.
>
> (H 위탁집행형 준정부기관 경영평가담당자)

> 당해 연도 평가 내용과 지적사항에 대한 반영 및 개선은 차년도

주요 평가사항으로, 매년 모든 평가결과를 기관 경영에 반영하여 환류를 하고 있습니다.

(P 강소형 준정부기관 경영평가담당자)

그럼에도 경영평가 결과에 대한 불만과 문제의식은 나타나고 있다. 기관들의 불만은 다양하지만, 결과를 그대로 받아들이기 어렵다는 수용성의 문제가 공통적으로 나타났다. 기관들이 경영평가 결과를 수용하지 않는 배경에는 앞서 언급한 평가 기준이나 평가위원의 자의성에 대한 문제점과 관련되어 있고, 나아가서는 평가결과 또한 구체적이고 투명하지 않다고 지적하고 있다.

현재 각 기관에 보장된 이의제기는 평가보고서 문구에 대한 수정 요청이며 평가등급은 사전 공표되지 않아 평가등급에 대한 이의제기는 불가능한 상황임. 평가등급과 등급 평정 근거가 최종 경영평가 결과가 확정되기 전 개별 기관에 전달되어 실질적인 이의제기·의견 수렴 절차가 보장되어야 평가의 공정성·투명성·신뢰성 확보가 가능하다고 판단됩니다.

(B 공기업 경영평가담당자)

피평가자의 입장에서는 우리 기관이 무엇을 잘해서 좋은 평가를 받았는지, 무엇을 못해서 좋지 못한 평가를 받았는지 인지하기 어렵습니다.

(O 강소형 준정부기관 경영평가담당자)

결과의 투명성은 과정과 결과에 대한 것도 있지만 평가자가 결과에 대해 추론하게 되는 것도 있잖아요. 이런 부분들이 제대로 피드백이 안 돼요. 중간보고서 받고 최종 보고서는 받지만, 내가 이러저러하게 분석해서 당신들의 성과 근거는 이것이기 때문에 당신들에 대한 결과나 이런 부분이 되게 추론이 약해요.

(□□ 위탁집행형 준정부기관 경영평가담당자)

② 과도한 성과급 연동

경영평가 결과 활용에 대한 가장 큰 문제 제기는 경영평가 결과를 성과급과 과도하게 연동하는 점이다. 성과급의 문제는 해당연도 경영평가의 기관 등급과 관계없이 문제의식을 지니고 있었다. 평가등급에 따른 기관 간 성과급 차이는 물론, 기관 내에서조차 경영평가 결과에 따라 성과급의 차이가 나타나 내부 불만이 존재한다. 성과급 연동에 대한 불만의 또 다른 배경에는 성과급의 격차가 큰 점도 존재한다. 기관에 따라서는 경영실적에 따라 최고 등급과 최저 등급 간 성과급의 차이가 2배의 차이가 나타나며, 기관 유형에 따라서도 공기업과 준정부기관의 성과급의 차이가 나타나고 있다.

이거 받아들이는 입장에서 성과급하고 너무 연계가 되다 보니까 성과 무용론까지 이렇게 가는 건 너무 심한 것 같고, 공공기관으로서 당연히 해야 되는 공적인 책임을 다하기 위해서 어느 정도 이제 최소한의 유지는 해 줄 필요가 있는데요. 이제 너무 연계가 되다 보니까 기본 자체성과급 (비중)을 늘리고 경영평가 성과급이 차지하는 비중 줄이고 그러는 게 낫지 않을까 하는 생각이 들더라고요.

(△△ 공기업 경영평가담당자)

지금 현재의 평가 구조는 사실 성과급 나눠먹기의 수단이에요. 그러니까 성과급을 누가 더 많이 가져가느냐 조금 주느냐 많이 주느냐. 공기업군은 아마 500%까지 나오실 거고 저희는 이제 A등급을 받아도 최대 200%고요. 아마 농어촌공사는 투자기관이어서 조금 더 높을 거고요. 조금 다르거든요. 그러니까 그런 부분들의 차이가 사실 좀 있긴 있어요. 그래서 성과급 비중이 높지 않지만 그래도 기관평가는 기관 이미지상으로도 중요하고 성과급을 받는 입장에서도 이제 그 부분에 있어 기관평가에 대한 중요도가 높죠. 그래서 사실 저는 이제 개인적으로는 왜 비율이 달라야 되나, 똑같이 노력하는데. 지표가 더 작은 것도 아니고 똑같이 사회적 가치를 똑같이 수행해야 해야 되는데 왜 우리 기관은 비율이 더 작아야 되고 공기업군은 비율이 왜 더 높지? 그리고 그 모수가 되는 성과급을 산정하는 모수 자체가 되게 높은데 모수가 비율이잖아요. 200%, 500%는 모수의 비율인데 왜 이렇게까지 차이가 나야 되지. 사실 그런 부분도 좀 의아한 부분이 있어서 저는 경영평가 제도를 진짜 개선을 하려는 방향으로 간다면, 성과급 부분에서는 좀 더 차등을 완화를 했으면...

(○○ 위탁집행형 준정부기관 경영평가담당자)

경영평가 결과가 내부 조직업적 평가에 연계되어 있고 그와 더불어서 개인 업적 평가도 합산을 해서 직원들 인센티브 차등 작업을 하게 되죠. 최대 2배 차등까지 나도록 되어 있는데, 이런 후속조치가 내부적인 갈등 과정이 많습니다. 이런 부분에 대해서 저는 개인적으로 이따 말씀드릴 기회가 있을지 모르겠는데. 2배 성과 차등은 폐기해야 하지 않나 개인적인 의견입니다. 2배 성과 차등에 대한 근거가 뭔지 잘 모르겠습니다. 왜 2배 성과 차등을 내야 하는지, 그것도 일률적으로 기관에서 자율적으로 포션을 정할 수 있는 것도 아니고 포션에 대해서도 기재부에서 일괄적인 지침을 정해서 최대 50%를 넘을 수 없고 최소 10%를 줄일 수 없는데, 약간 기관에서 일을 더 열심히 했다고 하면 15% 그렇게 줄 수도 있고 더 못한 직원이 있다면 더 줄일 수도 있는 건데 그런 부분들에 대해서 과도한 부분에 대해서 저희 공공기관 직원들에 대해서 일률적인 잣대를 들이대고 있다고 생각해서 그런 후속 조치에 대해서 내부적인 갈등, 내가 왜 이 정도 수준이냐? 우리 부서가 왜 이 정도 수준이냐? 기관들이 평가를 받는 거와 마찬가지로 내부적인 부분에서도 되고 있고요.

(○○ 공기업 경영평가담당자)

성과급의 연동에 대해 불만과 더불어, 성과급 자체가 이미 공공기관의 급여에 포함된 것으로 성과급이 아닌 임금의 일부로 표현해 달라는 의견도 있었다.

성과급이라는 명칭을 바꿔주셨으면 좋겠습니다. 이 성과급은 실질적으로 말하면 성과급이 아니고 과거의 공기업 직원들의 상여를 기재부가 환수해 가는 거거든요. 그걸 성과급이라는 명칭을 들이대서 마치 경평 시즌이 되면 공기업들이 성과급 잔치를 한다는 게 연례행사처럼 나오고 있습니다. 일도 제대로 안 하는 쟤네들 뭐하러 인센티브를 받아? 이런 것들이 도배를 하고 있는데, 공기업 다니는 직원으로 무슨 도둑이 된 거 같은 느낌도 들 때가 있거든요. 원칙적으로 성과급인지 잘 모르겠어요. 그래서 이런 제도들은 명칭부터 조금 왜 저는 이 명칭을 안 바꾸는

지 이해는 안 되는데, 이런 것들이 국민들한테 오히려 공공기관 종사자 들과 국민들을 괴리시키고 심하게 말하면 안 좋게 바라보는 시선을 증폭시키는 요소 같으니까 이런 부분은 조금 개선될 수 있으면 좋겠습니다.

(△△ 위탁집행형 준정부기관 경영평가담당자)

4) 경영평가제도 전반에 관한 인식과 평가

경영평가제도에 대한 인식에서는 경영평가제도의 목적인 기관의 자율성, 책임성 강화에 대한 기여와 제도적 개선사항에 대한 조사를 진행하였다. 조사에 참여한 대다수 기관은 경영평가제도가 기관의 책임성과 효율성을 강화하는 데는 도움을 주고 있다고 평가하고 있다. 그러나 다른 한편으로 상당수의 기관은 경영평가제도가 기관의 자율성을 침해하고 있으며, 더 나아가 기관을 압박하고 통제하는 수단으로 활용되고 있다고 인식하였다.

경영평가제도를 통해 경영에 관한 가이드라인을 제시하고 이에 따른 성과 보상을 함으로써 기관의 자율성과 책임성 강화에 도움을 주고 있다고 생각합니다.

(E 공기업 경영평가담당자)

현행 평가제도는 기관의 책임성에 대해 도움을 주고 있으나 자율성에 대해서는 효과가 없는 것으로 판단됨. 정부에서는 정책 실행 도구로써 경영평가 제도를 활용하고 있습니다. 최근 대표적인 사례는 비정규직의 정규직 전환, 공공기관 안전등급제 등을 경영평가에 반영하고 있습니다.

(C 공기업 경영평가담당자)

책임성 강화에는 도움이 되나 기관의 자율성을 저해하는 측면이 있음. 정부 부처들이 경영평가 편람 내에 해당 부처들의 평가를 포함시켜 공공기관에 대한 통제 장치로 활용하고 있음. 예를 들어, 중소벤처기업부가 '동반성장 평가'(경영평가 '상생 협력 및 지역발전' 지표 반영)에 많은 공공기관들을 기관특성과 의견을 고려하지 않고 일방적으로 포함시킵니다.

(L 위탁집행형 준정부기관 경영평가담당자)

제가 보기에는 경영평가는 통제수단입니다. 작년에 직무급제 관련 부분도 좀 그러한데, 어떤 내용이 경영평가에 들어가는 이상, 공공기관은 절대 저항할 수 없고 거기에 따를 수밖에 없다는 거죠.

(□□ 위탁집행형 준정부기관 노조 정책실장)

이러한 인식은 현재의 경영평가제도 변화의 요구로 나타나지만, 그 변화는 결국 미시적인 변화에 그친다. 경영평가 제도의 근본적 변화의 요구가 없는 것은 아니다. 일률적인 기관 유형별 경영평가가 아닌 기관특성에 맞는 기관 운영평가로 전환하는 것도 고려한다. 평가주체가 기획재정부로부터 독립된 상설 평가기구로 전환하는 것도 고려하고 있으며, 성과급 지급 수단으로서의 경영평가가 아닌 기관의 문제를 개선하고 해결방안을 제시하는 역할로서의 평가제도로의 전환을 제시하기도 한다.

이제 상설기구가 어디 있느냐가 사실 중요할 것 같아요. 왜냐하면, 그 상설기구를 만약에 지금처럼 다시 그 기재부에다 둔다고 하면 사실 경평 업무가 더 배가되고 피로도만 더 높아지지 투명성은 제고가 안 될 거예요. 투명성을 높이는 상설기구가 의미가 있지 그렇지 않으면 상설은 의미가 없다고 생각해요.

(□□ 위탁집행형 준정부기관 경영평가담당자)

이제 평가를 연중으로, 연말 실적을 가지고 연초에 단발성을 하는 평가가 아니라, 연중에 평가를 받는 기관들의 진짜 문제점을 좀 개선해주고 짚어주고 해결해 주는 역할로서 하기에는 상설로 유지한번 해보는 건 좋다고 봐요. 그렇게 된다면, 전제로서는 기관 평가 결과가 공공기관한테 미치는 영향을 지금보다 축소해야 되는 게 맞을 것 같다는 생각이 듭니다. 지금 사실 이 불안정한 평가를 가지고 공공기관한테 성과급을 주는 유일한 수단이 된다는 것은 지금으로서는 맞지 않다고 생각이 들어요. 영향을 미치는 것은 축소를 하되, 연중으로 이제 평가받는 (방식으로)... 그러니까 지금 사실 평가단이나 기재부가 공공기관한테는 사실 너무 위에 있다고 생각이 들거든요, 갑과 을의 느낌이 듭니다. 지금 시대가 이제 갑과 을의 시대를 넘어가야 될 거라고 생각이 들어요. 더 가깝게 친근하게. 교수님들이시잖아요. 사실 행정학과 전문 교수님들이시고 그러시면 본인의 지식을 전달하시는 걸로 가셔야지 본인의 지식을 노하우나 이런 것들을 전달해서 발전시킨다는 걸로 가야지, “내가 너를 평가하니까 넌 내 밑에 있어,” 이런 느낌으로는 평가가, 기관평가가 가지 않았으면, 그런 부분들로 개선 방향이 갔으면 하는 바람이 있어요.

(○○ 위탁집행형 준정부기관 경영평가담당자)

결과가 잘 나왔다고 해서 부담감이 없어지거나 제도의 수용성이 상당히 높거나 그런 거는 아닌 거 같습니다. 아까 중복 지표 얘기도 나왔고 평가 기간의 문제도 나오고 여러 가지 문제가 나왔는데 그런 부분들은 조금 평가제도를 심플하고 간략하게 좀 조정을 해서 기관의 부담을 줄인 다음에 기관이 자율경영을 해서 미래를 조금 생각 할 수 있고, 내 후년을 계획할 수 있는 그런 토대도 조금 같이 고려해줘야 하는 거 아닌가 생각합니다.

(○○ 공기업 경영평가담당자)

기재부 입장에서도 131개 공공기관을 개별적으로 맞춤형으로 평가할 수는 없다는 입장도 어느 정도 이해는 갑니다만 궁극적으로 봤을 때는 이런 평가유형을 따라서 하는 게 어느 정도 평가 제도상의 편의성 때문에 효율성 편의성 때문에 진행되는 것이 아닌가 싶고요. 장기적으로 봤을 때는 결국은 “131개 공공기관이 저마다 설립된 목적이 있고 미션이 있기 때문에 그에 맞춰서 개별적인 평가로 나아가야 한다”라고 생각합니다.

(○○ 공기업 경영평가담당자)

3. 소결: 경영평가제도 개선을 위한 시사점

공공기관의 경영평가 담당자들의 인식조사는 다양한 기관들의 문제의식이 잘 드러났다. 대체적으로 경영평가제도의 문제를 인식하면서 변화와 개선 방향을 미시적으로 제시하고 있다. 그러나 한편으로는 미시적 변화로만 한정 짓기 어려운 좀 더 폭넓은 문제의식을 지니고 있는 점도 주목할 필요가 있다. 사례조사를 기반으로 경영평가제도의 문제점과 개선을 위한 시사점을 요약하는 것으로 이 절의 결론을 대신하고자 한다. 먼저, 경영평가제도의 문제점을 요약하면,

(1) 기관의 특성이 반영되지 않은 평가군, 평가 지표 등의 평가지표체계로 인하여 경영평가가 '기울어진 운동장'에서 출발한다는 것이다.

(2) 경영평가가 기관을 통제하고 압박하는 수단으로 활용됨으로써 기관의 자율성을 저해하고 있다는 것이다.

(3) 평가단 구성이 독립적이지 않고 평가위원들의 전문성 및 기관 이해도가 떨어져 평가결과에 대한 수용성이 낮다는 점이다.

따라서 이러한 문제점들을 개선하기 위해서는

(1) 평가 주체의 전환이 필요하다. 현재 평가를 진행하고 있는 기재부 중심의 평가단이 아닌, 독립적이고 상설적인 평가전담기구가 필요하다는 것이다.

(2) 평가 지표체계를 개편할 필요가 있다는 점이다. 특히 기관의 특성에 맞게 평가유형을 재분류하고, 평가 지표들을 간소화함으로써 기관의 평가 부담을 줄이고 기관의 운영과 사업에 집

중할 수 있도록 도와줄 필요가 있다.

(3) 공공기관에 대한 평가가 정부 정책의 반영을 평가하는 것이 아니라 공공기관의 고유 목적과 업무 수행 및 운영에 관한 평가이어야 한다는 것이다.

제 4 절

공공기관 경영평가제도의 개선방안

1. 공공기관 경영평가제도의 전반적 과제와 세 가지 대안

현재의 과도하고 복잡한 경영평가제도의 존속 여부를 검토해 볼 필요가 있다. 2절과 3절에서 분석했듯이 경영평가제도는 불안정하고 투명하지도 않고, 복잡하고 기관운영의 목적과 충돌하며 성과급 지급을 통해 줄 세우기 수단이 되고 있다. 공공기관 경영평가제도의 끊임없는 개편에도 불구하고 2007년 4월 공운법 시행에 따라 공공기관의 내외적 감시체계 강화를 목표로 한 통합 경영평가제도가 실시된 이후 그 기본 틀은 지금까지 그대로 유지되고 있다. 형식상 지배기구로서 공운위의 설치, 공기업과 준정부기관 평가 지표의 부분적 차별화와 간소화 등이 이루어졌으나 질적 변화로 보기는 어렵다. 평가결과 활용도 공공기관 경영개선 정보 제공과 컨설팅을 넘어서 매우 비중이 높은 경영 성과급 지급, 우수·부진기관에 대한 조치, 인사상 조치 등에 활용하고 있어 사전적 통제 장치와 결합해 소유지배권 집중의 핵심 장치로 기능하고 있다. 2021년의 개편안도 이런 범주를 넘어서지 못하고 미시적 개선조치만 담고 있을 뿐이다.

이제 생각해봐야 할 점은 경영평가제가 원래 의도하던 목표인 방만 경영의 문제를 해결할 유일한 장치인가 하는 점이다. 경영평가제가 야기하는 공공서비스의 왜곡 문제에도 불구하고 방만 경영을 차단할 내외적 장치 마련이 불가능한가 하는 점이다. 공기업의 경우 지배구조로서 이사회 독립성과 투명성을 높일 장치와 다른 공공기관의 경우 운영위원회의 역할 강화와 함께 방만 경영의 핵심 문제인 보수와 인력을 결정하는 외적 장치 마련에 초점을 둔 해결책을 고려해 볼 필요가 있다.

또한, OECD 공공기관 관리지침을 과도하게 해석한 소유지배권의 독점과 경영 자율성의 왜곡 문제이다. 구체적으로는 기획재정부의 사전적 통제 기능과 함께 사후적 통제 기능으로서 경영평가제 운영 독점의 문제이다. 형식적 지배구조인 공공기관운영위원회를 기재부에서 분리하여 국무총리실로서 이관하여 해결하는 방안이 가장 유력하다. 나아가서 소유지배권과 관련하여 시장성이 높은 공기업을 제외하여 공공서비스를 위탁·대행하는 공공기관은 지배권을 관련 부처로 이관하거나 정부 부처로 흡수하는 방안도 검토할 요가 있다. 또한, 공공기관 운영의 자율성을 보장하되 그 결과를 평가하는 방식으로 그 범위를 엄격히 설계할 필요가 있다.

아울러 경영평가의 대상을 시장성이 높은 공기업으로 한정하고, 다른 공공기관의 경우 성과협약과 컨설팅 방식으로 대체하는 방안이다. 현행 한국의 공공기관 경영평가제도는 국제적으로 유례를 찾아볼 수 없을 정도로 강력하게 소유권 부처인 기재부의 공공기관 관리 및 통제수단으로 작동하고 있다. 공공기관 경영평가제도가 개별 공공기관의 사업적 특성을 고려하지 않은 채 모든 공공기관에 무리한 획일화를 요구하고 있다는 비판적 평가도 제기되고 있다(라영재 · 윤태범, 2013). 정부 사업을 위탁 · 대행하는 준정부기관은 수익성 측정이나 계량 평가가 곤란하기 때문에 공기업 평가와는 다른 방식의 평가가 행해져야 한다. 공공성에 초점을 두고, 주어진 위탁대행 사업을 제대로 수행하는지 여부가 평가의 중심이 되어야 한다. 정부 사업을 위탁 · 대행하는 준정부기관의 경우에는 민간기업의 수익성을 중심으로 성과를 측정하는 평가모델을 차용하기보다는 공공부문의 사업성과를 측정하는 평가모델을 참고할 필요가 있다(라영재 · 윤태범, 2013: 37). 이 경우 주무부처 중심의 평가로 인한 객관성 왜곡 문제는 독립된 평가기관을 통한 사업성 평가로 해결할 필요가 있다. 그 방안은 국무총리실 산하의 평가기관 운영이며, 공운위의 국무총리실 이관과 함께 고려해 볼 사안이다.

현재의 공공기관 경영평가제도는 성과 평가 지상주의인 과거 신자유주의 시대의 유산이자 공공기관 운영을 왜곡하는 과잉 평가체계이다. OECD 지침으로나 외국 사례에서 유례를 찾아볼 수 없을 만큼 획일적이고 전방위적인 평가 만능주의 발상이다. 경영효율성과 사회적 책임성을 동시에 강조한다지만, 정량적 평가 중심으로 효율성 우위의 성과 평가로 공공기관 줄세우기식 평가를 통해 경영성과급 중심으로 유인체계를 가져왔던 공공기관 경영평가제도의 대안을 모색할 시점이다. 그 방안은 세 가지로 설정할 수 있다. ① 사회적 가치 중심 미시적 대안 ② 새로운 가치 기준으로 전환으로 지속 가능한 발전과 ESG경영 기준으로 대체 ③ 공공서비스 운영평가로 전환하는 방안이 그것이다.

① 최근 계속 조정되고 있는 사회적 가치 중심 평가 기준으로 이행을 더 강조하는 미시적 재조정 방안: 기존 제도의 틀은 유지하여 지

속성을 장점으로 삼지만, 사회적 가치 반영 비율을 높이는 기존 개선 방안과 질적 차이는 없다. 이 방식의 경영평가제도 개선만으로는 평가 기준의 획기적 변화를 가져오기 어렵다. 따라서 평가 내용의 미시적 조정이라는 지금까지 부분 보완책의 연장선에서 평가방법, 평가결과 활용, 평가단 운영 등 프로세스 개편에 더 강조점을 두는 결과로 이어질 가능성이 크다.

② 경영평가제의 패러다임을 사회적 가치 중심으로 전면 전환하는 방안으로 최근 부상하는 ESG경영 방식이나 사회적 가치 프로그램으로 전환하는 방안: UN의 지속 가능한 발전 패러다임을 담은 ESG 투자와 경영전략이 세계적 흐름으로 부상하는 시점에서 공공기관에서 적극적으로 공공기관 평가의 틀로 재구성하는 방식이다. 운영평가제로 변화와도 맥을 같이 하지만 운영평가제로 대체는 기존 경영평가제의 중심을 이동하는 성격이라면, 이 방안은 새롭게 패러다임을 구축하는 점에서 차이가 있다. 다만, 포괄적이며 추상적 기준은 동일하나 세부평가기준과 평가방법은 차이가 크거나, 금융투자전략의 주요 주체들의 내부 기준으로 대체될 위험성이 있다(이상호 외, 2021). 이는 공공기관 기준으로 재구성할 때 해결할 수 있다. 다만, 글로벌 트렌드의 지속성 여부는 여전히 미지수이다. 또 하나의 주주자본주의 패러다임으로 제한될 위험성을 피하는 방식으로 네거티브 스크리닝의 기준을 확립하는 방안으로 대안적인 공공기관 평가의 보완적 기제로 삼는 것이 타당하다.

③ 경영평가제에서 공공기관의 공공적 운영을 중심으로 한 운영평가제로 대체하는 방안: 현재의 경영평가제는 '경영'의 효율성 평가라는 기본 틀이 '사회적 가치'의 범주를 확대한다 해서 해결되지 않으며, 또 다른 과잉 평가의 문제점만 확대한다는 인식에 기초한다. 따

라서 공공기관 평가를 사회적 가치와 공공성 실현을 우선시하며 경영 효율성을 부차적으로 삼는 방식으로 기본구조를 전면 전환하는 방안이다. 이 경우 정성적 운영평가 중심의 평가절차, 성과급과 기관 운영과 연동한 평가결과 활용의 폭 축소, 평가단 운영과 구성의 변화가 수반된다.

〈표 4-35〉 공공기관 평가제도의 대안 비교

방안	특징	현행 제도와 차이	장점	단점
사회적 가치 중심 미시적 대안의 체계적 재구성	현행 틀을 기반으로 윤리, 책임, 공공성 강조 방향으로 내용적 재구성 (진행 중인 과제의 수정)	현행 내용적 재구성과 유사. 평가방법, 평가결과 활용, 평가단 운영의 변화 요소 추가	현행 경영평가제도의 지속성 유지. 윤리, 책임경영 과제 반영이라는 전환 폭 설정에 따라 전환비용 적음	현행 변화 방향과 질적 차이 없어 효율성 중심 평가의 한계 해결 못함. 공공기관 패러다임 전환 필요 충족 못함
새로운 평가제도로 전환 : 지속 가능한 발전과 ESG 경영전략	ESG 경영(또는 사회적 가치 프로그램) 등 사회적 가치 중심 평가제도로 전환	기존 경영평가 폐지와 평가 패러다임의 전면 재구성	글로벌 패러다임 변화를 반영한 공공기관 운영 평가제도로 변화	포괄적 기준은 있으나 구체적 기준은 통일되지 못함. 또 하나의 주주자본주의 패러다임을 공공기관에 적용할 위험성. 글로벌 트렌드 반영은 독이 될 수도 있음
공공기관 경영평가에서 운영평가로 대체	공공성 운영평가 중심으로 경영 효율성 부차적으로 중심 이동	정성적 평가방법 중심, 성과급 연계 축소, 평가단 운영의 질적 변화 수반됨	공공성, 윤리경영, 책임경영을 전면화	방만 경영 방지와 경영 효율성 측면 반영 비율과 전체 평가에 미치는 정도가 내용적 변화의 숙제

2. 공공기관 평가의 개선 대안

1) 기본 대안: 공공기관 경영평가에서 공공서비스 운영평가로 전환

공공기관 평가제도의 미시적 개선은 꾸준히 이루어졌으나 기재부의 독점, 효율성 평가의 결정적 영향력, 투명하지 않고 상호 충돌되는 평가기준과 낮은 평가결과 수용성, 성과급을 통한 줄 세우기식 평가와 같은 근원적 문제점을 해결하지 못했다. 경영평가라는 틀 자체의 변화가 필요하며, '경영'이 아닌 '공공서비스'가 중심이며 '평가'가 아닌 '운영 개선'(을 위한 협약과 컨설팅과 대외 공표 등 상징적, 사회적 제재)이 초점으로 바뀌기 위해서 패러다임 전환이 필요하다.

공공기관 운영평가로 전환할 때만, 이제까지 기본 틀을 유지한 채 부분적 개선에서 강조했던 사회적 가치와 경영 효율화의 조화라는 평가의 목표를 공공기관이 제공하는 공공서비스 본연의 목적과 기능에 충실하게 이루어낼 수 있다. 운영평가로의 패러다임 전환은 공공기관 본연의 업무와 사회적 가치실현을 평가하는 공공기관 평가제도로 전환하는 것이다. 경제부처의 사전적, 사후적 통제의 독점에서 벗어나 기관의 운영목적에 따라 사업과 조직이 운영되는지를 점검하고 재조정하기 위한 장치로 전환이다. 사회적 가치 실현 배점의 확대라는 이제까지의 부분적 개선 조치로는 그 목표를 달성할 수 없을뿐더러 공공기관의 설립목적을 왜곡하도록 설정된 획일적인 잣대로 줄 세우는 평가제도의 성격을 벗어날 수 없다.

이제 공공기관 '경영'평가가 아니라, 공공서비스 '운영'의 적절성을 평가하는 것으로 바꾸는 것이다. 운영평가는 공공기관에 적합하며 각 기관의 설립목적에 맞는 부가가치 향상을 잣대로 평가하는 체계이다. 경영 효율화는 획일적 잣대로 이루어지는 것이 아니라 그 기준에 맞는 시장성이 높은 공기업에만 일부 제한적으로 적용되어야 하며 이를 기관운영의 개선을 위해서 과도한 성과급으로 보상하는 체계와 연동하지 않아야 한다. 외부적 감시체계는 산업별, 공공부문 단위의 사회적 교섭제도를 통해서 달성되어야 하며, 그 확립과정에서 외부화되는 운영평가제의 공시제도를 통해 마련된다.

경영평가의 주체는 여전히 공공기관운영위원회지만 사전적 통제와 사후적 통제를 독점하는 기획재정부의 권한 축소를 위해 공공기관운영위원회를 국무총리실 산하 위원회로 재편한다. 이를 통해 예산부처의 목표와 공공기관 관할 주무부처의 목표가 상호조정되는 기구로서의 위상을 확립한다.

운영평가제로 전환은 현재 경영평가제가 병렬적으로 제시하는 '경영 효율화와 사회적 가치실현의 조화'를 그 원래의 의미대로 실현하기 위한 방안이다. 공공기관 평가는 정책목표나 외적 환경에서 좌우되는 경영개선 지표와 외형적 개선을 초점으로 삼지 않으며, 공공서비스 제공의 질과 양의 확대라는 공공기관 설립목적에 초점을 두는 방식으로 전환된다. 이를 위해 공공기관 운영평가는 공공서비스 가치실현 부가가치 평가 프로그램으로 재편하며, 이를 성과급과 연계하는 방식이 아니라 공공서비스의 양과 질을 적절하게 제공하기 위한 운영 개선 협의제와 컨설팅 방식으로 전환한다. 경영 효율화 평가는 시장성이 높은 공기업에만 2-3년 주기로 적용하는 방식으로 축소 적용하며 이를 기관장 임기와 연동하는 방식으로 평가주기를 개편하는 방안과 연동한다. 경영 효율화 평가는 절대기준으로 바꾸어 시장성이 높은 공기업 외의 공공기관에도 3년 주기로 부분 적용하는 방안도 가능하다. 다만 전제는 운영평가의 기본 틀의 보완적 기재로서 성과급과 연동하지 않고, 기관운영 예산과 정원과 연동하는 방식이다.

경영성과급은 총인건비의 15%를 차지할 정도로 과잉이며 성과 평가의 객관성, 수용성 논란에도 불구하고 과도한 임금 격차를 야기하고, 일률적인 잣대로 평가결과에 왜곡되는 결과를 초래하는 평가 왜곡의 대표적인 기제이다. 사업성과의 변별력에 상응하는 수준으로 성과급 격차를 축소하는 방안(공기업 250→100%, 준정부기관 100→50%; 총인건비의 15%에서 5% 이내)과 함께 그 적용을 시장성이 높은 공기업에 한하여 한시적으로 인정하며, 준정부기관부터 폐지하여 점차적으로 폐지하는 것을 대안으로 제시한다. 숙련 연동 기준 공공부문 산업별 보수체계 개편방안의 수립과 연동하여 외부적 조정체계로 전환하는 방안으로 동일노동 동일임금의 확립과 함께 연공기준 임금체계의 불합리성을 해결해 나가는 것을 중기적 목표로 삼고 전환해 나간다.

평가체계와 평가단 운영은 총리실 산하 공운위 개편방안과 연계하며, 운영평가로의 변화를 반영하여 기관별, 부처별 산업 정책적 이해와 공공서비스 운영의 개선을 중심으로 평가단을 구성하는 방식으로 재편한다. 제한적으로 2~3년 주기로 운영되는 경영 효율화 평가는 별도의 평가단 운영 없이 기준치로 평가하되 운영평가단이 종합적으로 평가하는 방식에서 공공서비스 운영 기관의 성격을 반영한다.

〈표 4-36〉 공공기관 경영평가제의 운영평가로의 패러다임 전환

구분	주요 개선 방향	세부 개선 방안
운영 평가로 패러다임 전환	경영평가 패러다임 전환을 위한 명칭과 목표 변경	- 공공기관 운영 원리 변화(사회적 가치 선도와 공공기관 본연의 업무 평가)에 따른 '경영' 평가 명칭의 변경과 성격의 변화
	경영평가의 주체로서 공공기관운영위 구성・운영의 변화	- 사전적 통제와 사후적 통제를 독점하는 기재부 권한 축소를 위해 공공기관운영위원회의 국무총리실 산하 위원회로 재편: 공운위 소속, 경영평가단 운영의 주체(총리실)
	공공서비스 운영평가를 위한 체계로 전환 통한 경영 효율화와 사회적 가치 실현의 조화를 근원적 재편	- 지표 개선에 한정할 것이 아니라, 평가주기 개선(1년→2~3년)을 전제로 1년 단위 평가(업무효율・재무 관련 지표) 및 기관 고유업무 중심 종합평가 지표(3년 주기) 구분을 통한 평가주기 확대 - 경영 효율화 평가는 시장성이 높은 공기업에만 적용하는 방안. 그리고 공공서비스 제공 성격이 있거나 강한 공공기관에도 3년 주기로 운영 개선 협의와 컨설팅 방식의 평가 도입에서 경영 효율성 고려 방만 경영, 내부자 거래 등을 방지하기 위한 외부적 감독체계는 사회적 교섭체계로 또 운영평가의 외부 공시제도를 통해 확립 - 전반적으로 공공기관에 적합한 부가가치 모델로 전환
	경영성과급제도의 폐지와 동일노동 동일임금 원칙의 확립	- 사업성과의 변별력에 상응하는 수준으로 성과급 격차의 축소(공기업 250→100%, 준정부기관 100→50%; 총인건비의 15%에서 5% 이내) 방안과 준정부기관부터 폐지 방안 - 숙련 연동 기준 공공부문 산업별 보수체계 개편방안의 수립과 연동하여 외부적 조정체계로 전환
	평가체계와 평가단 운영의 운영평가 중심으로 전환을 위한 독립성, 전문성 강화	- 부처별 평가와 중복성을 해결하며, 부처별 평가만 이루어지는 기타공공기관과의 차이도 운영평가로 통일해서 해결함 - 총리실 산하 공운위 평가단을 공공기관 운영의 전문적 이해가 가능한 구성으로 새로운 평가유형별로 재구성 - 기관별, 부처별 산업 정책적 이해와 공공서비스 운영의 개선을 중심으로 평가단 구성
	평가유형 구분	- 공공기관 고유업무의 유사성 중심으로 산업별 중심으로 재유형화

2) 세부적 개선방안

경영평가의 패러다임 전환이 필요하나, 이 과정이 점진적으로 단계적으로 진행될 가능성도 있다. 전반적 전환이든 단계적 개선이든 제2절과 3절에서 제기한 구체적 과제가 누락돼서는 안 된다. 이 연구에서 파악된 경영평가제의 문제점과 개선 방향들은 전반적 개선방안 마련 과정에서 고려해야 할 필수 사항이다. 이는 운영평가제의 전환과 관련된 세부적 과제이기도 하다.

(1) 평가 기준

첫째, 평가유형의 문제점이다. 공기업 유형의 시장형, 준시장형 혼재, 공기업 II의 공통성 부재, 공기업 내 규모나 자산의 편차가 과도한 점이 문제로 제기된다. 기관특성에 맞는 유형화 즉 산업별 유형화 또는 공공기관 고유업무의 유사성 중심으로 재유형화가 필요하다. 공공서비스 운영의 평가에 적합하도록 공공서비스 제공 유형별로 산업별 중심으로 재유형화 하여 경영 효율성 잣대를 중심으로 분류된 기준을 재편성한다. 여기에 시장성이 높은 공기업을 별도로 경영 효율화 평가를 일부 적용하기 위한 하위분류가 이루어질 수 있다. 이는 기재부의 최근 개편방안(2021. 8. 31)에도 일부 반영되어 있다.

〈표 4-37〉 공공기관 경영평가 유형 분류 제안

구 분	공기업		준정부기관		계
	시장형	준시장형	기금관리형	위탁집행형	
에너지 Ⅰ	11	5			16
에너지 Ⅱ			1	8	9
금융		1	9	1	11
SOC Ⅰ	4	8		3	15
SOC Ⅱ		2		10	12
고용 복지			1	15	16
산업지원 Ⅰ	1	4	2	9	16
산업지원 Ⅱ				13	13
산업관리				11	11
연구 지원			1	11	12
계	16	20	14	81	131

평가기관 유형을 재분류함으로써 유형에 맞는 평가지표체계와 평가 기준을 새롭게 정비하고 기관 간 형평성 문제를 완화할 수 있을 것으로 기대한다. 평가기관의 유형 분류는 15개 기관을 전후로 평가군을 구성하되, 업종별 기능별로 구분하는 방식으로 진행하고자 한다. 평가기관 유형은 업종 및 기능에 따라 크게 에너지, 금융, 사회간접자본(SOC), 고용 복지, 산업지원 등 크게 5가지로 구분하고 이를 다시 세부 기능별로 분류하여 10개의 평가군으로 분류한다. 자세한 분류와 서비스 유형별 기관 재분류는 아래 표와 같다. 평가유형 분류 예시(안)에 따른 기관별 구분은 다음과 같다[3].

3) 자세한 내용은 부록을 참조할 것.

〈표 4-38〉 평가유형 분류(안)

<table>
<tr><th colspan="2">유형</th><th>기관명</th></tr>
<tr><td rowspan="2">에너지
(25)</td><td>에너지
1
(16)</td><td>한국전력공사, 한국남동발전. 한국남부발전, 한국동서발전. 한국서부발전. 한국중부발전, 한국지역난방공사, 한국수력원자력, 한국광물자원공사, 한국석유공사, 한국가스공사, 대한석탄공사, 한국가스기술공사, 한국전력기술</td></tr>
<tr><td>에너지
2
(9)</td><td>한국원자력환경공단, 한국에너지공단, 한국전기안전공사, 한국전력거래소, 한국가스안전공사, 한국석유관리원, 한국가스안전공사, 한국에너지기술평가원, 한국광해관리공단</td></tr>
<tr><td>금융
(11)</td><td>금융
(11)</td><td>주택도시보증공사, 공무원연금공단, 국민연금공단, 기술보증기금, 사립학교교직원연금공단, 신용보증기금, 예금보험공사, 한국무역보험공사, 한국자산관리공사, 한국주택금융공사, 우체국금융개발원</td></tr>
<tr><td rowspan="2">SOC
(27)</td><td>SOC 1
(15)</td><td>인천국제공항공사, 한국공항공사, 부산항만공사, 인천항만공사, 제주국제자유도시개발센터, 주식회사 에스알, 한국도로공사, 한국철도공사, 한국토지주택공사, 한국수자원공사, 여수광양항만공사, 울산항만공사, 한국농어촌공사, 한국철도시설공단(국가철도공단), 한국산업단지공단</td></tr>
<tr><td>SOC 2
(12)</td><td>한국감정원(한국부동산원), 해양환경공단, 한국해양교통안전공단, 한국교통안전공단, 한국국토정보공사, 도로교통공단, 한국환경공단, 국립공원공단, 국립생태원, 한국시설안전공단(국토안전관리원), 국토교통과학기술진흥원, 한국산림복지진흥원</td></tr>
<tr><td>고용
복지
(16)</td><td>고용
복지
(16)</td><td>근로복지공단, 건강보험심사평가원, 국민건강보험공단, 한국산업안전보건공단, 한국산업인력공단, 한국장애인고용공단, 한국보훈복지의료공단, 한국사회보장정보원, 한국고용정보원, 한국건강증진개발원, 한국노인인력개발원, 한국보건복지인력개발원, 한국청소년상담복지개발원, 한국청소년활동진흥원, 한국보건산업진흥원, 한국보육진흥원</td></tr>
<tr><td rowspan="3">산업지원 및
관리
(52)</td><td>산업
지원 1
(16)</td><td>㈜강원랜드, 그랜드코리아레저(주), 한국마사회, 한국방송광고진흥공사, 한국조폐공사, 중소벤처기업진흥공단, 국민체육진흥공단, 우체국물류지원단, 대한무역투자진흥공사, 소상공인시장진흥공단, 한국관광공사, 한국국제협력단, 한국농수산식품유통공사, 한국수산자원공단, 한국특허전략개발원, 한국임업진흥원</td></tr>
<tr><td>산업
지원 2
(11)</td><td>축산물품품질평가원, 한국소비자원, 한국승강기안전공단, 한국산업기술진흥원, 한국인터넷진흥원, 한국식품안전관리인증원, (재)대한건설기계안전관리원, (재)한국우편산업진흥원, 해양수산과학기술진흥원, 농림수산식품교육문화정보원, 한국소방산업기술원</td></tr>
<tr><td>산업
관리
(13)</td><td>한국산업기술평가관리원, 한국환경산업기술원, 한국방송통신전파진흥원, 농업기술실용화재단, 한국정보화진흥원, 농림식품기술기획평가원, 정보통신산업진흥원, 중소기업기술정보진흥원, 한국기상산업기술원, 한국디자인진흥원, 농림식품기술기획평가원, 창업진흥원, 한국콘텐츠진흥원</td></tr>
</table>

	연구 지원 (12)	한국언론진흥재단, 한국연구재단, 한국장학재단, 한국과학창의재단, 한국재정정보원, 한국교육학술정보원, 연구개발특구진흥재단, 한국해양수산연수원, 국제방송교류재단, 시청자미디어재단, 아시아문화원 , 독립기념관

(2) 평가지표체계

둘째, 평가지표체계의 문제점을 해결해야 한다. 공공기관 고유업무 평가가 불가능한 획일적인 기준이며, 배점 조정에도 지속되는 수익성 중심의 계량지표의 높은 영향력이 여전히 문제가 된다. 또한, 비계량 지표의 구체성 결여, 자의성 문제와 함께 세부지표 중 정부정책의 일방적 활용 항목으로 기관 자율성이 저해되고 있다. 일자리실현과 경영효율 지표의 충돌 등 사회적 가치와 효율성 간 충돌이 발생한다. 주요 사업과 경영관리는 사실상 중복되어 작성되고 있고, 중복관리 되고 있는 셈이다. 이를 위해서는 평가 지표의 간소화로 평가부담 축소와 기관 운영과 사업에 집중하는 체계로 전환이 필요하다. 운영평가 패러다임의 전환은 공공서비스 가치실현 부가가치 평가시스템으로 전환하는 방안으로 수렴된다.

(3) 결과 활용

기관장과 임원의 평가와 연동되지만, 결과 활용에서 가장 심각한 문제는 경영성과급과의 과도한 연이다. 성과급 기준이 과도하며 기관 간 보수 격차의 지속, 확대의 핵심 요인으로 작용한다. 아울러 성과급을 통한 줄 세우기 통제수단으로 기능한다. 성과급 적용의 대폭 축소 후 폐지하며 기관운영 개선 조처와 연동하는 방안으로 재편한다.

(4) 평가단 운영

첫째, 경영실적 중심 평가위원 구성의 획일성과 비전문성으로 여전히 학계 중심이며 경영실적을 평가하는 데 초점을 둔 전공자 중심으로 구성되어 공공기관 본연의 기능을 평가할 전문성은 부족하다. 공공서비스 운영평가와 운영 개선 협약에 적합한 전문적인 평가위원 구성과 부가가치 평가모델로의 전환에 따른 평가단 운영으로 전환한다.

둘째, 기획재정부 장관의 평가위원 위촉 방식과 경영평가의 책임을 평가위원에게 전가하는 독립성의 문제이다. 대안은 평가 주체를 바꾸어 기재부와 독립된 상설 평가전담기구 필요하다는 의견이 현장에서 제시되었으나 공운위 재편과 연계해서 해결해야 할 사안이다. 예산부처로부터의 독립성을 추구하며 관할 부처와의 관계에서도 수직적인 관계가 아니라 총리실 산하 재편을 통해서 해결한다.

〈표 4-39〉 공공기관 경영평가제의 문제점과 개선 방향

구분	문제점		개선 방향
평가 기준	평가유형 구분의 기준 모호	- 공기업 유형의 시장형, 준시장형 혼재 - 공기업 II의 공통성 부재 - 공기업 내 규모, 자산의 편차 과도	- 기관특성에 맞는 유형화:산업별 유형화 또는 공공기관 고유업무의 유사성 중심으로 재유형화
	평가지표 체계	- 공공기관 고유업무 평가가 불가능한 획일적인 기준 - 배점 조정에도 지속되는 수익성 중심의 계량지표의 높은 영향력 - 지표 간 충돌 (일자리 실현과 경영효율 등 사회적 가치와 효율성 간 충돌)	- 평가 지표의 간소화로 평가 부담 축소와 기관 운영과 사업에 집중하는 체계로 전환

		- 비계량 지표의 구체성 결여, 자의성 - 세부지표 중 정부 정책의 일방적 활용 항목으로 기관 자율성 저해 - 주요사업과 경영관리의 중복, 부처 별 기관 평가와 중복	
평가방법	지표 가중치의 무차별화로 인한 문제점 지속	- 비계량지표의 확대로 기관특성 고려한 정성적 평가방식으로 변화 추구는 긍정적 그러나 절대점수제에도 불구하고 등급 서열화 방식 지속 - 계량지표의 평가방법 자율 선택에도 불구하고 실적 위주 평가 항목으로만 구성되어 실적, 성과측정에 유리한 방식 선택하되 가시적 성과에 매몰됨	- 공공기관의 고유 목적에 따른 운영을 평가하는 체계로 전환
결과활용	성과급과의 과도한 연동	- 성과급 기준의 과도함과 기관 간 보수 격차의 지속, 확대 - 성과급을 통한 줄 세우기 통제 수단화	- 성과급 적용의 대폭 축소와 폐지 기관운영 개선 조처와 연동하는 방안으로 재편
평가단 운영	평가위원 구성의 획일성과 비전문성	- 학계 중심이며 공공기관 본연의 기능 평가에 비전문적	- 공공서비스 운영평가와 협의에 적합한 전문가 중심 구성 - 서비스 부가가치 평가모델로의 전환
	독립성 문제	- 기획재정부 장관의 평가위원 위촉 방 식과 경영평가의 책임을 평가위원에게 전가	- 평가 주체의 전환: 기재부와 독립된 상설 평가전담기구 필요 - 공운위 재편과 연계

제 5 절

소결: 공공기관 평가제도의 개선 시나리오

1. 공공기관 경영평가제도의 개선 시나리오 비교: 경영평가제 보완방안과 운영평가제로 전환방안의 비교

공공기관 경영평가제로부터 제기된 많은 문제점을 보완을 통해 해결하려는 기재부 방안과 운영평가제로의 전환이라는 대안을 비교평가하여 운영평가제로의 전환의 차별성과 기존 제도 존속이 가지는 문제점을 확인할 수 있다.

〈표 4-40〉 경영평가제도와 운영평가제 비교

항목	기재부 보완방안	운영평가제
명칭과 패러다임	경영평가제 유지 - 사회적 가치실현을 별도 배점으로 배점 확대 경영 효율과 사회적 가치의 충돌	공공서비스 운영평가제로 전환 - 사회적 가치 실현이라는 공공기관 본연의 업무 평가 방으로 전환 - 경영 효율화 평가는 부수적, 제한적(시장형 공기업)으로 사회적 공시, 감독 체제로 평가

평가 주체	기재부 산하 공공기관 운영위원회	국무총리실 산하 공공기관운영위원회
평가 원칙	경영 효율화와 사회적 가치실현의 조화를 제시하나 경영 효율화 중심 경영 효율화 지표가 결정적 영향 윤리경영, 재해 발생 등 배점 기준 확대 방안도 해당 기관에만 적용되는 감점 방식임	공공서비스 가치실현 평가시스템으로 전환 - 평가주기 개선(1년→2~3년)을 전제로 1년 단위 결과 공시와 협의(업무효율 · 재무 관련 지표)와 기관 고유업무 중심 종합평가 지표(3년 주기) 구분 - 경영 효율화 평가는 시장성이 높은 공기업에만 적용 - 공공서비스 제공 성격이 있거나 강한 공공기관에도 3년 주기로 운영 개선 협의와 컨설팅 방식의 평가 - 방만 경영, 내부자 거래 방지하기 위한 외부적 감독체계는 사회적 교섭체계로 또 운영평가의 외부 공시제도를 통해 확립
결과 활용과 환류 방식	경영성과급과 기관장 해임 건의 추상적인 경영개선 조처	성과급 격차의 축소(공기업 250→100%, 준정부기관 100→50%; 총인건비의 15%에서 5% 이내) - 준정부기관부터 폐지 - 숙련 연동 기준 공공부문 산업별 보수체계 개편방안의 수립과 연동하여 외부적 조정체계로 전환
평가 체계	- 학계 중심이며 경영효율 평가 중심의 전공 구성. 공공기관 본연의 기능 평가에 비전문적 - 공공기관평가센터의 역할 강화라는 보완방안은 평가단 자체 개혁과 함께 이루어져야	- 총리실 산하 공운위 평가단을 공공기관 운영의 전문적 이해가 가능한 구성으로 새로운 평가유형별로 재구성 - 기관별, 부처별 산업 정책적 이해와 공공서비스 운영의 개선을 중심으로 평가단 구성
평가 유형 구분	- 유형 분류의 업무 성격, 규모 차이 혼재의 문제. 산업유형별 분류 필요 인정	- 공공기관 고유업무의 유사성 중심으로 산업별 중심으로 재유형화

2. 공공기관 경영평가제에서 운영평가제로 전환의 의미

신자유주의 시대 신공공관리론에 기초한 공공기관 경영평가제도가 사회적 가치의 반영 비중을 높이는 계속된 개선에도 불구하고 근원적으로 예산과 인력의 통제라는 발상에서 벗어나지 못했다. 예산, 인원을 배정하는 재무부처가 공공기관 운영과 경영평가제를 총괄하는 역할도 겸하는 기획, 경제부처로서도 기능하고 있어 경영평가제도의 패러다임은 경영 효율화에 집중된다. '사회적 가치구현'을 별도의 평가 지표로 도입하여 변화했다고 하나 공공성과 효율성의 병렬배치로 문제는 해결되지 않는다. 사회적 가치 실현을 위해 효율성을 포기하거나 반대의 경우도 발생한다. 사회적 가치와 기관 고유의 공공서비스로서의 목적은 제대로 반영될 수 없다. 경영 효율화와 공공서비스로서의 사회적 가치추구의 조화라고 했으나 경영 효율화 중심의 줄 세우기와 경영성과급을 통한 몰입 메커니즘이라는 경영평가의 기본 틀은 유지되었기 때문이다. 기재부의 2021년 개편방안은 이런 내용을 일부 담고 있으나 경영평가제의 틀은 유지되고 있다. 외적 일률적 잣대로 경제부처의 기준으로 작동해서 이루어질 수 없다.

정원과 예산을 관리하는 기재부가 경영평가를 독점하는 체제에서는 인건비 관리 등 경영효율의 관점이 기준점이 된다. 경영평가의 주체인 공공기관 운영위를 총리실로 이관시키고, 공공서비스 질 향상을 위한 평가시스템인 운영평가제로 전환하지 않고서 해결할 수 없다. 그 핵심장치인 경영성과급은 과도하고 불합리한 임금 격차를 유발하고 평가의 객관성에 비해 그 과도한 격차의 타당성이 문제로 제기되었다. 경영성과급의 대폭 축소와 폐지가 필수적이며, 방만 경영과 내부자 거래의 문제는 사회적 공시 시스템과 감독시스템으로 해결해야 한다. 공공기관 운영평가제로 변화는 공공서비스 질 개선을 위한 감독, 협의, 운영 개선 조처에 대한 컨설팅 방식으로 전면 전환하여 대국민 서비스 기관으로서 공적 가치실현을 공표하는 체계로 전환하게 된다.

제5장

공공기관 임금 결정구조 분석

제 1 절

문제 제기

최근 공공기관의 임금 결정구조는 공공부문 노사관계의 핵심적 정책 의제가 되고 있다. 문재인 정부 들어 공공기관의 임금체계를 기존의 호봉제에서 직무급 중심 임금체계로의 전환하기 위한 정책적 노력을 기울였다. 하지만 공공기관의 직무급 임금체계 전환은 정부와 공공기관 종사자들의 이해관계 및 임금체계 전환을 둘러싼 노조의 강한 반대와 공공기관 구성원의 임금체계 전환과정에서의 직무평가에 대한 공정성과 투명성 그리고 개혁 결과에 대한 회의감 등으로 지지부진한 상태를 면치 못하고 있다. 특히, 공공기관의 직무급 중심 임금체계로의 전환에 대한 정부의 강한 개혁 방침에도 총액 인건비 제약 등 현행 공공기관의 임금 결정구조 하에서의 직무급 임금체계로의 전환은 결국 같은 파이를 둘러싼 조직구성원 간 갈등을 초래하고 종국적으로는 공공기관 전체의 임금삭감으로 귀결되지 않을까 하는 우려를 낳고 있다.

주지하듯이 현행 공공기관의 임금은 기획재정부의 예산편성지침과 임금 가이드라인에 따라 결정되고 있다. 기재부가 발표하는 총액 인건비 인상률은 매년 개별 공공기관의 임금인상을 결정하는 기준이 되고 있다. 이 같은 공공기관 임금 결정구조의 가장 큰 문제점은 공공기관의 노사 등 공공기관 주요 이해관계 행위자들의 참여 및 협의 없이 비민주적인 과정과 절차를 통해 결정되고 있다는 점이다. 무엇보다 정부의 일방적인 예산편성지침과 임금 가이드라인 등 비합리적인 기준과 비민주적인 절차를 통해 공공기관의 임금인상이 결정되다 보니 공공기관 간 임금 격차는 갈수록 확대되고 있다. 또한, 정부의 총액 인건비 제약을 받게 됨에 따라 공공기관 내부의 임금체계 및 운영도 기형적이고 비정상적으로 운영되고 있다.

현재 공공기관의 임금 결정구조와 프로세스는 삼중의 통제구조에 놓여 있다. 기재부의 예산편성지침 제시 및 임금 가이드라인에 대한 공공기관운영위원회의 결정, 이를 토대로 한 개별 공공기관 예산편성 및 공공기관 이사회 결의, 주무 기관승인을 거쳐 최종 정기국회에서 예산이 확정되는 과정이 그것이다. 또한, 개별 공공기관의 예산집행은 국회에서 확정된 이후에도 임금 지급을 위한 규정 변경단계에서의 이사회 결의 그리고 주무 기관의 승인 등의 절차를 거쳐야 한다. 이 같은 공공기관 내 임금 결정구조는 개별 공공기관의 자율성과 구성원의 노동기본권을 크게 제약하고 있을 뿐만 아니라 공공기관 내 임금 격차를 지속시키는 핵심 요인이 되고 있다. 더 나아가 정부의 공공기관에 대한 일방적 임금 결정구조는 종국적으로 공공자원의 효율성 집행과 운영을 막는 기제로 작용하고 있다.

따라서 공공기관의 임금 결정구조가 갖는 문제점에 대한 분석과 이를 해결하기 위한 정책대안의 모색은 최근 정부의 직무급 중심 임금체계로의 전환과 맞물려 매우 중요한 연구과제라 할 수 있다. 공공기관의 임금 결정구조에 대한 객관적 분석과 문제점에 대한 근본적인 해결이 전제되지 않는 한 장기간에 거쳐 형성된 공공기관의 연공급 호봉제도를 짧은 기간 내에 직무 중심 임금체계로 개편하기란 쉽지 않으리라고 전망된다. 하나의 개혁과제가 성공적으로 안착하기 위해서는 먼저 조직 구성원의 동의와 지지 없이는 불가능하기 때문이다. 정부는 공공기관의 임금 보수체계 개편을 위해 노사 간 자율적 협의, 단계적, 점진적 추진 등 3대 임금 보수체계 개혁원칙을 제시하고 있다. 하지만 현재와 같은 공공기관의 임금 결정구조 하에서 직무급 중심의 임금체계로의 전환은 매우 힘든 개혁과제라 할 수 있다.

이 장에서는 국내 공공기관의 임금 결정구조가 갖는 구조적 문제점을 분석하고 공공기관의 합리적 임금 결정을 위한 새로운 제도적 방안을 제시해 보고자 한다. 먼저, 공공기관 임금 결정구조 현황에 대한 분석을 통해 현재 공공기관의 임금 결정 과정에서 나타나고 있는 문제점을 분석한다. 새로운 공공기관의 임금 결정제도 및 거버넌스에 대한 대안을 모색하기 위해 영국과 독일의 공공기관 임금 결정제도 및 운영에 관한 사례를 살펴본다. 또한, 국내 공무원 보수위원회와 공무직 보수위원회 활동에 대한 분석과 정책적 함의를 살펴봄으로써 공공기관 임금 결정구조에 대한 정책 대안을 모색해 본다. 끝으로, 새로운 공공기관 임금 결정구조의 원리와 정책 방향, 정책대안을 모색함으로써 우리나라 공공기관의 임금 결정 거버넌스 모델을 제시한다.

특히, 이 연구는 공공기관 임금체계 및 임금 현황 전반에 분석보다는 주로 공공기관 내 임금 결정구조 및 프로세스, 그리고 그 과정에서 나타나고 있는 문제점을 중심으로 살펴본다. 또한, 해외 공공기관의 임금 결정구조에 대한 분석도 지금까지의 국내 연구성과를 바탕으로 정책적 시사점을 도출하고 이를 토대로 향후 국내 공공기관의 임금 결정구조에 대한 정책 방향과 개혁과제를 제시해 보고자 한다. 이 연구는 「공공기관 운영에 관한 법률」이 제정된 2007년 시기 이후를 분석대상으로 하고 있다는 점도 미리 밝혀 두고자 한다.

제 2 절

공공기관 임금 결정구조 현황과 문제점

1. 공공기관 임금 결정구조 현황 분석

1) 공공기관 임금 결정구조 방식과 특징

국내 공공기관의 임금 결정 프로세스는 크게 기재부의 예산편성 지침 마련과 공공기관운영위원회의 임금 가이드라인 결정 및 하달, 공공기관의 예산편성, 노동조합을 통한 임금교섭, 개별 공공기관 이사회의 결정 및 규정 변경 그리고 임금 집행(성과급이 있는 경우 경영평가, 자체 성과 평가결과 등에 따라 차등 지급) 등으로 이루어진다. 하지만 현재 공공기관 임금 결정 프로세스는 각 공공기관의 자율성에 기초한 것이라기보다는 기재부를 중심으로 한 정부 주도로 진행되고 있다. 이에 따라 공공기관 노사 간 자율적 임금교섭에 따른 임금 결정 등 노동법상으로 보장된 노동기본권은 크게 제약을 받고 있다.

기재부의 예산편성지침은 공공기관 임금인상률을 결정하는 가장 직접적인 통제 기제로 작동하고 있다. 매년 기재부가 발표하고 있는 공공기관 예산편성지침에는 임금인상률, 급여성 복리후생비, 수당에 대한 지급 및 제한 조항 등이 담겨 있다. 정부는 예산편성지침 및 임금 가이드라인을 통해 임금인상률, 총 인건비 예산 제시, 기본급, 연봉제, 수당 등 임금체계에 대한 변경, 성과급을 통한 차등 분배의 문제까지도 구체적으로 제시하고 있다. 공기업의 경우처럼 자체 예산으로 인건비 책정이 가능하더라도 정부는 공기업의 인력 정원을 통해 공기업 인건비를 실질적으로 통제하고 있다.

또한, 정부의 총액인건비 예산 범위 내에서 운영되는 준정부기관은 이보다 더 심한 임금 통제가 이루어지고 있다. 대부분의 공공기관 경우 총액인건비 예산 확보 및 증액 자체가 매우 어렵고, 공공기관의 정원 역시 기재부의 결정에 따라 이루어지기 때문이다. 실제로, 현재 정부는 일부 공공기관이 실질 임금인상을 위하여 정원과 현원 간 차이로 발행한 잉여 인건비 등을 활용하는 것을 막기 위해 엄격한 예산 전용금지 원칙을 예산편성 지침에 설정하여 통제하고 있다.

2) 공공기관 임금 결정 과정

국내 공공기관 임금 결정 및 프로세스는 아래 [그림 5-1]에서 보여주고 있는 바와 같이 정부의 공기업·준정부기관 예산편성지침 하달, 공공기관의 예산편성 및 확정, 공공기관장과 노동조합 간 임금교섭, 복수·복리 규정 등 내규의 규정 및 변경, 경영실적 평가와 인센티브 등 자체 성과 평가 결과에 따른 차등 지급을 포함한 임금집행 단계를 거치게 된다.

[그림 5-1] 공공기관 임금결정시스템 및 프로세스

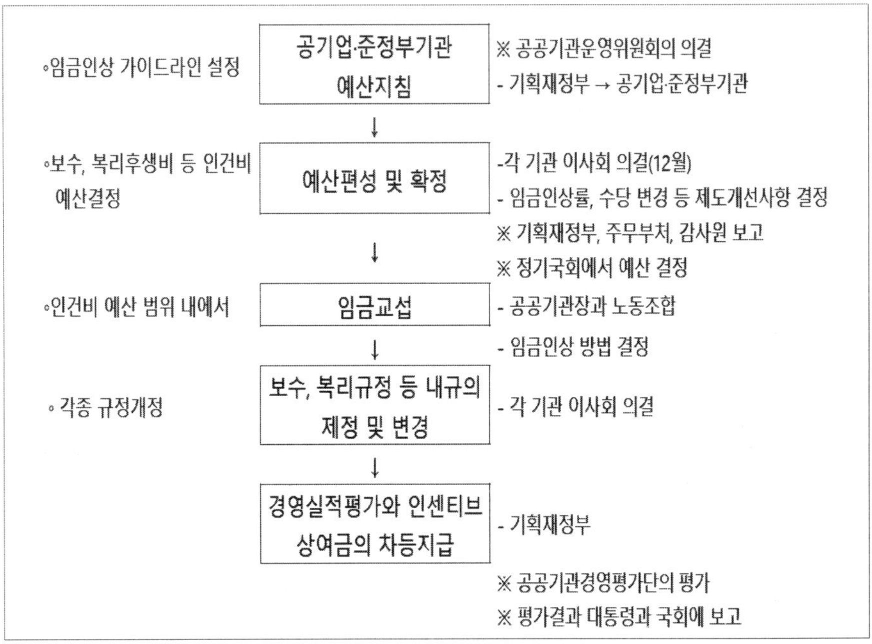

자료: 김철(2021: 42).

① 기획재정부 예산편성지침 단계

공공기관 임금 결정은 매년 기획재정부가 작성하여 발표하는 공공기관 임금 지급기준 및 인상안이 포함된 예산편성 지침에서 출발한다. 기재부에서 마련된 예산편성 지침은 공공기관운영위원회 의결을 거쳐 각 공공기관에 임금 가이드라인이라는 형태로 통보가 이루어진다. 대체로 기재부의 임금 가이드라인 내에서 공공기관의 임금 인상률과 임금 배분이 결정된다고 봐도 과언이 아니다.

② 공공기관 예산편성 단계

공공기관은 기재부의 예산편성지침에 맞춰 다음 해의 인건비에 대한 예산을 편성하고 이사회의 의결을 거쳐 확정한다. 공공기관은 의결된 예산안을 주무 부처 및 기획재정부와 감사원에 보고하고, 정부는 이를 예산안에 반영하여 국회에 제출하면 국회는 본회의 통과를 통해 확정한다. 또한, 공공기관 설치 법률은 예산안을 확정할 경우 이사회 의결 또는 의결을 거쳐 주무 기관 장관의 승인을 구하도록 규정하고 있다. 이를 통해 각 공공기관의 예산안은 정부 지침에 따라 편성되도록 직간접적 영향을 받게 된다. 특히 성과연봉제와 임금피크제와 같은 지난 정부의 주요 정책 관련 인건비 예산은 사실상 강제를 수반한다고 할 수 있다.

③ 임금교섭 단계

현행 노동조합법에 따르면 공공기관의 경우 임금은 단체교섭을 통해 결정되도록 규정하고 있다. 실제 대부분 공공기관에서 노동조합이 결성되어 운영되고 있다. 하지만 노동조합이 있는 공공기관의 경우라 하더라도 현재의 임금 결정구조 하에서 확정된 인건비 예산 범위 내에서 임금인상률을 결정하지 않을 수 없다. 따라서 공공기관의 노사 임금교섭은 정부의 확정된 인건비 예산 범위 내에서 교섭이 진행된다. 이처럼 공공기관의 임금교섭은 가용한 인건비 예산 범위 내에서 공공기관별로 협상이 진행되어 임금인상률 자체보다 지급 방법 및 시기 위주로 전개될 수밖에 없는 상태에 있다.

④ 규정 변경단계

공공기관에서 임금협약이 체결되더라고 임금 관련 보수 규정, 인상 규정, 복리후생 규정 변경을 둘러싸고 정부와 공공기관의 줄 달리기와 힘겨루기는 계속된다. 공공기관의 설치 법률은 관련 기관의 규정을 제정, 폐지, 개정하는 경우 이사회의 결의를 거치거나 이사회의 결의를 거쳐 주무 기관 장관의 승인을 구하도록 정하고 있기 때문이다. 특히, 공공기관 운영에 관한 법률에 따라 주무 기관 장관에게 승인을 받지 않는 경우라 하더라도 이사회 구성에서 주무 기관이 당연직 이사로 참여함으로써 의결권을 행사하고 있도록 규정하고 있다.

⑤ 임금 집행 단계

공공기관의 임금구조에 대한 정부의 통제는 임금 집행 단계에서도 나타나고 있다. 공공기관은 변경된 보수 규정 등에 따라 임금을 지급한다. 하지만 보수 규정 이외에도 정부(기재부 등 주요 부처)는 편법적 예산 집행을 방지하기 위한 별도의 지침을 하달하여 자율적인 지급을 제한하거나 통제하고 있다.

2. 공공기관 임금체계, 수준, 격차 현황

공공기관의 임금 결정구조의 문제점을 제대로 이해하기 위해서는 현재 공공기관의 임금체계, 수준, 격차에 대한 선행적 분석이 요구된다. 여기에서는 공공기관 경영정보 공개시스템인 알리오 자료를 토대로 공공기관의 임금 현황, 수준, 격차 실태에 대해 살펴보기로 한다.

1) 공공기관 임금 현황

공공기관 임금 현황에 대한 분석에 앞서 현재 공공기관의 임직원 현황에 살펴보면, 전체 종사자 수는 2020년 12월 말 기준으로 총 40만 9,374명에 이른다. 이 가운데 기타 공공기관이 14만 7,256명으로 가장 많고, 다음으로 준정부기관(위탁집행형) 8만 9,432명, 준시장형 공기업 7만 9,320명, 시장형 공기업 6만 5,176명, 준정부기관(기금관리형) 2만 8,189명 순으로 나타난다.

[그림 5-2] 공공기관 임직원(현원) 현황: 2020.12. 기준

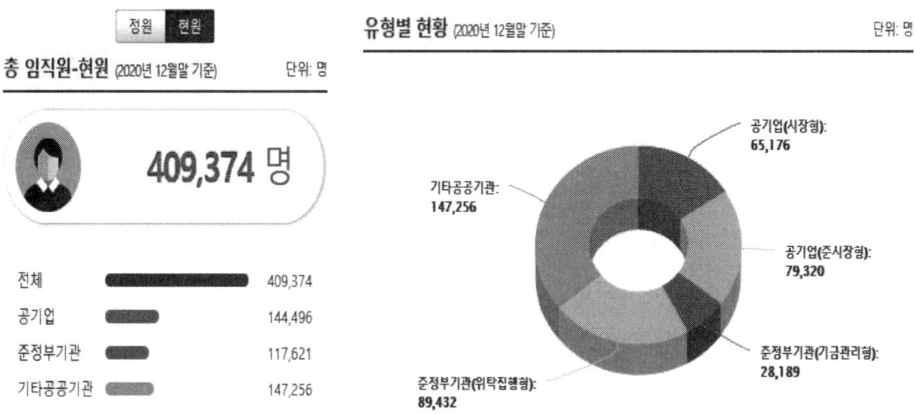

자료: 공공기관 경영정보 공개시스템, 2021.07.05.
https://www.alio.go.kr/statisticsStat1.do

〈표 5-1〉 공공기관 임직원 현황(현원): 2020.12. 기준

임직원 현황(현원)

단위: 명

		2016년	2017년	2018년	2019년	2020년	2021년 1분기
전체		308,417	324,312	359,762	393,167	409,374	409,906
공기업		121,350	127,037	133,948	141,377	144,496	144,567
	시장형	57,765	60,029	61,619	63,870	65,176	64,934
	준시장형	63,585	67,008	72,329	77,507	79,320	79,633
준정부기관		88,541	94,178	107,336	114,860	117,621	117,705
	기금관리형	21,212	22,548	26,440	27,819	28,189	28,091
	위탁집행형	67,329	71,630	80,896	87,041	89,432	89,614
기타공공기관		98,526	103,097	118,478	136,930	147,256	147,633

자료: 공공기관 경영정보 공개시스템, 2021.07.05.
https://www.alio.go.kr/statisticsStat1.do

<표 5-1>를 통해 전체 종사자 현황 추이를 보다 구체적으로 살펴보면 공공기관의 임직원 현황은 2016년 30만 8,417명에서 2020년 40만 9,374명으로 문재인 정부에 들어와 10만여 명 이상 증가한 것으로 나타나고 있다. 이는 문재인 정부 출범과 함께 추진된 공공기관 비정규직의 정규직 전환의 결과로 분석된다. 같은 기간 동안 공공기관 종사자 수는 공기업 2만 3,146명, 준정부기관 2만 9,080명, 기타 공공기관 4만 8,730명 증가했다. 이처럼 공기업보다는 준정부기관과 기타 공공기관에서 종사자의 수가 크게 증가한 것은 이들 기관이 인건비 예산의 제약 등으로 비정규직 노동을 광범위하게 활용한 데 따른 것으로 보인다.

2020년 12월 말 현재 공공기관 종사자의 평균 보수현황을 살펴보면 공기업의 경우 8,198만 원, 준정부기관 7,248만 원, 기타 공공기관 6,849만 원 순으로 나타났다. 공공기관 종사자 평균 보수현황을 유형별로 나누어 구체적으로 살펴보면, 직원 평균 보수가 가장 높은 곳은 시장형 공기업(8,582만 원), 준정부기관 기금관리형 (8,014만 원), 준시장형 공기업(7,814만 원) 순으로 나타났으며, 준정부기관 위탁집행형 기관(6,481만 원)이 가장 낮은 것으로 집계되었다(<표 5-2> 참조).

〈표 5-2〉 공공기관 직원 평균 보수 현황: 2021.07. 기준

단위: 천원

		2016	2017	2018	2019	2020	2021
공기업	시장형	81,249	81,910	82,632	84,300	85,823	81,359
	준시장형	76,097	75,427	75,236	75,620	78,142	75,702
	평균	78,673	78,668	78,934	79,960	81,982	78,530
준정부기관	기금관리형	76,703	76,973	77,739	78,649	80,141	79,311
	위탁집행형	62,256	62,658	63,366	63,688	64,815	64,012
	평균	69,479	69,815	70,553	71,169	72,478	71,661
기타 공공기관		65,579	67,082	67,815	67,462	68,494	68,306
전체 평균		72,377	72,810	73,358	73,944	75,483	73,738

자료: 공공기관 경영정보 공개시스템, 2021.07.05.
https://www.alio.go.kr/statisticsStat1.do

※ 2016-2020 자료는 결산기준이고, 2021 자료는 당해연도 예산편성 기준.

공공기관 직원의 평균 보수가 가장 높은 시장형 공기업과 가장 낮은 위탁집행형 준정부기관 평균 임금 격차는 2천 100만 원 정도인 것으로 나타난다. 이러한 공공기관 유형별 임금 격차에 대해서는 뒤에서 다시 분석한다. 다만 여기서 지적할 점은 이러한 공공기관 유형별 임금 격차는 지속해서 확대되고 있다는 점이다.

3. 공공기관 임금체계 및 구성

공공기관의 임금은 크게 고정급과 변동급으로 구성되며, 변동급은 다시 경영평가 성과급, 기타 성과상여금, 실적 수당 및 복리후생비로 나누어진다(<표 5-3> 참조). 대체로 공공기관 유형별 임금형태 및 비중은 고정급이 70%~80% 초반대를 보여주고 있으며, 변동급의 대부분은 기타 성과상여금으로써 15% 대에서 20% 초반대를 보여주고 있다.

〈표 5-3〉 공공기관 유형별 임금형태 비중: 2020.12. 기준

	경영평가 성과급	기타성과 상여금	실적수당 +복리후생비	고정급	변동급	전체
시장형	7.18%	21.27%	5.06%	66.49%	33.51%	100%
준시장형	6.60%	20.97%	6.85%	65.57%	34.43%	100%
기금관리형	2.43%	14.42%	5.28%	77.87%	22.13%	100%
위탁집행형	2.00%	13.91%	4.76%	79.33%	20.67%	100%
기타공공기관	-	15.22%	5.74%	79.04%	20.96%	100%
전체 평균	3.64%	17.16%	5.54%	73.66%	26.34%	

자료: 공공기관 경영정보 공개시스템 2021. 7. 5. https://www.alio.go.kr/statisticsStat1.do

[그림 5-3] 2020년도 항목별 임금형태 비중

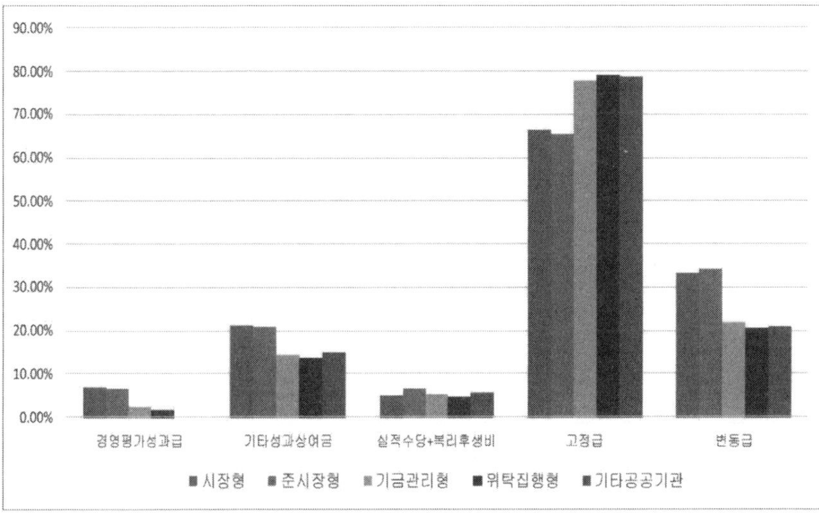

자료: 공공기관 경영정보 공개시스템 2021.07.05. https://www.alio.go.kr/statisticsStat1.do

공공기관 유형별 임금형태 및 구성에서 나타나고 있는 특징을 살펴보면, 준정부기관과 기타 공공기관의 경우 고정급이 매우 높은 비중을 차지하고 있다. 반면, 공기업의 경우 변동급이 차지하는 비중은 준정부기관과 기타 공공기관과 비교해 10% 이상 높게 나타나고 있다. 공공기관 유형별로 이를 조금 더 구체적으로 살펴보면, 기타 공공기관과 위탁집행형 기관의 고정급이 공기업과 기금관리형 준정부기관에 비교해 상대적으로 높게 나타났다. 반면, 기타 성과상여금의 경우는 시장형과 준시장형 공기업이 위탁집행형 준정부기관에 비해 높게 나타나고 있다. 특히, 경영평가 성과급도 시장형과 준시장형 공기업이 위탁집행형 준정부기관과 기타 공공기관보다 4~5% 정도 높은 것으로 나타났다. 이는 지난 정부에서 성과연봉제 도입 등 공기업에 대한 변동급의 비중을 높인 결과로 분석된다.

[그림 5-4] 공공기관 유형별 임금형태 비중: 2020.12. 기준

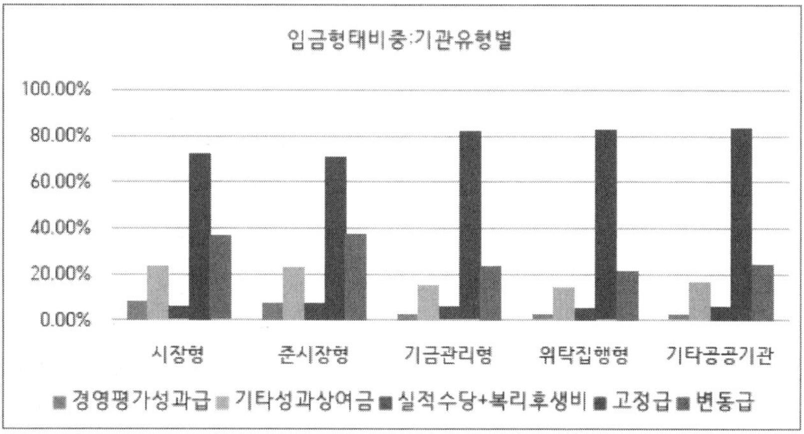

자료: 공공기관 경영정보 공개시스템 2021.07.05. https://www.alio.go.kr/statisticsStat1.do

[그림 5-5] 공공기관 유형별 임금형태 평균 기본급 보수지급액: 2020.12. 기준 단위: 천원

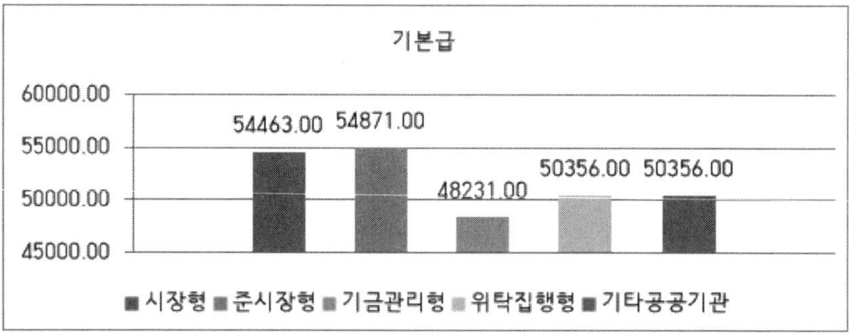

자료: 공공기관 경영정보 공개시스템 2021.07.05. https://www.alio.go.kr/statisticsStat1.do

공공기관의 기본급(기본연봉)은 직급 및 호봉에 따라 차등 지급되는 기본 급여액으로서 유형별 기본급 평균 보수지급은 기금관리형 준정부기관, 시장형 공기업, 기타 공공기관, 준시장형 공기업, 위탁집행형 준정부기관 순으로 나타났다.

[그림 5-6] 공공기관 유형별 고정수당 지급현황: 2020.12. 결산기준

단위: 천원

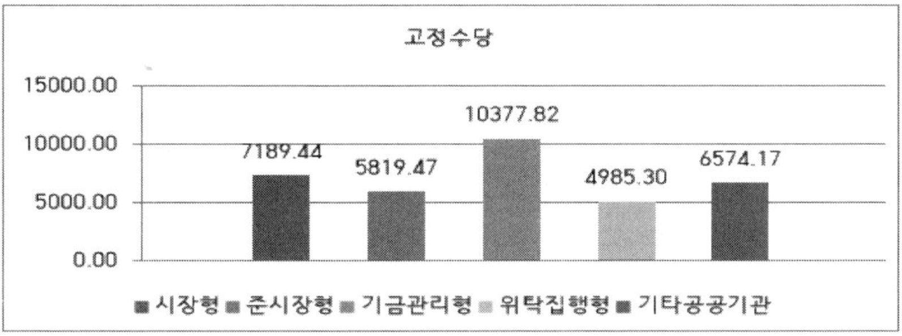

자료: 공공기관 경영정보 공개시스템 2021.07.05. https://www.alio.go.kr/statisticsStat1.do

[그림 5-7] 공공기관 유형별 실적수당 지급현황: 2020.12. 결산기준

단위: 천원

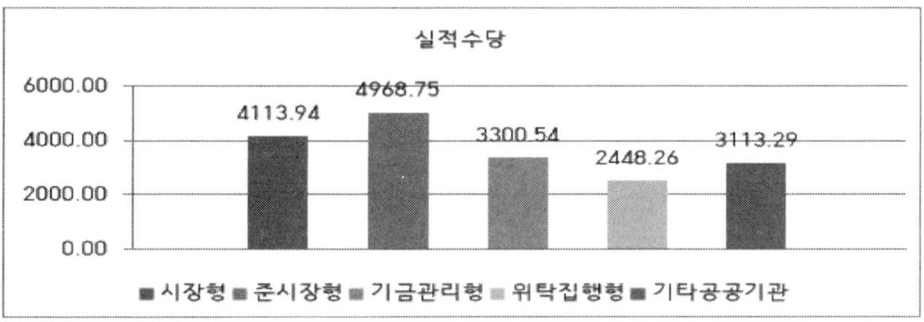

자료: 공공기관 경영정보 공개시스템 2021.07.05. https://www.alio.go.kr/statisticsStat1.do

반면, 특수지 근무, 가족, 해외 근무수당 등 실적과 무관하게 지급되는 고정수당 평균 보수지급액은 기금관리형 준정부기관, 시장형 공기업, 기타 공공기관, 준시장형 공기업, 위탁집행형 준정부기관 순으로 나타났다. 시간 외 근무, 야간근로, 휴일근무, 연차수당 등 실적에 따라 차등 지급되는 실적 수당 보수지급액은 준시장형 공기업이 가장 높게 나타나고 있으며, 다음으로 시장형 공기업, 기금관리형 준정부기관, 기타 공공기관, 위탁집행형 준정부기관 순으로 나타났다.

[그림 5-8] 공공기관 유형별 급여성 복리후생비 지급현황: 2020.12. 결산기준 단위: 천원

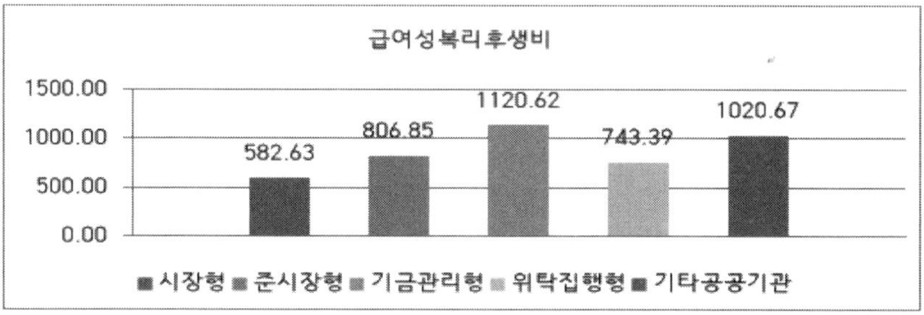

자료: 공공기관 경영정보 공개시스템 2021.07.05. https://www.alio.go.kr/statisticsStat1.do

장기근속격려금, 건강진단비, 자가 운전보조금 등 '인건비'에 속하지 않는 항목으로서 명칭 여하에도 불구하고 개인이 자유롭게 처분할 수 있는 급여성 복리후생비 지급액은 기금관리형 준정부기관이 가장 높게 나타났으며, 기타 공공기관, 준시장형 공기업, 위탁집행형 준정부기관, 시장형 공기업 순이었다. 이는 상대적으로 임금이 작은 공공기관이 급여성 복리후생비 지급을 통해 임금 부족분을 보충해주기 위한 노력의 결과로 보인다.

[그림 5-9] 공공기관 유형별 성과상여금 지급현황: 2020.12. 결산기준

단위: 천원

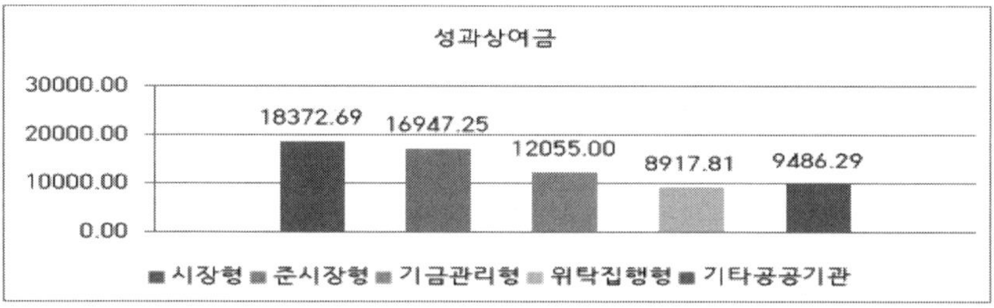

자료: 공공기관 경영정보 공개시스템 2021.07.05. https://www.alio.go.kr/statisticsStat1.do

[그림 5-10] 공공기관 유형별 경영성과 평가급 지급현황: 2020.12. 결산기준

단위: 천원

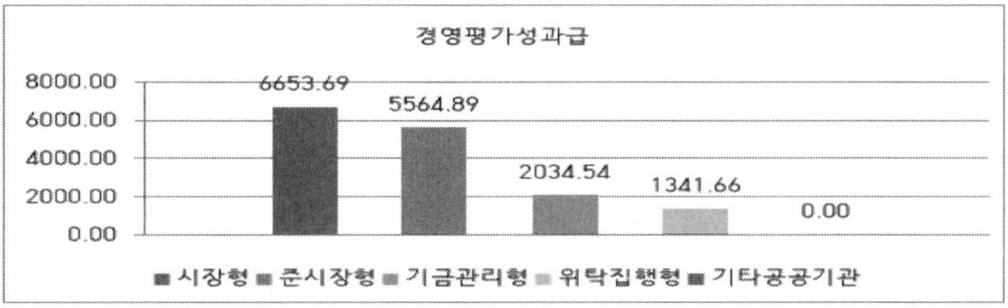

자료: 공공기관 경영정보 공개시스템 2021.07.05. https://www.alio.go.kr/statisticsStat1.do

반면, 공공기관의 자체성과급, 성과연봉, 내부평가상여금 등 업적, 성과 등에 따라 차등 지급되는 성과상여금 평균 보수지급액은 시장형 공기업이 가장 높았으며, 준시장형 공기업, 기금관리형 준정부기관, 기타 공공기관, 위탁집행형 준정부기관 순으로 나타났다. 또한, 공공기관 유형별 경영평가 성과급도 시장형 공기업이 가장 높게 나타났으며, 준시장형 공기업, 기금관리형 준정부기관, 위탁집행형 준정부기관 순으로 분석됐다. 이는 시장주의를 지향하는 공기업일수록 성과상여금의 비중이 높은 공공기관의 특성을 일정 반영한 결과로 보인다.

[그림 5-11] 공공기관 유형별 기타 보수지급액 현황: 2020.12. 결산기준

단위: 천원

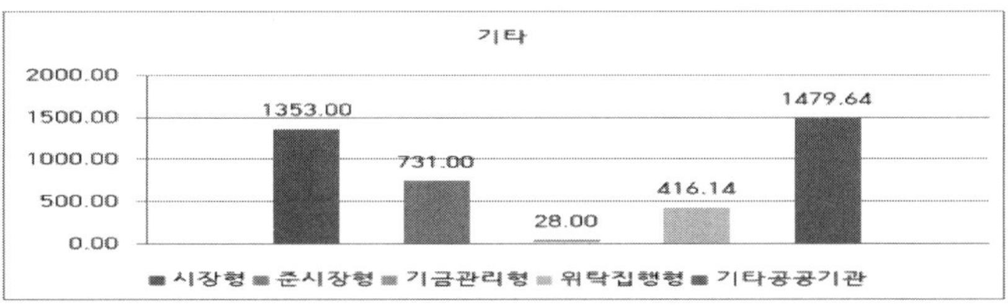

자료: 공공기관 경영정보 공개시스템 2021.07.05. https://www.alio.go.kr/statisticsStat1.do

공공기관 유형별 기타 보수지급액은 기타 공공기관이 가장 높게 나타났으며, 다음으로 시장형 공기업, 준시장형 공기업, 위탁집행형, 기금관리형 준정부기관 순으로 나타났다.

4. 공공기관 임금 격차

공공기관 유형별 또는 공공기관 기관 간 임금 격차는 현재 공공기관 임금 결정구조가 낳은 사회적 결과이자 그것이 갖는 문제점을 그대로 보여주고 있다. 공공기관의 임금 격차는 크게 공공기관 유형별 임금 격차와 동일 유형 내 공공기관 간 격차로 나누어 분석해 볼 수 있다.

[그림 5-12] 공공기관 유형별 임금수준 변화 추이: 2016~ 2021

단위: 천원

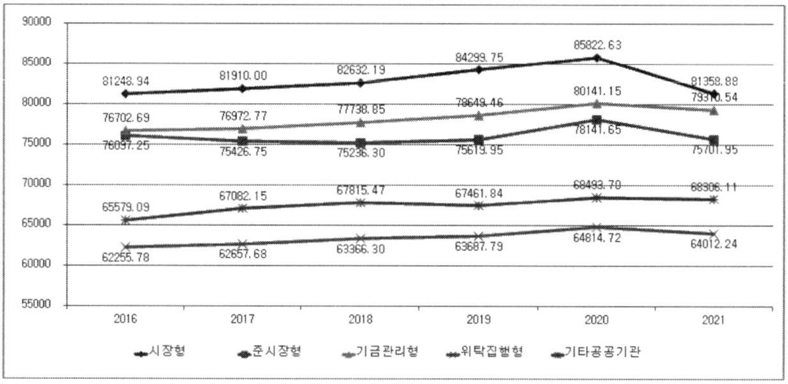

자료: 공공기관 경영정보 공개시스템, 2021.07.05.

https://www.alio.go.kr/statisticsStat1.do

주: 2016-2020 자료는 결산기준, 2021 자료는 당해 연도 예산편성 기준.

먼저 공공기관의 유형별 임금 격차 추이를 살펴보면, 직원 평균 보수액은 시장형 공기업이 가장 높게 나타났으며, 다음으로 기금관리형 준정부기관, 준시장형 공기업, 기타 공공기관, 위탁집행형 준정부기관 순으로 나타났다.

〈표 5-4〉 공공기관의 1인당 평균 보수액 기준 임금수준 변화 추이: 2016~ 2021

단위: 천원

기관 유형	2016	2017	2018	2019	2020	2021
시장형 공기업	81248.94	81910.00	82632.19	84299.75	85822.63	81358.88
준시장형 공기업	76097.25	75426.75	75236.30	75619.95	78141.65	75701.95
기금관리형 준정부기관	76702.69	76972.77	77738.85	78649.46	80141.15	79310.54
위탁집행형 준정부기관	62255.78	62657.68	63366.30	63687.79	64814.72	64012.24
기타공공기관	65579.09	67082.15	67815.47	67461.84	68493.70	68306.11

자료: 공공기관 경영정보 공개시스템, 2021.07.05. https://www.alio.go.kr/statisticsStat1.do
주: 2016-2020 자료는 결산기준, 2021 자료는 당해 연도 예산편성 기준.

이를 보다 구체적으로 살펴보면, 2020년도 결산기준으로 시장형 공기업의 1인당 평균 보수액은 8,582만여 원으로 가장 높은 높게 나타났으며, 기금관리형 준정부기관 8,014만여 원, 준시장형 공기업 7,814만여 원, 기타 공공기관 6,849만여 원, 위탁집행형 준정부기관 6,481만여 원 순으로 나타났다. 특히 기금관리형 준정부기관의 1인당 평균 보수액이 준시장형 공기업보다 높게 나타나고 있는 이유는 기금관리형 준정부기관의 경우 대부분 금융기금 분야로서 민간 금융산업 부문의 평균 임금과의 형평성을 고려한 결과라고 할 수 있다. 공공기관 유형별 1인당 평균 보수액 기준으로 가장 높은 임금을 받는 시장형 공기업과 가장 낮은 임금을 받는 위탁집행형 준정부기관 간 임금 격차가 2,100만여 원으로 나타났다. 특히 이러한 공공기관 간 임금 격차는 2020년까지 매년 확대되는 추세에 있다. 실제로 시장형 공기업과 위탁집행형 준정부기관 간 1인당 평균 보수액 차이는 2016년 1,899만여 원, 2017년 1,925만여 원, 2018년 1,926만여 원, 2,061만여 원, 그리고 2020년에는 2,100만여 원으로 매년 임금 격차가 확대되고 있음을 알 수 있다.

공공기관의 유형별 임금 격차는 공공기관 임금 결정구조의 문제점과 직결되어 있다. 먼저, 현재 공공기관 임금수준은 매년 공공기관의 예산을 결정할 수 있는 권한을 갖는 기재부가 일방적으로 결정하고 있다는 점이다. 공공기관의 임금 결정과 관련한 논의 구조에서 노동조합의 참여는 허용되고 있지 않다. 공공기관의 임금 결정 과정에서 노조의 배제는 공공기관 간 임금 격차뿐만 아니라 공공기관 내 임금 격차 해소를 가로막는 요인이 되고 있다. 무엇보다 공공기관 유형별 임금 격차는 신입사원의 임금수준에 따라 초기 단계부터 세팅되어 있을 뿐만 아니라 기재부의 인건비 관리지침과 총액인건비 인상률에 기초함으로써 앞서 살펴본 바와 같이 공공기관 유형별 임금 격차는 매년 확대되는 추세에 있다(이종선 외 2020). 대체로 공공기관 유형별 신입사원 초임은 기금관리형 준정부기관과 시장형 공기업이 다른 공공기관 유형에 비해 높게 세팅되어 있음을 알 수 있다. 그 뒤를 이어 준시장형 공기업, 기타 공공기관, 위탁집행형 준정부기관 순으로 나타났다(<그림 5-12> 참조).

[그림 5-13] 공공기관 유형별 신입사원 초임 현황: 2016~2021

단위: 천원

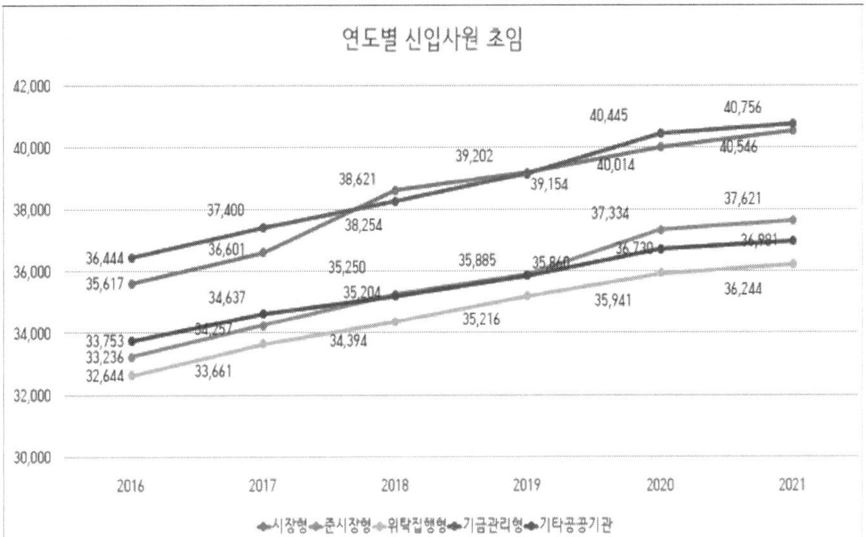

자료: 공공기관 경영정보 공개시스템, 2021.07.05. https://www.alio.go.kr/statisticsStat1.do
주: 2016-2020 자료는 결산기준, 2021 자료는 당해 연도 예산편성 기준.

〈표 5-5〉 공공기관 신입사원 초임 현황: 2016~2021

단위: 천원

기관유형	2016	2017	2018	2019	2020	2021
시장형	35,617	36,601	38,621	39,202	40,014	40,546
준시장형	33,236	34,257	35,250	35,885	37,334	37,621
기금관리형	36,444	37,400	38,254	39,154	40,445	40,756
위탁집행형	32,644	33,661	34,394	35,216	35,941	36,249
기타공공기관	33,753	34,637	35,204	35,8606	36,730	36,981

자료: 공공기관 경영정보 공개시스템, 2021.07.05. https://www.alio.go.kr/statisticsStat1.do
주: 2016-2020 자료는 결산 기준이고, 2021 자료는 당해연도 예산편성 기준

〈표 5-6〉 공공기관 유형별 신입사원 초임 현황: 2016~2021

단위: 천원

기관유형	항목	2016	2017	2018	2019	2020	2021
시장형	기본급	29,489.63	30,141.31	31,451.56	32,043.75	32,868.38	33,135.75
	고정수당	4,625.15	4,571.21	5,162.07	5,356.43	5,559.79	5,608.64
	실적수당	1,239.20	1,285.60	1,420.53	1,225.40	1,128.57	1,479.08
	급여성복리후생비	1,207.67	1,159.67	1,143.17	1,125.67	1,014.86	1,016.29
	성과상여금	4,014.00	4,373.00	4,759.67	4,799.00	4,526.33	4,567.00
	경영평가성과급	-	-	-	-	-	-
	기타	33.00	2.00	1.00	6.00	-	-
	합계	35,616.88	36,601.31	38,621.38	39,201.88	40,013.50	40,546.19
준시장형	기본급	27,787.35	28,834.85	29,618.05	30,333.75	31,293.70	31,559.95
	고정수당	3,244.00	2,674.93	2,627.33	2,698.87	3,253.67	3,574.86
	실적수당	1,870.00	1,517.89	1,697.88	1,790.60	1,598.69	1,730.86
	급여성복리후생비	509.47	611.14	695.15	681.23	705.15	717.77
	성과상여금	3,931.17	4,126.86	4,414.63	4,970.86	6,207.83	6,267.33
	경영평가성과급	-	-	-	-	-	-
	기타	35.00	58.00	20.00	21.00	-	-
	합계	33,235.65	34,256.50	35,250.45	35,884.55	37,333.70	37,620.80
기금관리형	기본급	25,889.62	26,810.54	27,633.77	28,992.92	30,472.54	30,718.77
	고정수당	8,200.67	9,420.00	7,736.00	7,337.10	7,875.67	8,394.89
	실적수당	1,891.60	1,675.20	1,680.60	1,590.09	1,766.90	1,852.90
	급여성복리후생비	967.91	956.64	881.50	902.00	878.36	951.70
	성과상여금	4,824.43	4,995.71	4,760.43	4,343.29	4,489.43	3,839.43
	경영평가성과급	-	-	-	-	-	-
	기타	70.00	52.00	-	-	-	-
	합계	36,444.31	37,399.62	38,254.46	39,153.77	40,444.77	40,755.54
위탁집행형	기본급	25,316.88	26,567.25	27,326.22	28,324.21	28,977.72	29,227.01
	고정수당	4,484.02	3,910.51	3,818.62	3,861.15	3,973.28	4,142.75
	실적수당	2,258.94	2,094.35	1,976.53	1,864.90	1,883.66	2,067.21
	급여성복리후생비	834.22	757.07	734.81	686.55	678.16	705.19
	성과상여금	5,090.79	5,160.97	5,379.49	5,249.79	5,509.83	5,561.76
	경영평가성과급	-	-	-	-	-	-
	기타	125.50	78.00	101.00	173.50	-	-
	합계	32,643.64	33,661.41	34,393.51	35,215.85	35,940.61	36,243.95
기타공공기관	기본급	25,959.50	27,061.89	27,816.81	28,332.11	29,329.98	29,491.12
	고정수당	5,050.21	4,933.20	4,956.05	4,922.43	4,951.26	4,957.66
	실적수당	2,225.38	2,211.31	2,055.35	2,078.09	2,109.75	2,424.44
	급여성복리후생비	960.60	895.82	935.55	934.34	919.32	928.07
	성과상여금	5,231.28	5,344.56	5,309.94	5,343.42	5,577.09	5,734.49
	경영평가성과급	-	-	-	-	-	-
	기타	557.20	550.75	393.75	301.86	555.67	755.00
	합계	33,753.13	34,637.33	35,204.48	35,859.86	36,730.06	36,981.50

자료: 공공기관 경영정보 공개시스템, 2021.07.05. https://www.alio.go.kr/statisticsStat1.do

주: 2016-2020 자료는 결산 기준, 2021 자료는 당해 연도 예산편성 기준.

공공기관 유형별 2021년 기준 신입사원 초임 현황을 보다 구체적으로 살펴보면, 기금관리형 준정부기관이 4,076만여 원으로 가장 높게 나타났으며, 다음으로 시장형 공기업 4,055만여 원, 준시장형 공기업 3,762만여 원, 기타 공공기관 3,698만여 원, 그리고 위탁집행형 준정부기관 3,625만여 원 순으로 나타났다(<표 5-5> 참조). 이러한 공공기관 유형별 신입사원 초임 현황은 공공기관 유형별 임금수준 및 격차를 규정하고 있다.

[그림 5-14] 공공기관 유형별 기관 간 평균임금분포 현황: 2020년도 결산 기준

단위: 천원

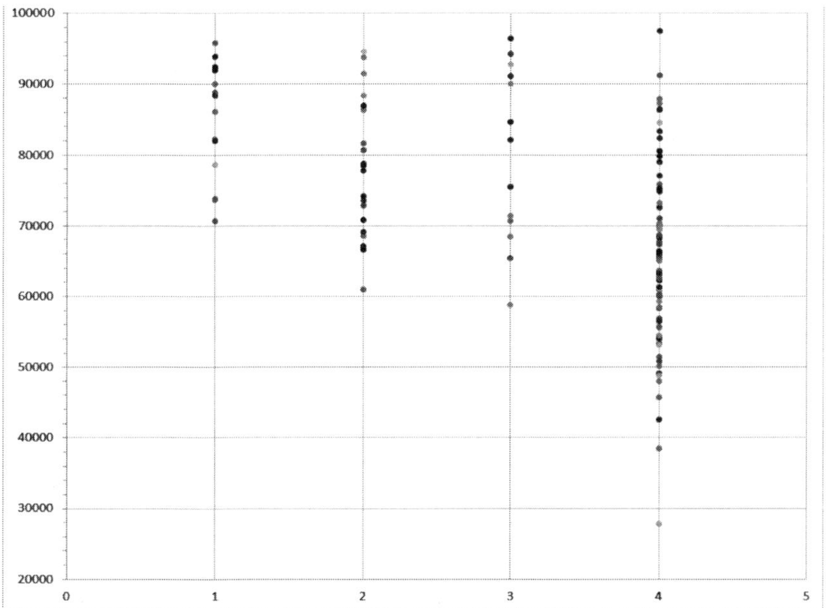

자료: 공공기관 경영정보 공개시스템, 2021.07.05. https://www.alio.go.kr/statisticsStat1.do

주: 1. 시장형 공기업, 2. 준시장형 공기업, 3. 기금관리형 준정부기관, 4. 위탁집행형 준정부기관

[그림 5-14]에서 보여주고 있듯이 공공기관의 임금 격차는 단지 공공기관 유형별 격차뿐만 아니라 동일 공공기관 유형 내에서도 존재하고 있음을 알 수 있다. 공공기관 동일 유형 내 기관 간 평균 임금 격차를 보다 구체적으로 살펴보면, 시장형 공기업의 경우, 평균 임금이 가장 높은 기관은 한국수력원자력(주)으로서 직원 평균 임금은 9,582만여 원으로 집계되었으며, 가장 낮은 평균 임금을 받는 곳은 강원랜드로 7,068만여 원 수준으로 나타났다. 그 결과 시장형 공기업 유형 내 기관 간 평균 임금 격차는 2천 514만여 원인 것으로 집계되고 있으나 타 공공기관의 유형에 비해 낮은 것으로 나타나고 있다. 반면, 준시장형 공기업의 경우, 가장 높은 평균 임금을 받는 곳은 한국부동산원으로서 9,460만여 원이었으며, 가장 적은 임금을 받는 곳은 제주국제자유도시개발센터로서 6,094만 원으로 집계되고 있다.

또한, 기금관리형 준정부기관에서 최고 평균 임금을 받는 곳은 신용보증기금으로서 9,638만여 원으로 나타났으며, 가장 낮은 임금은 받는 곳은 근로복지공단으로서 5,882만여 원으로 집계되었다. 위탁집행형 준정부기관의 경우는 대한무역투자진흥공사가 가장 높은 9,745만여 원의 평균 임금을 받는 것으로 나타났으며, 가장 낮은 평균 임금을 받는 곳은 서울요양원으로 2,077만여 원으로 집계되고 있다. 특히 위탁집행형 준정부기관의 경우 동일 공공기관 유형 내 기관 간 임금 격차는 7천만여 원에 이를 정도로 그 격차 매우 큰 것으로 나타났다. 이처럼 공공기관의 임금 격차는 유형별 임금 격차뿐만 아니라 동일 유형 내 기관 간 임금 격차도 매우 큰 것으로 나타났다. 이러한 공공기관 간 임금 격차는 공공기관의 업종별 특성뿐만 아니라 소속 부처의 권력도 매우 큰 영향을 미치고 있는 것으로 분석되고 있다(이종선 외 2020).

[그림 5-15] 부처별 시장형 공기업 직원 평균보수 현황: 2020년도

단위: 천원

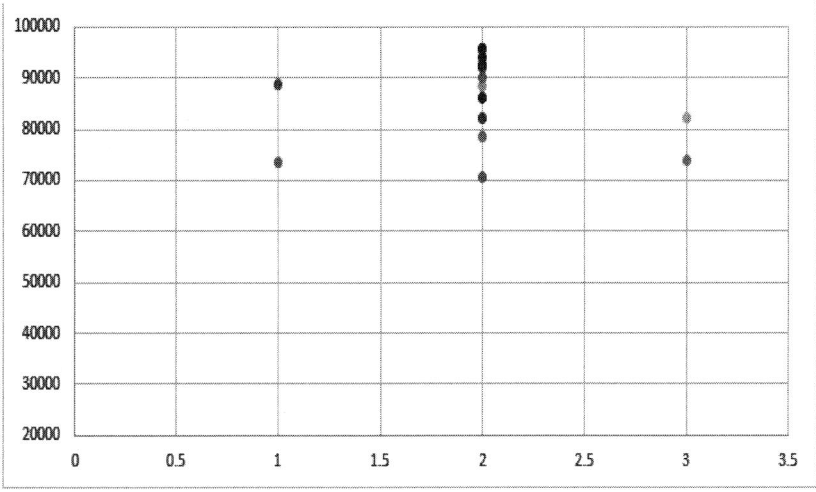

자료: 공공기관 경영정보 공개시스템, 2021.07.29. https://www.alio.go.kr/statisticsStat1.do
주: 1. 국토교통부 2. 산업통상자원부 3. 해양수산부

다음으로 부처별 산하 시장형 공기업의 경우, 직원 평균 보수로서 가장 높은 평균 임금을 받는 곳은 산업통상자원부의 한국수력원자력(주) 9,058만여 원으로 나타났으며, 가장 적은 직원 평균 임금을 받는 곳은 ㈜강원랜드로 7,067만여 원으로 집계되고 있다. 반면, 국토교통부 산하 인천국제공사의 경우 직원 평균 보수는 8,885만여 원, 한국공항공사 7,370만여 원, 해양수산부 산하 인천항만공사 8,222만여 원, 부산항만공사 7,383만여 원으로 집계되고 있다. 이와 같이 부처별 산하 공기업의 경우라도 하더라도 많게는 2천만 원 이상, 그리고 해양수산부 산하 항만공사와 같이 부처별 동일 업무에 종사한다고 하더라도 1천여만 원 가까운 직원 평균보수 차이를 보여주고 있다.

[그림 5-16] 부처별 준시장형 공기업 직원 평균보수 현황: 2020년

단위: 천원

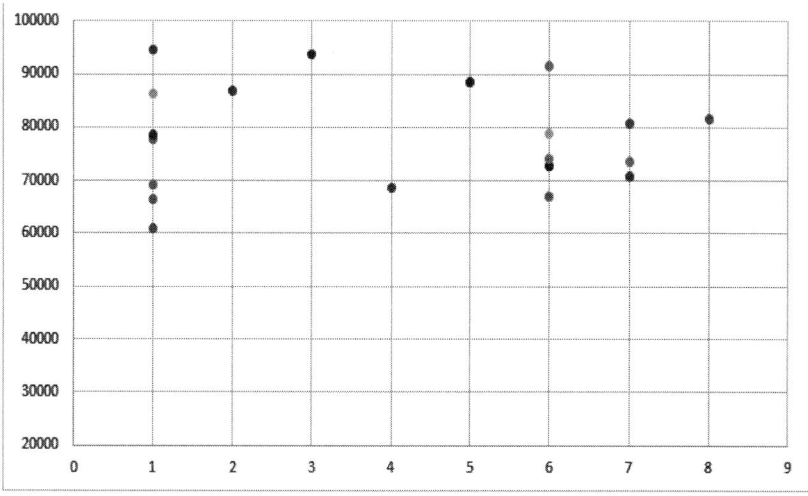

자료: 공공기관 경영정보 공개시스템, 2021.07.29. https://www.alio.go.kr/statisticsStat1.do

주: 1. 국토통교부 2. 기획재정부 3. 농림축산식품부 4. 문화체육관광부 5. 방송통신위원회 6. 산업통상자원부 7. 해양수산부 8. 환경부

다음으로 부처별 산하 준시장형 공기업의 경우, 직원 평균보수로서 가장 높은 평균 임금을 받는 곳은 국토교통부 산하의 한국부동산원으로서 9,460여만 원으로 나타났으며, 가장 적은 직원 평균 임금을 받는 곳은 제주국제자유도시개발센터로 6,094만여 원으로 나타났다. 이처럼 같은 부처 산하 준 공기업이라고 하더라도 3,400여만 원 이상의 평균보수 차이가 났다. 또한, 국토교통부 산하 준공기업인 한국도로공사는 8,634여만 원, 한국토지주택공사는 7,853만여 원으로 집계되고 있다. 다른 부처 산하 준공기업을 보면, 농림축산식품부 산하 한국마사회의 경우 9,383여만 원으로 집계되고 있다. 반면, 산업통상자원부의 경우 산하 한국전력기술주식회사는 9,153만여 원으로 가장 높은 직원 평균보수를 받는 것으로 나타났

으나, 대한석탄공사의 경우 같은 부처 산하 준공기업에도 3천여만 원 정도가 적은 6,707만여 원으로 집계되었다. 또한, 환경부의 한국수자원공사는 8,165만여 원으로 나타났다.

[그림 5-17] 부처별 기금관리형 준정부기관 직원 평균보수 현황: 2020년

단위: 천원

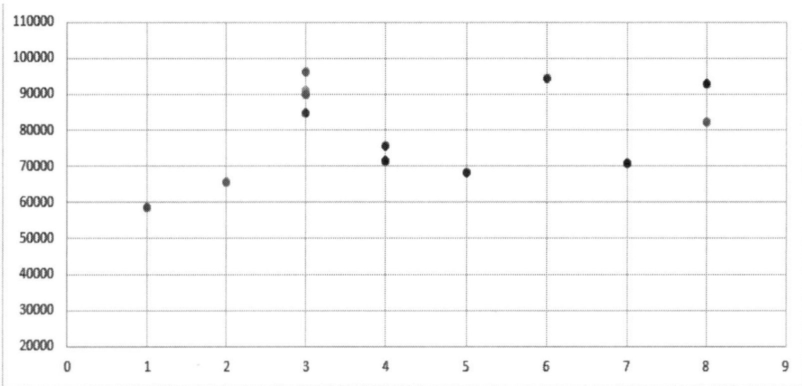

자료: 공공기관 경영정보 공개시스템, 2021.07.29. https://www.alio.go.kr/statisticsStat1.do

주: 1. 고용노동부 2. 교육부 3. 금융위원회 4. 문화체육관광부 5. 보건복지부 6. 산업통상자원부 7. 인사혁신처 8. 중소벤처기업부

기금관리형 준정부기관의 경우, 2020년 말 현재 가장 높은 직원 평균 보수를 받는 곳은 금융위원회 산하의 신용보증기금으로서 9,637여만 원이었으며, 가장 낮은 직원 평균보수를 받는 곳은 고용노동부 산하의 근로복지공단으로서 총 5,881여만 원으로 나타났다. 뒤이어 산업통상자원부 산하의 한국무역보험공사 9,430여만 원, 중소벤처기업부 산하의 기술보증기금 9,284여만 원, 금융위원회 산하 한국주택금융공사 9,000만여 원, 한국자산관리공사 8,467만 원, 중소벤처기업부 산하 중소벤처기업진흥공단 8,208여만 원 등이 상위에 포

진하고 있다. 반면 가장 낮은 직원 평균보수를 받는 고용노동부 산하의 근로복지공단 5천881여만 원 다음으로 높은 직원 평균보수를 받는 기관에는 교육부 산하의 사립학교교직원연금공단 6,546만여 원, 보건복지부 산하 국민연금공단 6,837여만 원, 그리고 인사혁신처 산하 공무원연금공단 7,073여만 원 등으로 나타났다.

[그림 5-18] 부처별 위탁집행형 준정부기관 직원 평균보수 현황: 2020년

단위: 천원

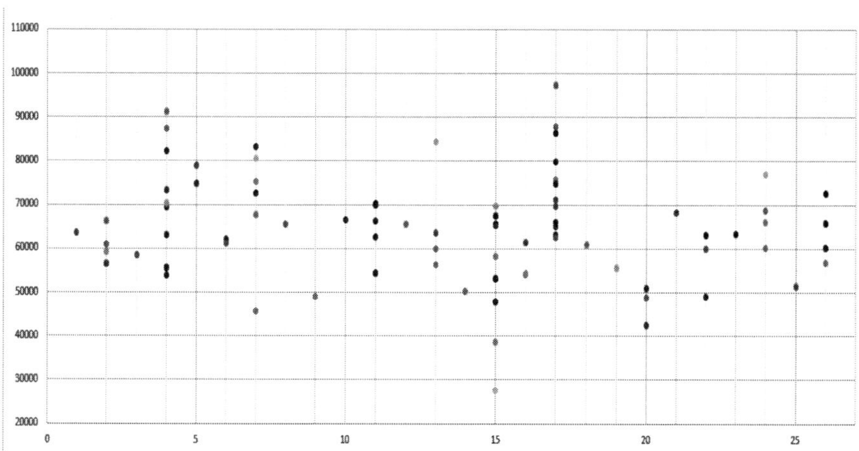

자료: 공공기관 경영정보 공개시스템, 2021.07.29. https://www.alio.go.kr/statisticsStat1.do

주: 1.경찰청 2.고용노동부 3.공정거래위원회 4.과학기술정보통신부 5.교육부 6.국가보훈처 7.국토교통부, 8.금융위원회 9.기상청 10.기획재정부 11.농림축산식품부 12.농촌진흥청 13.문화체육관광부 14.방송통신위원회 15.보건복지부 16.산림청 17. 산업통상자원부 18.소방청 19.식품의약품안전처 20.여성가족부 21.외교부 22.중소벤처기업부 23.특허청 24.해양수산부 25.행정안전부 26.환경부

위탁집행형 준정부기관에 대한 부처별 직원 평균보수 현황을 보면, 부처 산하 공공기관의 수가 많은 만큼 공공기관 간 직원 평균보수의 편차가 더 심하다는 점을 알 수 있다. 예컨대, 위탁집행형 준정

부기관 중 가장 높은 직원 평균보수를 받는 곳은 산업통상자원부 산하 공공기관인 대한무역투자진흥공사의 경우 직원 평균보수는 9,745여만 원으로 집계되고 있다. 반면, 보건복지부 산하 공공기관인 서울요양원의 경우 직원 평균보수는 2천778여만 원으로 나타났다. 이처럼 같은 위탁집행형 준정부기관이기만 부처에 따라 공공기관 직원 평균보수에 있어서 무려 7천여만 원의 차이를 보여주고 있다. [그림 5-17]에 나타나고 있듯이, 위탁집행형 준정부기관이라고 하더라도 어느 부처 소속 산하 공공기관에 따라 직원 평균보수가 크게 차이가 난다는 점을 알 수 있다. 대체로 과학기술정보통신부, 산업통상자원부 산하 위탁집행형 준정부기관의 경우 직원 평균 보수가 상대적으로 높았다. 반면, 고용노동부, 보건복지부, 여성가족부 산하 위탁집행형 준정부기관의 경우 직원 평균보수는 크게 낮았다.

[그림 5-19] 부처별 기타공공기관 직원 평균보수 현황: 2020년

단위: 천원

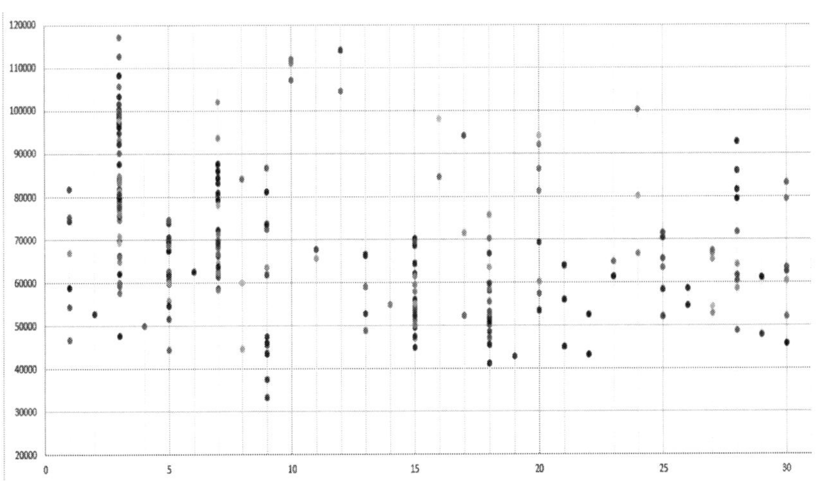

자료: 공공기관 경영정보 공개시스템, 2021.07.29. https://www.alio.go.kr/statisticsStat1.do

주: 1. 고용노동부 2. 공정거래위원회 3. 과학기술정보통신부 4. 관세청 5. 교육부 6. 국가보훈처 7. 국무조정실 8. 국방부 9. 국토교통부 10. 금융위원회 11. 기상청 12. 기획재정부 13. 농림축산식품부 14. 문화재청 15. 문화체육관광부 16. 방위사업청 17. 법무부 18. 보건복지부 19. 산림청 20. 산업통상자원부 21. 식품의약품안전처 22. 여성가족부 23. 외교부 24. 원자력안전위원회 25.중소벤처기업부 26. 통일부 27. 특허청 28. 해양수산부 29. 행정안전부 30. 환경부

*한국고용노동교육원은 2021예산안을 이용

[그림 5-19]에서 나타나듯이, 기타 공공기관 부처별 산하기관의 직원 평균보수도 부처 내부 및 부처 간 공공기관에 따라 큰 편차를 보여주고 있다. 예컨대, 과학기술정보통신부 울산과학기술원의 경우 직업 평균 보수는 1억 1,724만여 원으로 집계되고 있다. 하지만 같은 부처 산하 기타 공공기관인 한국여성과학기술인육성재단의 경우 직원 평균 보수는 4,756여만 원으로 나타났다. 대체로 기타 공공기관의 부처별 직원 평균 보수도 위탁집행형 준정부기관과 마찬가지로 고용노동부, 문화체육관광부, 보건복지부, 여가부 등 사회복지정책 담당 및 비인기 부처의 기타 공공기관의 직원 평균 보수가 낮게 나타났다.

[그림 5-20] 부처별 시장형 공기업 신입사원 초임 현황: 2020년도

단위: 천원

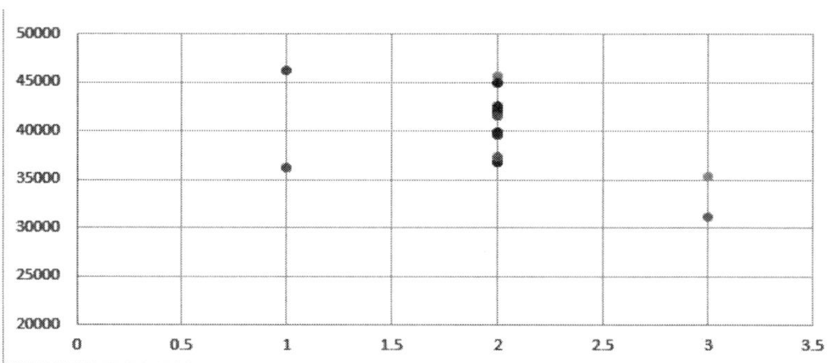

자료: 공공기관 경영정보 공개시스템, 2021.07.29. https://www.alio.go.kr/statisticsStat1.do
주: 1. 국토교통부 2. 산업통상자원부 3. 해양수산부

공공기관 신임 사원초임 현황 분포도 공공기관의 유형과 부처 산하에 따라 차이를 보여주고 있다. 예를 들면, 시장형 공기업인 국토교통부 산하 인천국제공항공사 신임 사원초임 현황은 4,617여만 원으로 집계되고 있다. 하지만 같은 부처 산하의 시장형 공기업인 한국공항공사 신임 사원초임 현황은 이보다 1천여만 원이 낮은 3,625여만 원으로 나타났다. 산업통상자원부 산하 시장형 공기업의 경우, 한국서부발전(주) 신임 사원초임은 4,497여만 원으로 가장 높게 나타났으며, 가장 낮은 신임 사원초임은 한국석유공사로서 3,684여만 원으로 집계되었다. 반면, 해양수산부 산하 시장형 공기업인 인천항만공사 신임 사원초임은 이보다도 더 낮은 3,540여만 원, 그리고 부산항만공사 신임 사원초임은 3,109여만 원으로 나타났다.

[그림 5-21] 부처별 준시장형 공기업 신입사원 초임 현황: 2020년도

단위: 천원

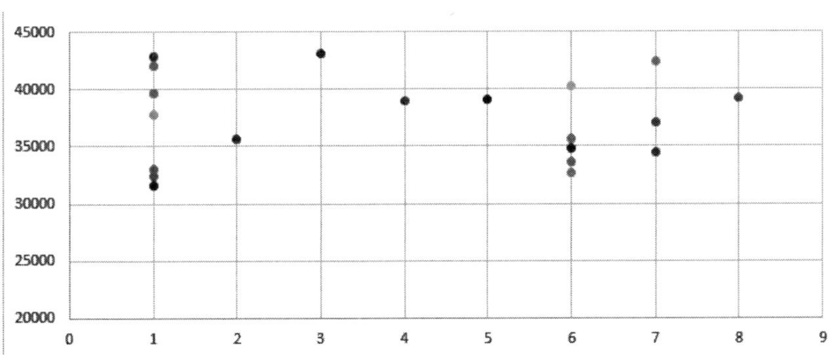

자료: 공공기관 경영정보 공개시스템, 2021.07.29. https://www.alio.go.kr/statisticsStat1.do

주: 1.국토교통부 2.기획재정부 3.농림축산식품부 4.문화체육관광부 5.방송통신위원회 6.산업통상자원부 7.해양수산부 8.환경부

준시장형 공기업 신입사원 초임 현황도 부처 간, 부처 내 차이를 보여주고 있다. 국토교통부 산하 공기업인 한국부동산원 신입사원 초임은 4,287여만 원으로 집계되었으며, 한국토지주택공사의 신입사원 초임은 3,160여만 원으로 1천여만 원 정도의 차이를 보여주고 있다. 또한, 농림축산식품부 산하 준시장형 공기업인 한국마사회 신입사원초임은 4,318여만 원, 환경부 산하 한국수자원공사 신입 사원초임은 3,916여만 원, 해양수산부 산하 해양환경공단 신입 사원초임은 3,441여만 원, 산업통상자원부 산하 공기업인 한전KDN 신입 사원초임은 3,272여만 원으로 나타났다.

[그림 5-22] 부처별 기금관리형 준정부기관 신입사원 초임 현황: 2020년도

단위: 천원

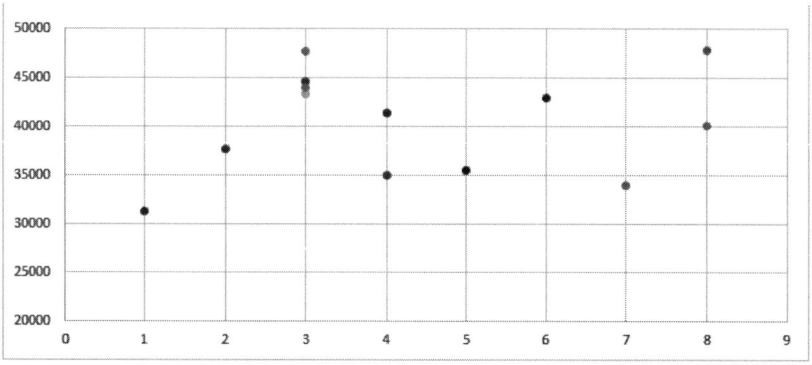

자료: 공공기관 경영정보 공개시스템, 2021.07.29. https://www.alio.go.kr/statisticsStat1.do

주: 1. 고용노동부 2. 교육부 3. 금융위원회 4. 문화체육관광부 5. 보건복지부 6. 산업통상자원부 7. 인사혁신처 8. 중소벤처기업부

기금관리형 준정부기관의 신입사원 초임 현황도 부처 간, 부처 내에서도 차이를 보여주고 있다. 기금관리형 준정부기관 경우, 금융위원회 산하 신용보증기금 신입사원 초임 4,773여만 원, 중소벤처기업부 산하 기술보증기금 신입사원 초임은 4,786여만 원으로 상대적으로 다른 부처 산하 기금관리형 기관보다 높게 나타났다. 반면, 인사혁신처 산하 공무원연금공단 신입사원 초임은 3,402여만 원, 고용노동부 산하 근로복지공단 신입사원 초임은 3,130여만 원으로 다른 기금관리형 준정부기관보다 신입사원 초임이 상대적으로 낮았다.

[그림 5-23] 부처별 위탁집행형 준정부기관 신입사원 초임 현황: 2020년도

단위: 천원

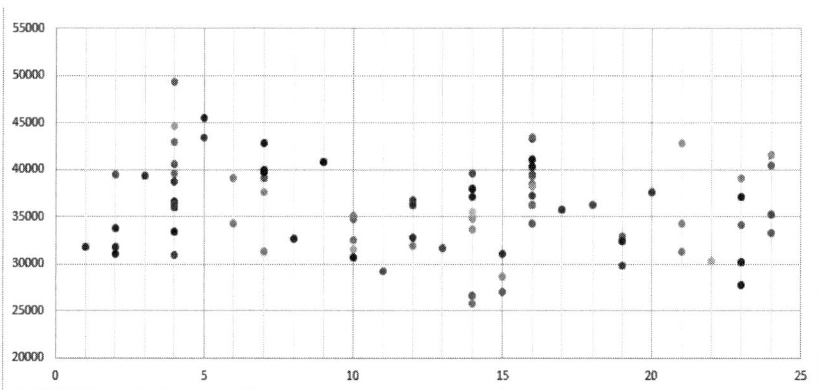

자료: 공공기관 경영정보 공개시스템, 2021.07.29. https://www.alio.go.kr/statisticsStat1.do
주: 1. 경찰청 2. 고용노동부 3. 공정거래위원회 4. 과학기술정보통신부 5. 교육부 6. 국가보훈처 7. 국토교통부 8. 기상청 9. 기획재정부 10. 농림축산식품부 11. 농촌진흥청 12. 문화체육관광부 13. 방송통신위원회 14. 보건복지부 15. 산림청 16. 산업통상자원부 17. 소방청 18. 식품의약품안전처 19. 여성가족부 20. 외교부 21. 중소벤처기업부 22. 특허청 23. 해양수산부 24.환경부

위탁집행형 준정부기관의 신입사원 초임 현황도 부처 간, 부처 내

에서 5천여만 원대에서 2천5백여만 원 수준 사이에 구성돼있는 것으로 나타났다. 위탁집행형 준정부기관 중 가장 높은 신입사원 초임은 받는 기관은 과학기술정보통신부 산하 한국연구재단 신입사원 초임이 4,929만여 원으로 나타났으며, 같은 부처 산하인 한국방송통신전파진흥원의 신입사원 초임은 3,094만 원으로 집계되고 있다. 특히 위탁집행형 준정부기관 중 보건복지부 산하 한국보육진흥원 신입사원 초임은 2,570만여 원, 서울요양원 2,660여만 원으로 매우 낮게 나타났으며, 산림청 산하 한국산림복지진흥원의 신입사원 초임은 2,697여만 원, 해양수산부 산하 한국해양수산연수원 신입사원 초임은 2,767여만 원 순으로 집계되었다. 이처럼 위탁집행형 준정부기관의 신입사원 초임의 경우도 부처 간과 부처 내에서도 2천여만 원 정도의 차이를 보여주었다. 대체로 위탁집행형 준정부기관의 경우, 보건복지부, 산림청, 해양수산부 산하 준정부기관의 신입사원 초임이 상대적으로 낮게 나타나고 있음을 알 수 있다.

[그림 5-24] 부처별 기타공공기관 신입사원 초임 현황: 2020년도

단위: 천원

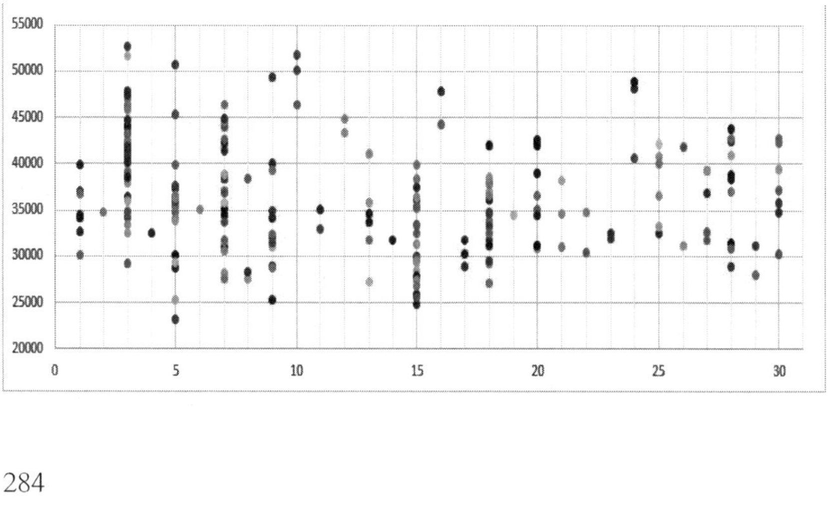

자료: 공공기관 경영정보 공개시스템, 2021.07.29. https://www.alio.go.kr/statisticsStat1.do
주: 1. 고용노동부 2. 공정거래위원회 3. 과학기술정보통신부 4. 관세청 5. 교육부 6. 국가보훈처 7. 국무조정실 8. 국방부 9. 국토교통부 10. 금융위원회 11. 기상청 12. 기획재정부 13. 농림축산식품부 14. 문화재청 15. 문화체육관광부 16. 방위사업청 17. 법무부 18. 보건복지부 19. 산림청 20. 산업통상자원부 21. 식품의약품안전처 22. 여성가족부 23.외교부 24. 원자력안전위원회 25. 중소벤처기업부 26. 통일부 27. 특허청 28. 해양수산부 29. 행정안전부 30. 환경부
* 한국고용노동교육원, 국립호남권생물자원관 2021 예산안 자료

[그림 5-23]에 나타나고 있듯이, 기타공공기관의 신입사원 초임 현황은 위탁집행형 준정부기관의 경우보다 더 편차가 심하다는 점을 알 수 있다. 예컨대 기타공공기관 중 과학기술정보통신부 산하 대구경북과학기술원의 신입사원 초임은 5,263여만 원으로 집계되었으나 같은 부처 산하기관인 국가과학기술인력개발원 신입사원 초임은 2,916여만 원으로 나타났다. 또한, 교육부 산하 강릉원주대학교치과병원 신입사원 초임은 이보다도 낮은 2,316만여 원으로 나타났다. 대체로 기타공공기관의 신입사원 초임의 경우 문화체육관광부, 보건복지부, 교육부 산하 기타공공기관 신입사원 초임이 낮게 책정되어 있음을 알 수 있다.

앞서 살펴보았듯이 지금까지의 공공기관 임금수준과 격차에 대한 분석을 통해 현재 공공기관의 임금수준과 격차 문제가 안고 있는 몇 가지 특징을 요약해 볼 수 있다. 먼저, 공공기관 유형별 직원 평균 보수액이 공공기관 유형별로 큰 차이를 보여주고 있다는 점이다. 예를 들면, 공공기관의 조직 유형에 따라 시장형 공기업의 경우 위탁집행형 준정부기관 또는 기타 공공기관의 경우보다 훨씬 많은 평균보수를 받고 있어 격차만도 2천여만 원대 이상인 것으로 나타나고 있다.

더 큰 문제는 이러한 공공기관 유형 간 임금 격차는 2020년까지 매년 확대되는 추세에 있다는 점이다. 이 같은 공공기관 유형별 임금 격차는 신입사원 초임 수준에서 이미 세팅되어 있다는 점도 지적하지 않을 수 없다. 이 경우 기재부의 인건비 관리지침과 총액 인건비 인상률에 기초함으로써 공공기관 간 임금 격차가 매년 확대되는 것을 막기가 쉽지 않다고 할 수 있다. 또 다른 공공기관 임금 격차의 문제점은 같은 공공기관 조직 유형에 속한다고 할지라도 부처 간뿐만 아니라 동일 부처 산하 공공기관 내부에서도 그 임금 격차가 심하게 나타나고 있다는 점이다. 특히 동일 부처 산하에 있는 공공기관 직원 평균 임금 격차를 설명할 수 있는 객관적이고 합리적인 임금산정 근거를 찾기가 쉽지 않다는 점이다. 무엇보다 공공기관 출범 시 소속 부처의 영향력과 초기 임금이 이후 공공기관의 임금 격차에 상당한 영향을 미치고 있는 것으로 분석된다. 따라서 향후 공공기관 간 임금 격차를 실질적으로 해소해 나가기 이해서는 공공기관의 조직 유형뿐만 소속 부처 산하 공공기관 임금의 비교, 부처 간 공공기관 임금 격차에 대한 객관적인 자료 분석이 요구된다.

요컨대 공공기관 유형별 또는 공공기관 간 임금 격차는 바로 공공기관 임금 결정구조가 잘못되었기 때문이라고 할 수 있다. 무엇보다 공공기관 임금 결정구조에서 노조의 이해가 반영되지 않고 있다는 점을 지적하지 않을 수 없다. 앞서 언급하였듯이 이 같은 일방적인 공공기관 임금 결정구조가 지속하는 한 공공기관 간 그리고 공공기관 내 임금 격차를 해소하기가 쉽지 않으리라고 판단된다. 따라서 이러한 공공기관 간 또는 공공기관 내 임금 격차 해소를 위해서는 공공기관 임금 결정구조의 문제점을 근본적으로 해결하기 위한 정책적 방안 모색이 요구되고 있다.

5. 공공기관 임금 결정구조의 문제점

1) 공공기관 임금 결정과 정부의 일방적 통제

공공기관 임금 결정구조의 가장 큰 문제점은 정부의 일방적 결정과 통제구조라고 할 수 있다. 앞서 살펴보았듯이 공공기관 유형별 또는 공공기관 간 임금 격차도 이 같은 정부의 일방적 임금 결정과 통제구조가 가져온 결과라고 할 수 있다. 현재 공공기관의 임금 결정구조는 정부의 비합리적인 기준과 절차를 통해 이루어지고 있다. 이 같은 공공기관에 대한 정부의 일방적 임금인상 결정으로 공공기관 내 임금 격차는 확대되고 있으며, 공공기관의 기형적 비정상적 임금체계도 지속되고 있다.

정부는 예산편성지침 단계에서 공공기관 임금 지급기준 및 인상안이 포함된 예산편성지침을 마련하고, 이 같은 임금인상 가이드라인 내에서 임금 지급과 배분 결정하고 있다. 또한, 공공기관 임금 결정구조는 기관 예산편성 단계에서 이사회 결의, 주무 기관의 승인을 거치고, 다시 규정 변경단계에서 이사회 결의, 주무 기관의 승인을 거치는 삼중의 통제구조 하에 놓여 있다.

2) 노동의 배제와 노동기본권 제한

공공기관 임금 결정구조의 또 다른 문제점은 임금 결정 과정에서 노동의 배제와 노동기본권이 제약되고 있다는 점이다. 공공기관의 임금 결정 과정에서 예산편성 기준, 수준 및 절차 등을 기재부가 대부분을 결정함으로써 정작 공공기관의 단체협약의 당사자인 노동조합의 참여를 배제하여 노동기본권을 제한하고 있으며, 단지 형식적인 노동권만 부여하고 있다. 반면 정부는 예산편성 가이드라인, 이사회 참여, 규정 및 예산 승인권을 통한 통제, 나아가 공공기관 경영평가를 통해 실질적 사용자로서 모든 결정권을 행사하고 있다.

3) 단체협약 수시 변경 및 자율적 노사합의사항 파기

공공기관 임금 결정 과정에서의 통제를 통해 정부는 노사가 적법하게 체결한 임금체결 및 단체협약에 관해서도 규정 변경단계에서 이사회, 주무장관 승인권을 활용하여 그 효력을 정지하거나 왜곡하는 사례도 발생하고 있다. 실제로 이명박 정부에서는 정부가 단체협약의 내용을 변경할 것을 노사에게 강제하는 현상까지 나타났다. 예컨대 2009년 3월 이명박 정권하 기획재정부는 공공기관 기관장 평가기준 및 지표의 하나로 인력 감축계획, 신입직원 초임조정 등과 단체협약 적정성 여부를 분석하고, 이를 토대로 한 개선방안을 작성하여 제출하도록 강요하였고, 국무총리실은 이를 토대로 산하 공공기관에 단체협약 시정조치까지 내리기도 하였다.

제 3 절

국내외 공공기관 임금제도와 결정구조 사례 분석

1. 영국의 공공기관 임금제도와 결정구조 분석

1. 영국 공공기관 임금제도의 특징

영국 공공기관 임금제도의 특징을 살펴보기에 앞서 먼저 영국의 공공기관에 대한 정의에 대한 이해가 요구된다. 영국의 공공기관은 직접적인 정부 부처의 조직은 아니지만, 중앙정부 또는 지방정부의 일부 기능을 수행하는 모든 형태의 공공조직을 의미한다. 영국은 관습법 전통에 따라 공무원에 대한 법률적 신분을 규정하지 않고 있다. 이 때문에 영국에서 공공서비스에 종사하는 공무원과 비공무원의 신분적 구분이 크지 않다고 할 수 있다(정동관 외 2019). 이러한 영국의 공공기관은 부처 이외의 공공기관, 공기업, 국립의료기관, 공영방송, 중앙은행 등으로 분류된다. 영국 공공기관 임금제도의 특성을 제대로 이해하기 위해서는 영국의 공공기관 임금제도가 역사적으로 어떻게 형성되어왔는가에 대한 분석이 요구된다(정동관 외 2019). 여기에서는 기존의 해외 공공기관 임금제도에 관한 연구성과를 바탕으로 핵심적인 내용 및 특성에 대해 간략히 살펴보기로 한다.

전통적으로 1970년대까지의 영국의 공공서비스 종사자의 임금 및 근로조건은 공공부문 노사관계 속에서 중앙집중적인 단체교섭을 통해 결정됐다(정동관 외, 2019). 1970년대 이전 시기에는 공공서비스 종사자의 임금 및 근로조건은 비교적 원만한 노사관계 속에서 중앙집중적인 단체교섭을 통하여 결정되었다. 특히 이 시기 영국 정부는 '민간부문과의 공정한 비교를 통한 공공서비스 임금 결정'이라는 원칙을 확립하면서 직무 등가성에 기초한 체계적인 임금 비교를 수행하기 위한 '공공서비스 임금조사기구(CSPRU: Civil Service Pay Research Unit)'를 설치 운영하였다. 이후 '공공서비스 임금조사기구'는 대처 정부 들어 1981년에 해체되기 전까지 공공서비스에 존재하는 직렬별 비교 대상 민간 직무 선정 및 임금정보 수집·분석업무 등을 담당하면서 원활한 임금교섭 논의가 이루어지도록 풍부하고 자세한 기초자료를 제공하였다(정동관 외, 2019).

그러나 1970년 오일쇼크 이후 달라진 영국의 사회경제적 분위기 속에서 반복되는 경제위기와 인플레이션 등으로 기존의 공공서비스 분야의 원만한 노사관계 및 단체교섭은 점차 어렵게 되었다(정동관 외, 2019; 이승협, 2019). 이에 따라 점차 영국 공공기관 임금은 정부의 인플레이션 목표, 지급 가능성, 동등 임금(equal pay)의 원칙에 따라 결정되기에 이르렀다. 그럼에도 지역별 임금의 유연성과 다년 임금협약 등에 대해 고려한다(정동관 외, 2019).

2) 영국 공공기관 임금 결정구조 분석

영국 공공기관 임금 결정구조에서는 다음 몇 가지 특징을 보여주고 있다. 먼저, 노동당 시절 공공서비스 임금관리와 관련하여 가장 성공한 정책은 차별적 임금관리 관행 및 제도를 금지하여 동일노동 가치 동일 임금 원칙을 강화한 것이라 할 수 있다(정동관 외, 2019). 둘째, 영국 공공기관 임금 결정은 단체교섭(정부와 노동조합의 단체교섭에 의한 급여 결정)과 소방, 경찰 공무원들에게 적용되는 지수연계제도(indexation formula) 또는 외부 기구인 임금평가기구(Pay Review Bodies)를 통해 이루어지고 있다는 점이다. 지수연계제도란 1994년 이후에 도입된 제도로 민간부문의 사무직 근로자 중간계층의 평균 인상률을 적용하는 방식을 말한다. 그 이전에는 1979년 경찰연합의 요구에 따라 전체 경제의 평균 임금인상률을 적용하였다. 셋째, 직군별 임금 격차를 해소하기 위해 지방정부의 단일 지위협약 체결, 병원 종사자 임금 및 근로조건에 영향을 미친 NHS 변화 아젠더 추진, 고등교육 분야에서 신 임금체계(Framework Agreement for Pay Modernization) 등을 추진하였다. 하지만 영국의 개별 부처 기관은 여전히 서로 다른 임금체계를 갖고 있으며, 임금인상률 결정을 위한 국가 단위 협의는 이루어지지 않고 있다. 앞서 언급하였듯이 영국에서 '공공서비스 임금평가기구(Civil Service Pay Research Univt, CSPRU)'를 설치·운영한 점도 영국 공공기관 임금 결정구조에서 매우 주요한 특징이라 할 수 있다.

〈표 5-7〉 영국 공공부문 내 임금평가기구

임금평가기구	대상 그룹	대상 인원	출범 시기
고위공무원 임금평가기구	SCS 공무원, 법관, 고위직 군인, 그 외 의원, 장관 등	6,245명	1971
군인 임금평가기구	군인	약 210,000명	1971
의사・치과의사 임금평가기구	NHS에 고용된 의사와 치과의사	148,930명	1971
NHS 임금평가기구	DDRB 및 SSRB 대상 NHS 종사자를 제외한 주로 간호사를 포함한 모든 의료인력 및 의료 지원인력	약 150만 명	1983 (2004, 2007년 확대)
교사 임금평가기구	교사	506,500명	1991
교정직 임금평가기구	교도관 및 야간 순찰병	32,060명	2001

자료: Office of Manpower Economics (2011): 채준호 (2012)에서 재인용

현재 영국 정부는 공공서비스 분야 임금평가기구를 운용하고 있다. 임금평가기구는 노사정으로부터 제출받은 노동시장 및 임금 관련 정보(임금, 물가 지수, 결원의 규모, 이직률 등) 검토 및 사업장 방문 조사를 통해 임금과 노동조건에 관한 권고안을 작성, 수상과 의회에 보고, 의회에서 이를 수용함으로써 임금이 결정된다. 이 경우 일반적으로 정부는 명백하고도 강제적인 이유가 없는 한 권고안을 수용해왔다. 실제로 영국 정부는 2000년 이후 임금평가기구 인상안에 대해 전면 수용의 형태를 취하고 있다.

영국 정부는 대처 정부 이후 공공서비스 예산제약의 문제가 지속해서 제기됨에 따라 점차 현금지불 한도(cash limit)에 의한 공공서비스 임금인상률(pay settlement) 결정, 재정 건전성 및 효율성 강화를

위한 새로운 공공지출 계획 및 관리방식을 추진하였다(정동관 외. 2019). 대표적으로 개별 부처 기관의 사업비와 경상경비를 분리하여 현금 한도를 설정하는 총괄 경상경비 제도를 도입한 것이다. 이는 주어진 경상경비 한도 내에서 노조와의 교섭을 통하여 임금인상률을 결정하는 것을 핵심 내용으로 삼고 있다. 재무부는 현금지불 한도 시스템을 통하여 사용자로서 임금교섭을 회피하면서 각 부처와 공공기관 경영진에게 이를 위임하고 있다. 이에 따라 영국 공공기관의 임금결정 방식도 이후 당사자주의에 기초하여 노사가 단체교섭을 통하여 결정해야 한다는 원칙을 무력화하는 방향으로 전개되었다(정동관 외, 2019).

2. 독일 공공기관 임금제도와 결정구조 분석

1) 독일 공공기관 임금제도의 특징

독일 공공부문의 임금체계는 산업별 직무급제도를 근간으로 하고 있다. 공공부문 비공무원들은 연방정부와 기초자치단체 소속 종사자를 대상으로 하는 공공부문 단체협약(TVöD)과 주 정부 소속 종사자를 대상으로 하는 주 정부 공공부문 단체협약(TV-L)에서 규정하고 있는 단일 임금 표의 적용을 받고 있다. 독일 공공부문 단체협약은 2005년 이후 생산직과 사무직을 구분하지 않고 동일임금 표를 적용하고 있다(정동관 외, 2019; 이승협, 2019). 독일 공공부문 임금 표는 크게 직무등급과 직무단계로 구분된다(<표 5-8>, <표 5-9>, <표 5-10> 참조). 여기서 직무등급은 연방 및 기초지자체와 주 정부 임금

표의 직무등급은 각 15등급으로 구성되어 있으며, 세부 직무등급 내용은 약간 다르게 구성되어 있다. 반면 직무단계는 연방 및 기초지자체와 주 정부의 경우 모든 6단계로 구성되고, 직무단계의 상승을 위한 기준연한은 단계별로 상이하게 이루어져 있다(이승협, 2019).

〈표 5-8〉 독일 공공부문의 임금구조

<table>
<tr><th rowspan="4">연방 및 기초 지자체 직무 등급</th><th rowspan="4">주정부 직무 등급</th><th colspan="7">직무단계</th><th rowspan="4">주정부 직무 등급 기준</th><th rowspan="4">연방 및 기초 지자체 직무 등급 기준</th></tr>
<tr><th rowspan="2">구분</th><th colspan="2">기본단계</th><th colspan="4">상승단계</th></tr>
<tr><th>1단계</th><th>2단계</th><th>3단계</th><th>4단계</th><th>5단계</th><th>6단계</th></tr>
<tr><td>연방 기초</td><td>입직</td><td>1년</td><td>3년</td><td>6년</td><td>10년</td><td>15년</td></tr>
<tr><td></td><td></td><td>주정부</td><td>입직</td><td>2~3년</td><td>4~6년</td><td>7~10년</td><td>11~15년</td><td>16년 이상</td><td></td><td></td></tr>
<tr><td>15Ü</td><td>15Ü</td><td></td><td></td><td></td><td></td><td></td><td></td><td></td><td rowspan="5">종합대 및 석사</td><td rowspan="5">종합대 및 석사</td></tr>
<tr><td>15</td><td>15</td><td></td><td></td><td></td><td></td><td></td><td></td><td></td></tr>
<tr><td>14</td><td>14</td><td></td><td></td><td></td><td></td><td></td><td></td><td></td></tr>
<tr><td></td><td>13Ü</td><td></td><td></td><td></td><td></td><td></td><td></td><td></td></tr>
<tr><td>13</td><td>13</td><td></td><td></td><td></td><td></td><td></td><td></td><td></td></tr>
<tr><td>12</td><td>12</td><td></td><td></td><td></td><td></td><td></td><td></td><td></td><td rowspan="6">전문대 및 학사</td><td rowspan="5">전문대 및 학사</td></tr>
<tr><td>11</td><td>11</td><td></td><td></td><td></td><td></td><td></td><td></td><td></td></tr>
<tr><td>10</td><td>10</td><td></td><td></td><td></td><td></td><td></td><td></td><td></td></tr>
<tr><td>9C</td><td></td><td></td><td></td><td></td><td></td><td></td><td></td><td></td></tr>
<tr><td>9B</td><td>9B</td><td></td><td></td><td></td><td></td><td></td><td></td><td></td></tr>
<tr><td>9A</td><td>9A</td><td></td><td></td><td></td><td></td><td></td><td></td><td></td><td rowspan="5">최소 3년 이상의 직업 훈련</td></tr>
<tr><td>8</td><td>8</td><td></td><td></td><td></td><td></td><td></td><td></td><td></td><td rowspan="4">최소 3년 이상의 직업 훈련</td></tr>
<tr><td>7</td><td>7</td><td></td><td></td><td></td><td></td><td></td><td></td><td></td></tr>
<tr><td>6</td><td>6</td><td></td><td></td><td></td><td></td><td></td><td></td><td></td></tr>
<tr><td>5</td><td>5</td><td></td><td></td><td></td><td></td><td></td><td></td><td></td></tr>
<tr><td>4</td><td>4</td><td></td><td></td><td></td><td></td><td></td><td></td><td></td><td>미숙련 및</td><td>미숙련 및</td></tr>
</table>

3	3								반숙련 (3년 미만의 직업 훈련)	반숙련 (3년 미만의 직업 훈련)
2Ü	2Ü									
2	2									
1	1									

자료: TVöD(2018); TV-L(2018). 이승협 (2019: 206)에서 재인용

〈표 5-9〉 독일 연방정부 공무원 임금표 (2019년)

단위: 유로

	보수단계							
	1단계	2단계	3단계	4단계	5단계	6단계	7단계	8단계
	~2년	3~5년	6~9년	10~12년	13~16년	17~20년	21~24년	25년 이상
A 2	2193,09	2241,94	2292,11	2329,71	2368,58	2407,44	2446,28	2485,15
A 3	2277,07	2328,45	2379,84	2421,22	2462,58	2503,94	2545,32	2586,68
A 4	2324,72	2386,12	2447,54	2496,43	2545,32	2594,21	2643,08	2688,23
A 5	2342,24	2418,70	2480,11	2540,31	2600,49	2661,92	2722,07	2780,99
A 6	2392,38	2481,41	2571,63	2640,58	2712,04	2780,99	2857,45	2923,89
A 7	2511,48	2590,46	2694,53	2801,04	2905,09	3010,39	3089,37	3168,34
A 8	2656,89	2752,17	2886,28	3021,69	3157,05	3251,07	3346,34	3440,36
A 9	2867,47	2961,50	3109,43	3259,85	3407,74	3508,29	3612,89	3714,89
A 10	3069,30	3198,41	3385,21	3572,83	3763,94	3896,95	4029,92	4162,96
A 11	3508,29	3705,84	3902,11	4099,66	4235,24	4370,82	4506,40	4642,01
A 12	3761,38	3995,09	4230,09	4463,79	4626,49	4786,59	4948,00	5112,00

A 13	4410,86	4630,37	4848,57	5068,09	5219,17	5371,54	5522,59	5671,08
A 14	4536,10	4818,87	5102,96	5385,72	5580,68	5776,98	5971,94	6168,23
A 15	5544,54	5800,22	5995,18	6190,17	6385,16	6578,83	6772,52	6964,89
A 16	6116,56	6413,57	6638,22	6862,90	7086,29	7312,27	7536,93	7759,03

자료: BMI(2019), 이승협 (2019: 211)에서 재인용

〈표 5-10〉 독일 연방정부 공공부문 임금표 (2019년)

연방 정부 직무 등급	직무단계					
	입직	1년	3년	6년	10년	15년
15Ü	5.869,17	6.513,78	7.124,44	7.531,57	7.626,56	-
15	4.788,35	5.141,23	5.481,38	6.004,84	6.517,61	6.854,95
14	4.335,98	4.655,42	5.025,89	5.451,94	5.950,88	6.293,73
13	3.996,72	4.335,42	4.685,32	5.093,03	5.586,51	5.842,91
12	3.582,23	3.956,45	4.407,89	4.890,86	5.465,08	5.734,95
11	3.457,10	3.803,91	4.119,43	4.477,63	4.972,55	5.242,43
10	3.331,93	3.613,93	3.915,01	4.238,32	4.628,44	4.749,89
9c	2.952,16	3.416,40	3.689,63	4.022,45	4.365,60	4.498,65
9b	2.952,16	3.196,80	3.451,45	3.764,11	4.088,70	4.358,55
9a	2.952,16	3.167,80	3.222,84	3.398,61	3.751,33	3.877,90
8	2.769,15	2.971,27	3.102,32	3.231,30	3.370,30	3.439,92
7	2.598,38	2.822,59	2.958,18	3.089,21	3.209,21	3.279,17
6	2.549,58	2.739,94	2.866,46	2.990,93	3.107,94	3.173,47
5	2.445,99	2.630,06	2.748,57	2.873,03	2.985,28	3.045,87
4	2.329,99	2.514,19	2.663,27	2.755,21	2.847,13	2.900,97
3	2.293,39	2.488,41	2.537,24	2.642,50	2.721,49	2.793,85

2Ü	2.148,83	2.368,88	2.447,93	2.553,33	2.625,77	2.679,82
2	2.122,60	2.316,97	2.366,14	2.432,35	2.577,86	2.730,08
1	-	1.903,09	1.935,39	1.975,78	2.013,43	2.110,33

자료 : https://oeffentlicher-dienst.info/tvoed/(접속일 : 2019. 7. 12). 이승협 (2019: 12) 에서 재인용

2) 독일 공공기관의 임금 결정구조 분석

독일 공공기관의 임금 결정은 다른 국가에 비해 공공부문 종사자의 단체교섭권이 가장 폭넓게 인정되고 있으며, 가장 강력한 중앙집중적 임금결정구조를 갖고 있다(정동관 외, 2019). 독일 공공부문의 임금결정구조는 법정주의에 따라 정부가 결정하는 공무원 부문과 단체교섭을 통해 결정하는 비공무원 부문으로 구분된다. 하지만 단체교섭을 통해 결정되는 비공무원 부문의 교섭 결과가 큰 변동 없이 공무원 부문에 적용되고 있다(이승협, 2019)

독일의 공공기관의 임금 결정은 개별 기관별 교섭이 아니라 연방 및 기초지자체의 사용자 단체연합과 산별노조 사이에 이루어지는 중앙 공동교섭(TVöD)과 주정부 사용자 연합과 산별노조 사이에 이루어지는 중앙교섭(TV-L)에서 결정된다. 이와 같이, 독일의 공공기관의 임금은 강력한 중앙집중적 임금 결정구조를 갖고 있다고 할 수 있다. 현재도 독일의 공공부문 임금 결정 방식은 강력한 중앙집중적인 교섭구조를 비교적 안정적으로 유지하고 있다. 독일의 공공기관 임금 결정 과정에서 간과할 수 없는 중요한 점은 연방정부가 단일사용자로서 사용자들 사이의 의견 조율이나 조정이 필요하지 않으나 인

사를 담당하는 내무부와 재무부 사이의 협의 및 조정과정이 단체교섭 과정에서 필수적이라는 점이다(정동관 외, 2019; 이승협, 2019).

특성별 교섭에서는 내무부가 공공부문 단체교섭의 주무 부처로서 실제 교섭을 주도하고, 교섭 과정에서 필요한 부처 간 협의를 조율하는 역할을 수행하고 있다는 점도 주목할 필요가 있다. 이러한 과정에서 특히 예산부처인 재무부에 대한 '동의의 원칙(Prinzip des Einvernehmens)'이 매우 중요하게 간주 된다(정동관 외, 2019; 이승협, 2019). 특히, 사용자들 간 내부적 갈등과 이견을 최소화하고 지속적인 토론과 논의의 과정을 거쳐 합의안을 도출하는 숙의 의사결정 구조가 잘 갖춰진 독일의 경우, 단체교섭을 통한 공공부문 임금인상률 결정 과정에서 예상을 초과하는 인건비 상승분이 요구될 때도 예비비를 편성할 정도로 노사 간의 단체교섭 과정에서 합의의 원칙을 중요시하고 있다는 점도 주목해 보아야 할 것이다(이승협, 2019).

독일 공공부문의 사용자단체의 조직률은 90%를 넘고 있다는 점에도 주목할 필요가 있다. 독일 공공기관의 경우 단체교섭에서 결정된 임금인상률이 모든 공공기관에서 그대로 적용되는 것도 이 때문이라고 할 수 있다. 요컨대 독일에서의 공공부문 임금관리는 결국 연방정부, 주정부 및 기초지자체의 예산계획 상 인건비 인상률 예상치를 얼마나 단체교섭 과정에서 관철하는가 하는 문제임을 알 수 있다(정동관 외, 2019; 이승협, 2019).

최근 독일 공공기관의 임금결정방식은 공공부문 노동조합의 조율된 분권화 전략(coordinated decentralization)을 특징으로 하고 있다. 단체교섭은 별도로 진행하지만, 교섭 결과를 통해 연방, 주, 기초지자체 공공부문 노동자의 임금 및 근로조건을 최대한 일치시키는 방향으로 교섭전략을 구사하고 있는 형태를 보여주고 있다(정동관 외,

2019; 이승협, 2019). 특히 독일의 경우, 공공부문 내부의 기관별 및 영역별 임금 격차를 최소화함으로써 임금의 사회적 기준을 성공적으로 설정하고 있다. 예산계획의 편성과 관리, 중앙 단체교섭, 단체교섭 과정에서 사용자 간 이견 조정하는 내부 의사결정 구조가 작동하고 있는 것도 독일 공공기관 임금 결정구조의 주요한 특징이라고 할 수 있다(이승협, 2019).

3. 국내 공무원의 임금 결정 시스템 분석

1) 국내 공무원 임금제도 특징

국내 공무원의 임금 및 근로조건의 결정은 공무원 신분 여하에 따라 차이가 난다. 일반 공무원의 경우는 법에 기초하여 정부에 의해 결정되며, 교원과 현업공무원의 경우에는 단체교섭권을 인정받고 있다. 그러나 후자 경우도 임금은 국회에서 확정된 예산과 공무원보수규정상의 임금인상률을 기준으로 결정된다. 국가공무원의 경우 국가공무원법에서 보수 결정의 원칙과 보수에 관한 규정 등을 설정하고 있고, 이에 근거한 공무원보수규정과 공무원 수당 등에 관한 규정에 따라 임금이 결정된다. 한편, 노동조건 대부분은 인사혁신처가 관할하는 공무원 복무규정에 의해 결정된다. 지방공무원의 경우 지방공무원법과 지방공무원 보수 규정이 존재하고, 법적으로 지방정부가 자체적으로 임금수준을 결정하게 되어 있으나 실제 중앙정부 국가공무원의 보수 수준에 준하여 결정되고 있다. 공무원의 보수에 관한 사항은 대통령령으로 정해지는데(국가공무원법 제47조 1항, 지방공무원법 제45조 1항), 대통령령인 공무원보수규정과 지방공무원 보수규정에서 공무원 보수체계 등 보수에 관한 구체적 사항들을 규정하고 있다.

정부의 공무원 보수 결정 과정을 보면 인사혁신처는 매년 공무원 처우 개선계획을 수립하여 공무원보수위원회 자문을 거쳐 예산을 담당하는 기획재정부 등 관련 기관과의 조정과정을 거쳐 급여 조정의 폭을 정한다. 이후 대통령이 주재하는 국무회의의 의결을 거쳐 정부의 「처우개선 재원 활용계획」이 예산안의 형태로 국회에 상정된다. 국회는 이 예산안을 심의하여 가결되는 경우 국가공무원의 공무원보수규정, 지방공무원의 지방공무원보수규정을 개정하여 다음 해 1월 1일부터 집행하는 방식으로 관련 의사결정과정이 마무리된다.

공무원 보수 결정의 원칙은 국가공무원법 제46조와 지방공무원법 제44조에서 규정하고 있다. 즉 공무원의 보수는 직무의 곤란성과 책임의 정도에 맞도록 계급별·직위별 또는 직무등급별로 정하고(1항), 일반의 표준 생계비·물가 수준·그 밖의 사정을 고려하여 정하되 민간부문의 임금수준과 적절한 균형을 유지하도록 노력하고(2항), 경력직공무원 간의 보수 및 경력직공무원과 특수경력직공무원 간의 보수는 균형을 도모하여야 한다(3항). 그리고 공무원의 보수 중 봉급에 관하여는 법률로 정한 것을 제외하고는 대통령령으로 정하며(4항), 동 법 기타 법률에 의한 보수에 관한 규정을 따르지 아니하고는 어떠한 금전 또는 유가물도 공무원의 보수로 지급될 수 없다(5항). 이와 더불어 현실적으로는 세수 등 정부의 인건비 지불 능력, 노동시장의 인재수급과 고용 사정, 재정 규모, 생계비 수준 등 사회적 여건, 성과향상 등 정책 목적, 물가 수준, 선거 등 여타의 추가적 요인들이 정부의 공무원 급여 결정에 영향을 미칠 수 있도록 하고 있다

(신용철, 2013; 황선자, 2004). 그러나 정부는 이와 같은 임금 결정 원칙을 무시하고 정치적 고려에 따라 일방적·일률적으로 공무원 보수를 결정하고 집행하여 온 것이 현실이다.

국내에서는 2006년 1월 「공무원노조법」의 시행과 더불어 6급 이하의 일반직 공무원들은 매우 제한된 방식이지만 노조를 통해 임금과 근로조건에 대한 단체교섭권을 갖게 되었다. 이에 따라 공무원노조는 공무원의 보수·복지 그 밖의 근무조건에 관하여 교섭할 권한을 가질 수 있도록 보장하고 있다(동법 8조 1항). 특히 하위직 공무원과 교원 및 현업공무원의 경우에 공무원노조법, 교원노조법 및 일반 노조법에 따라 단체교섭권이 인정되어 있다. 그러나 공무원노조법상 단체교섭의 규정에도 불구하고, 공무원들의 급여를 실질적으로 결정하는 것은 단체교섭이 아닌 국가공무원법상의 공무원 보수에 관한 규정이다. 현실적으로 공무원의 임금은 국회에서 확정된 예산과 공무원보수규정상의 임금인상률을 기준으로 정부에 의해 결정되고 있다(김인재·노광표, 2010).

이와 같은 정부의 공무원 임금수준 결정 제도하에서 공무원의 보수와 복리후생의 범위를 실질적으로 규정하는 것은 기획재정부에서 주관하여 편성하는 공무원 보수예산이다. 공무원 보수 예산과 관련된 핵심 근거는 「국가재정법」 제29조 이하의 예산편성절차 및 정부의 예산편성지침으로, 이에 따라 기획재정부는 공무원보수를 일방적으로 결정할 수 있는 실질적 권한을 보유하고 있다. 또한 공무원 보수예산안은 국회에서 예산안을 승인함으로써 결정되므로 사실상 공무원 급여는 정부가 책정한 보수예산의 범위를 넘어설 수 없게 되어 있다(채준호, 2012; 김인재·노광표, 2010).

형식상 2006년부터 공무원의 급여와 근무조건에 관한 사항은 노사 간에 단체교섭의 대상이 될 수 있다. 그러나 현행 제도는 급여와 근무조건 등에 대한 단체교섭의 체결 중 법령, 조례 등의 개정에 관한 사항은 교섭 대상에서 제외하는 비교섭 사항으로 단체교섭의 효력을 지닐 수 없도록 제한하고 있다(공무원의 노동조합 설립 및 운영에 관한 법률 제10조). 결국 공무원노동조합이 임금 결정 과정에 참여하는 것은 실질적으로 거의 불가능한 상황에 있기에 공무원의 급여 결정은 여전히 정부가 최종적이며 일방적인 결정권을 갖는 것으로 보아야 할 것이다(김훈, 2016).

2) 공무원 보수위원회의 교섭구조 분석

2006년 1월 「공무원노조법」도입 이후에도 공무원의 임금결정방식은 내용상의 변화는 없었으나, 정부는 급여 수준 논의과정에 공무원노조의 대표자 등의 입장을 대변하는 이해 당사자들의 의견 수렴과 참여의 통로만을 어느 정도 열어 놓고 있다. 노조법 이행 이후 공무원들의 급여에 노조가 참여할 수 있는 유일한 통로는 2010년 4월에 설치된 '공무원 보수 민관심의위원회'이다. 이후 2019년 3월 공무원보수위원회로 명칭을 변경하여 오늘에 이르고 있다. 공무원보수위원회는「공무원보수위원회 규정」(인사혁신처 훈령 제79호)에 근거를 두고 운영되고 있다.

해당 위원회 규정에 따르면 이 위원회에서는 공무원 처우개선 계획 수립, 공무원 보수 수준의 조정, 공무원의 종류·직군 등 간의 보수 균형, 기타 공무원 보수제도의 합리적 개선에 관한 사항을 심의하도록 되어 있다. 위원회는 위원장을 포함한 15명 이내의 위원으로 구성한다. 위원회 구성을 보면, 보수정책 관련 중앙행정기관의 고위공무원단에 속하는 공무원 5명 이내, 공무원 노조법에 의한 노동조합에서 추천하는 사람 중 인사혁신처장이 위촉하는 5명 이내, 노동·임금정책 등에 관하여 학식과 경험이 풍부한 사람 중 인사혁신처장이 위촉하는 5명 이내 등으로 구성된다. 현재 공무원 보수위원회는 [그림 5-24]와 같은 조정 절차에 따라 운영되고 있다. 매년 6월에서 7월 사이에 본위원회(2~3회) 및 심도 있는 논의를 위하여 소위원회를 운영하고(1~2회) 필요 시 실무협의회를 운영한다.

[그림 5-25] 공무원보수위원회 조정 절차

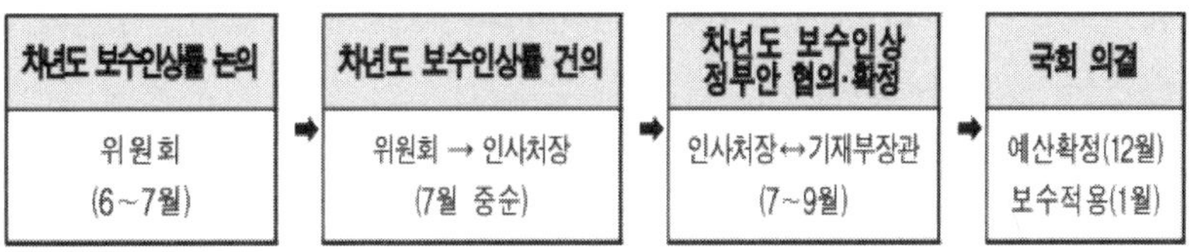

‘공무원보수위원회’의 전신인 ‘공무원 보수 민관심의위원회’는 애초에 국민의 정부 시절 공공부문과 민간부문 간의 임금 격차를 시정한다는 취지로 만들어졌다. 당시에는 공무원과 민간기업 간의 급여 격차 조정과 관련된 논의에 주력해 왔다. 그러나 이명박 정부에 들어서면서 경제 여건이 어려워지고, 2008년을 전후한 시기에 국제금융위기의 여파가 공공부문의 급여에 대해서도 점차 강한 압박을 가하면서 위원회의 기능은 점차 약화되어 갔다. 정책의 우선순위와 현안에 대한 정부의 입장이 경제위기 극복을 위한 임금인상 억제와 고통분담으로 바뀌면서 실질적인 임금 조정과 관련한 심의와 건의 기능도 약화되어 왔다.

2019년 4월 공무원보수위원회로 명칭을 변경하고 새롭게 위원회가 시작될 때는 위원회의 역할 활성화에 대한 기대가 있었다. 2016년 한국행정연구원이 발간한 「환경변화에 대응한 공무원 보수체계의 개편방안」을 보면, 공무원 보수위원회의 설치(법적 근거 마련) 및 보수위원회의 역할 활성화에 대하여 반대하는 응답은 없으며, 동의하는 응답이 72.8%이며, 보통이라는 응답이 27.3%를 차지하고 있다. 전문가들은 공무원 보수위원회의 설치에 대하여 동의하는 정도가 상당히 높았음을 알 수 있다. 또한, 공무원 보수의 대외적 형평성과 대내적 형평성을 확보하기 위하여 '공무원 보수위원회'를 상시적으로 운영하며, 부처 자율성에 대응하여 부처 직무의 난이도와 책임 정도를 종합적으로 검토하는 역할을 해야 한다고 주장하고 있다. 위원회의 역할로는 민관 보수 비교를 통한 공무원 보수의 적정수준 결정 외에, 공무원 보수의 전국적 통일성과 부처 및 지역 간 차별성의 정도, 부처들의 직무급, 숙련급, 성과급을 비교·검토하고 조정하는 역할 등을 수행할 수 있을 것으로 기대하고 있다.

그러나 최근 공무원보수위원회의 파행적 운영이 문제점으로 지적되고 있다. 2018년 공무원 단체교섭에서는 공무원 보수위원회 산하에 '초과근무수당 개선 소위원회'을 설치·운영하였으나 초과근무수당에 대한 외부 전문위원들의 조정안을 정부가 수용하지 않아, 공무원노조가 공무원 보수위원회의 참여 중단을 선언하였다. 또한, 2020년 7월 공무원 보수위원회는 2021년 임금인상률을 1.3~1.5%로 결정하였음에도 기획재정부는 보수위원회의 협의 결과를 무시하고 일방적으로 0.9% 인상률을 발표하였다. 결국, 이러한 형태는 정부대표단이 참여해 협의를 통해 결정한 사항을 기획재정부가 무력화함으로써 공무원 보수위원회 무용론을 부추긴 꼴이 되었고, 또다시 노동조합이 불참하며 파행적 운영이 반복되고 있다.

노・정・전문가 그룹 등 동수가 참여하는 110만 공무원의 임금교섭기구인 '공무원 보수위원회'는 지난달 17일 5차례의 회의를 통해, 2021년 공무원 임금을 1.3~1.5% 구간에서 인상하기로 합의했다. 이는 2021년 최저임금 인상률 1.5% 이하로 2008년 금융위기 이후 13년만에 가장 낮은 인상률이다. 우리가 물가인상률에도 못 미치는 실질임금 삭감 조치를 수용한 가장 큰 이유는 코로나19라는 전대미문의 재난으로 국가 경제가 위기에 처해 있고, 국민들이 생존의 기로에 놓여 있는 절박한 사정을 감안한 대승적인 결단이었다.

하지만 청와대와 기획재정부는 어렵사리 마련한 '노・정 합의'를 무시하고 2021년 공무원 임금을 0.9% 인상으로 결정했다. 자신들이 내세운 정부 교섭 대표단이 합의한 사항을, 또 다른 정부 기관이 뒤집는 이율배반적이고 납득할 수 없는 행동을 천연덕스럽게 작년에 이어 반복해서 보여주고 있는 것이다. 그동안 '공무원보수위원회'와 각급 공무원노조는 이러한 기재부의 '갑질'과 폐단을 사전에 방지하기 위해 기재부에 지속적으로 보수위원회 참여를 요구했다. 하지만 기재부는 요구에 응하지 않았고 단 한 번도 참여하지 않더니, 결국 기재부가 '옥상옥'이라는 것을 스스로 증명시켜 주었다.

우리는 예산권을 쥐고 공무원노동자에게 무한 복종과 희생만을 강요하는 기재부와 무책임한 청와대를 강력히 규탄한다. 또한, 허울뿐인 '공무원보수위원회'가 아닌 "국무총리가 정부 대표가 되고 기재부가 참여하는 실질적인 임금교섭기구"를 설치할 것을 강력히 촉구한다(공무원노조 공동성명, 2020년 9월 1일).

공무원보수위원회는 공무원 임금수준을 결정하는 과정에서 공무원노동조합의 목소리를 담을 수 있는 장치를 마련하였다는 측면에서 공무원 노사관계가 진일보한 것으로 평가할 수 있다. 그러나 해당 위원회를 주관하는 인사혁신처가 사실상 공무원의 보수에 대한 최종적 의사결정 권한의 영역에서 배제되어 있다. 현행 제도 하에서 공무원의 보수에 대하여 최종적인 의사 조율과 정책 판단의 영역은 기획재정부의 독자적인 의사결정 영역에 속해 있기 때문이다(김훈, 2016).

[그림 5-26] 공무원 임금결정 과정과 역할

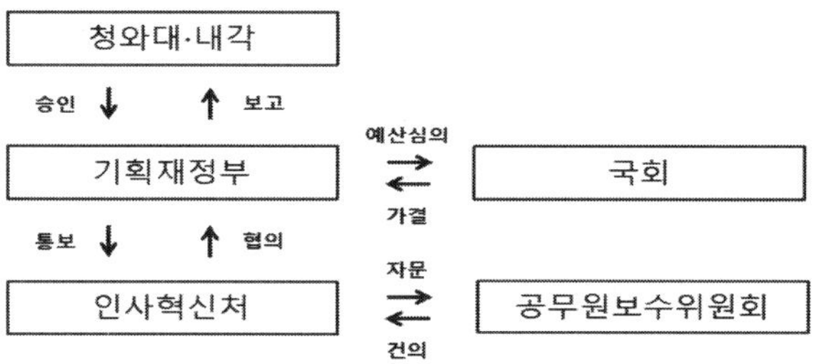

[그림 5-26]은 공무원 임금결정 과정과 각 주체의 역할을 요약·정리한 것이다. 이 그림에 따르면 우리나라에서 공무원들의 급여 수준과 내용에 대한 핵심적인 의사결정과정과 권한은 기획재정부와 국회가 나누어 행사하는 것으로 볼 수밖에 없다. 이에 반해 공무원 노사관계에서 법·제도적으로 사용자 측 당사자로 볼 수 있는 인사혁신처와 근로자 이익을 대변하는 공무원노조의 의견이나 영향력은 직접적인 의사결정권이 없는 자문기구 정도 수준에서 극히 제한적인 참여 수준에 머물고 있음을 알 수 있다. 결국, 공무원의 임금수준이나 인상률의 최종적인 의사결정은 기획재정부의 권한에 속한다.

현행 공무원 임금결정방식은 결국 기획재정부의 최종적인 결정에 모든 것을 위임하는 방식을 취하고 있다. 이러한 방식은 지나치게 경직적, 포괄적, 일괄적, 일방적이어서 점점 더 다원화되고 복잡해지고,

그 규모가 확대되고 있는 정부 부분의 인적자원 구조의 변화와 행정 인력 수요 변화에 능동적, 효율적으로 대처하지 못하는 문제를 안고 있다. 또한, 이미 각급 행정기관 간에 존재하는 격차, 직무 간 편차, 성과 요소의 다양성 등 시급히 요구되는 급여 제도 변화에 대한 필요성 역시 제대로 담아내지 못할 것이라는 문제점이 지적되고 있다(김훈, 2016).

4. 정책 시사점

영국과 독일 공공기관 임금제도와 임금 결정구조 분석을 토대로 다음 몇 가지 정책적 시사점 도출해 볼 수 있다. 외국 사례의 임금 결정구조는 대체로 중앙집중 단체교섭(독일 및 영국 지방정부), 분권적인 단체교섭(영국 중앙정부), 제3의 기구(영국 보수심사기구[Pay Review Bodies], 일본 인사원 등) 등 세 가지 유형으로 구분해 볼 수 있다. 영국의 공공기관 임금 결정구조는 지방정부의 경우 단일 중앙집중적 단체교섭을 통해 결정된다. 반면 중앙정부 기관의 경우 분권화된 단체교섭 형태를 취하고 있다. 보수심사기구의 경우 직접 업종별로 임금 결정이 이루어지고 있다. 반면 우리의 경우 중앙정부 차원에서 공공기관 임금이 결정되는 구조라고 할 수 있다.

대체로 외국 사례의 경우 공공기관의 임금 결정에 사회적 대화 기구가 개입하지 않고 있다. 앞서 살펴본 영국과 독일 등 다른 OECD 국가의 공공기관 임금 결정은 노동조합과 중앙, 또는 지방정부가 단체교섭을 통해 결정되거나 영국의 임금평가기구와 같은 제3의 기구가 조정하는 형태를 보인다. 영국이나 독일의 경우 공공기관 임금 결정구조에서 사회적 대화의 역할은 크지 않은 것으로 나타나고 있다.

국내 공공기관의 임금 결정 과정에서 사회적 대화 기구인 경제사회노동위원회 산하에 구성되어 운영되고 있는 공공기관위원회는 개입하지 않고 있다. 다만, 우리의 경우 공무원 보수위원회와 공무직위원회 등 공공기관의 임금 결정 과정에서 사회적 대화 기구의 관여가 부분적으로 이루어지고 있다. 또한, 공공기관을 대상으로 매년 시행되고 있는 경영평가 성과보수제도는 공공기관의 임금 결정에 일정 정도 영향을 미치고 있다. 하지만 한국의 공공기관 지배구조와 경영평가제도 등을 고려해 볼 때 현 단계에서 공공기관 임금 결정 과정은 노사 간 단체교섭의 대상이 되기 매우 어려운 구조라고 할 수 있다. 요컨대 국내 공공기관의 임금 결정 과정에서 노동자가 직접 교섭상대자로 나서거나 임금 결정구조에 노동자가 참여하는 방안에 대해 정책적으로 모색할 필요가 있다.

제 4 절

새로운 공공기관 임금 결정구조 모색과 정책 제안

1. 공공기관 신 임금 결정구조 원리와 정책 방향

1) 노동기본권 보장

공공기관의 임금 결정은 노동조합이 참여한 가운데 이뤄져야 한다. 노조 참여 하에서 공공기관의 임금이 결정될 수 있도록 민주적 거버넌스를 구축할 필요가 있다. 요컨대 공공기관 임금 결정구조에서 노동기본권 보장이 이루어질 수 있도록 해야 한다. 공공기관 임금 결정구조에 노조가 참여하는 문제는 단순히 공공기관의 임금수준을 끌어올리기 위한 문제가 아니라 노동기본권을 행사할 수 있는 시스템을 만드는 문제라고 할 수 있다.

2) 노동참여형 임금 결정

공공기관 임금 결정은 반드시 노동이 참여한 가운데 이루어져야 한다. 앞서 살펴보았듯이 공공기관의 임금 결정구조에서 정부의 일방적 결정과 통제는 공공기관 간 또는 공공기관 내 임금 격차의 문제를 낳고 있다. 이러한 공공기관의 임금 격차 문제는 현재와 같은 임금 결정구조가 지속하는 한 해결하기 쉽지 않으리라고 판단된다. 따라서 현행 공공기관 임금 결정구조가 갖는 문제점을 해결하기 위해서는 노동참여를 보장하는 방안과 민주적 거버넌스를 어떻게 구축할 것인가에 대한 더 많은 정책적 고민과 노력이 요구된다.

3) 초기업별 단체교섭을 통한 임금 결정

공공기관 임금 결정구조가 제대로 자리매김하기 위해서는 장기적 관점에서의 초기업별 임금교섭 제도를 모색할 필요가 있다. 공공부문에서의 초기업별 임금 결정 제도의 모색은 공공기관 임금 결정 과정을 노조 내부화하는 동시에 노동기본권을 행사할 수 있는 공간을 창출할 수 있다. 이러한 공공부문의 초기업별 임금 결정 방식은 현재와 같이 기재부가 일방적으로 결정하는 방식보다는 더 좋은 정책적 결과를 낳을 수 있다. 공공기관 임금 결정구조에서 과거 정부의 일방적 결정과 통제는 공공부문 노사 간, 노정 간 극심한 갈등을 유발하였다. 박근혜정부에서의 성과연봉제와 임금피크제를 둘러싼 노정 간 대립이 대표적 사례라고 할 수 있다.

2. 공공기관 신 임금제도와 임금 결정구조와 정책 제안

1) 공공기관 보수위원회 구성 및 운영

공공기관의 임금 결정 과정에서 이해관계 당사자의 참여와 민주적 절차를 확보하기 위해 '공공기관 보수위원회(또는 공공기관 임금위원회)'를 설치하여 운영하는 방안을 적극적으로 검토할 필요가 있다. 공공기관 보수위원회는 공공기관운영위원회 산하에 둔다. 공공기관 보수위원회 구성은 공공기관 사측 기관 협의회 대표 5인, 공공기관노조 대표 5인, 민간 공익위원 5인 등으로 구성한다. 이 경우 공공기관 보수위원회의 노사 대표는 공공기관 기관 유형별 공기업, 준정부기관(기금관리형, 위탁집행형, 강소형), 기타 공공기관 대표 1인씩 총 5명으로 구성한다.

현재 한국노총과 민주노총으로 나누어 조직되어 있는 공공기관 노조 측 대표는 양대 노총 공공부문 공대위에 위임하여 내부 조직의 논의 및 합의에 따라 5명의 대표를 선정하도록 하는 방안을 검토할 수 있다. 공공기관 사측 대표의 선임은 공공기관 사용자단체 협의회를 구성하여 자체적으로 5명을 선임하도록 하되 시장형 공기업, 준시장형 공기업, 기금관리형, 위탁집행형, 기타 공공기관 등 공공기관 유형별로 각 1명씩 대표를 선정하여 운영한다. 또한, 공공기관 임금 결정을 위한 공익 전문가 5명은 노사 및 정부의 추천과 내부 선정과정을 거쳐 임명하도록 한다. 공공기관의 임금 결정구조는 궁극적으로 영국과 독일의 경우처럼 노사 간 단체교섭 형태로 나아가야 한다. 다만 현재 공공부문의 산별노조 구성이 활동이 영국과 독일처럼 활발하지 않은 국내 여건을 고려하여 과도기적 형태로서 공공기관운영위 산하에 공공기관 보수위원회 설치 구성하여 운영할 것을 제안한다.

공공기관 보수위원회는 공공기관운영위원회 산하에 두도록 하되, 필요할 경우 전문위원회를 구성하여 운영할 수 있다. 공공기관 보수위원회 결정 사항은 기획재정부의 공공기관 임금 지급기준 및 인상안이 포함된 예산편성지침을 마련하기 이전으로 한다. 이를 감안할 경우, 공공기관 보수위원회는 매년 5월부터 9월까지로 활동시간을 정하여 운영한다. 또한, 공공기관 보수위원회는 차기 년도 임금인상안을 결정하기 위한 논의과정에서 공공기관의 임금수준, 임금 격차, 임금체계에 대한 논의 사안을 다루도록 한다.

2) 공공부문 임금조사연구회 설치 · 운영

공공기관 보수위원회를 공공기관운영위원회 산하에 설치하여 운영할 경우 필요시 산하 전문위원회 형태로 '공공부문 임금조사연구회'를 설치하여 운영하는 방안도 검토할 수 있다. 이 경우 공공부문 임금조사연구회는 매년 공공부문 임금실태 및 임금인상 관련 데이터에 대한 조사 분석을 토대로 공공기관 운영위원회 및 공공기관 보수위원회에 공공기관 임금 결정을 돕기 위한 임금 기초자료를 제공하도록 한다.

공공부문과 민간부문 임금 비교를 위한 체계적인 임금조사를 시행하는 방안에 대해서도 적극적으로 검토할 필요가 있다. 예컨대, 일본의 경우, 민간기업과 공공부문의 임금 형평성을 담보하는 핵심적인 수단으로서 매년 엄격하고 철저하게 임금실태조사를 시행하고 있다(정동관 외, 2019). 특히 민간급여와 공무원 급여를 정확하게 비교하기 위해 일본 정부의 인사원은 매년 직종별 민간급여 실태조사 및 국가공무원 급여실태조사를 동시에 시행하고 있다. 특히 일본 정부의 민간급여 실태조사는 상시고용 50인 이상을 고용하는 사업장을 대상으로 층화 무작위 방식으로 표본을 추출하여 이루어진다.

3) 공공부문 유형 재분류를 위한 조사기구 및 기획단(TF) 구성

공공기관 임금 격차 해소를 위해서는 공공기관 조직 유형 분류에 대한 전면적인 재검토가 필요하다. 특히 위탁집행형 준정부기관, 기타공공기관의 경우 그 수가 많고, 동일 부처 산하에도 공공기관서비스 종사자들의 임금수준과 격차가 큰 것으로 나타나고 있다. 따라서 공공기관 종사자들의 직원 평균 보수액 등 공공기관 노동자 간 임금 격차를 어떻게 해소할 것인가에 대한 근본적인 고민이 필요하다. 이와 관련하여 현재 기타 공공기관 유형으로 분류되고 있는 공공기관은 공기업이나 준정부기관의 숫자보다 훨씬 많다. 따라서 현재 기타 공공기관에 속한 기관들을 공공기관의 특성과 업무 성격에 따라 기존의 준정부기관 유형으로 재배치하여 최소화하는 동시에 보다 논리적이고 객관적인 기준에 근거하여 세밀한 유형으로 재분류하는 노력이 요구된다.

이를 위해 먼저, 기존 위탁집행형, 기타 공공기관 분류에 대한 재검토 및 공공기관의 재분류 작업에 대한 분석 및 기준 마련을 위한 조사기구 구성을 적극적으로 검토할 필요가 있다. 현재 공공기관의 조직 유형 및 부처 간, 부처 산하 공공기관 종사자 직원 평균 보수 및 임금 격차에 대한 객관적이고도 합리적 근거에 대한 연구조사가 필요하다. 이러한 작업을 위해서는 반드시 공공기관 이해 당사자와 노조 관계자들이 논의 구조에 포함되어야 할 것이다.

3. 공공기관 산업별 노정 교섭의 제도화

공공기관 임금 결정구조의 개편은 장기적으로 공공기관 단체교섭 형태로 추진해 나갈 필요가 있다. 이러한 장기적 관점에서 공공기관 임금 결정을 위한 공공기관 보수위원회를 구성하여 운영하되, 이를 과도기형 임금 결정 모델로 설정하도록 하여 운영한다. 공공기관 임금 결정구조가 산별교섭으로 가야 하는 이유는 그동안 공공기관 임금 결정 과정에서 보여준 정부의 행태에 대한 반성과 성찰의 결과라고 할 수 있다. 예컨대 공공기관 간 격차 문제에 대한 해결 방식도 그동안 기재부가 해 왔던 방식처럼 정부의 일방적 결정과 강요 방식보다는 노조가 참여하는 가운데 그 방안을 모색한다면 노조 내부에서 연대 임금정책을 내부화할 수 있다. 이 경우 정부는 정부의 역할만 제대로 하면 된다. 정부는 공공기관에 교섭의 장을 만들어주고 노조는 그러한 질서를 만들어서 교섭에 참여할 수 있다. 오히려 공공기관 임금 결정구조에서 정부가 보여 온 일방적인 결정과 강요방식은 되풀이되어서는 안 된다.

공공기관 보수위원회의 구성과 활동 방향도 독일의 경우처럼 사용자단체 연합 구성 및 중앙 공동교섭을 통한 공공부문 임금 결정 제도를 도입하여 장기적으로 노사 간 중앙공동교섭을 지향하도록 한다. 이 경우 공공기관 보수위원회는 과도기적인 준 단체교섭기구로 배치하고 점차 공공기관 임금 결정의 경험을 바탕으로 노사 간 또는 노정 간 단체교섭으로 발전할 수 있도록 도모해야 한다. 이 경우, 산별 또는 업종별 단체교섭을 통한 공공기관의 임금 결정구조에서 반드시 간과하지 말아야 할 점은 바로 공공기관의 임금 결정 과정에서의 두 가지 원칙, 즉 이라고 할 수 있다(박태주, 2021). 전자가 공공기관 종사자의 임금수준의 차이를 설명할 수 있는 의미라고 한다면 후자는 공공기관 내 임금 격차를 해소하는 방안이 될 수 있다. 민간·공공 대등의 원칙은 민간부문과 같은 산업 또는 업종단위에서 동일한 노동을 하면 보상도 동일해야 한다는 원칙을 의미한다.

끝으로, 공공기관 노사단체 교섭 또는 노정 교섭을 지원하는 방안으로써 공공기관운영위원회가 소속되어 있는 기획재정부, 또는 추후 조직을 변경할 경우 국무조정실 산하에 공공기관 임금 결정을 지원하기 위한 공공기관 노사교섭국 또는 노정교섭국을 설치하여 운영할 것을 제안한다.

제6장

결론: 요약 및 정책 방안

제 1 절

연구 배경과 의의

공공기관의 설립목적은 정부의 기업 활동을 수행하여 시장 실패를 해소하고 시장에서 공급하기 힘든 보편적인 공공서비스를 제공함으로써 국민경제의 성장 · 발전을 지원하고 전체 국민의 삶의 질을 향상하기 위한 것이다. 공공기관의 존재이유는 사회적 차원의 보편적 필요와 공공적 사회적 가치 및 사회 안전망을 구축하는 데 있다. 공공기관은 국민의 세금에 기초한 정부 재정으로 운영되는 만큼 공공기관의 운영과 관리는 투명하고 책임성 있게 이루어져야 한다. 또한, 공공기관들이 자신들에게 할당된 고유한 공공적 가치를 실현할 수 있도록 기관의 지속가능성과 자율적 경영이 담보되어야 한다.

이 연구는 2022년 대통령선거와 맞물려 현재 공공기관의 지배구조 및 운영에 관한 심층적 연구를 통해 향후 공공기관의 올바른 발전 방향과 지속가능성의 토대를 제공하는 데 주요 목적이 있다. 이를 위해 지금까지 공공기관 운영의 기본 틀로 제시되어온 '신공공관리론(NPM)'를 비판적으로 검토하고, 이에 대한 대안적 이론으로 제시되고 있는 '신공공거버너스론(NPG)'과 '신공공서비스론(NPS)'에 대한 분석을 통해 사회적 가치를 중시하는 새로운 공공이론을 발굴함으로써 공공기관의 공공성 강화 및 대안적 공공기관 지배구조 방안을 모색하여 제시해 보았다. 특히, 본 연구는 현재 공공기관 지배구조의 문제점을 진단하고 혁신방안 제시와 함께 공공기관 경영평가체계의 문제점과 개선방안을 마련하고 나아가 임금과 근로조건을 비롯한 공공정책 결정 과정에 대한 노동참여 방안을 제시해 보고자 하였다.

먼저, 공공기관의 공공성 강화와 민주적 운영을 위한 지배구조 혁신방안의 하나로「공공기관 운영에 관한 법률」개정안의 핵심이 될 공공기관 운영위원회의 위상과 역할을 재점검하고 나아가 공공기관 운영위원회의 구성 및 운영을 비롯한 지배구조 혁신을 위한 제도개선 방향을 모색해 보았다. 둘째, 현행 공공기관 운영 및 경영평가체계를 비판적으로 검토하고 새로운 평가체계 및 기준을 제시해 보고자 하였다. 이를 위해 공공기관 경영평가의 역할과 기능, 경영평가제도 현황 및 문제점을 분석하고 이를 토대로 공기업과 준정부기관에 대한 경영평가제도 개선방안을 제시하고 있다. 셋째, 공공정책의 수립과 공공기관 운영, 그리고 임금 및 근로조건의 결정 과정에서의 노동참여 방안을 제시해 보고자 하였다. 특히 공공기관위원회 운영 경험을 바탕으로 공공기관 노동자의 임금 및 근로조건 결정 과정 참여를 위한 노정 교섭 제도화 방안을 모색하였다. 이를 통해 정부의 일방적인 통제 위주의 방식에서 벗어나 노동 존중 사회 실천과 민주적 공공기관 운영을 위해 공공기관 관련 산업·공공정책의 형성과정에 대한 노동 참여 방안을 제시하였다.

요컨대 본 연구는 공공기관의 지배구조 개선, 공공기관 경영평가체계, 그리고 공공정책 결정 과정에서의 노동 참여 방안에 관한 심층적인 연구를 통해 2022년 대통령선거 및 차기 정부의 올바른 공공기관 지배구조모델 정립과 실질적 노동 참여 강화에 이바지하는 데 주요 목적이 있다.

제 2 절

공공기관 개혁이론에 대한 비판적 검토와 시사점

1980년대 이후 '신공공관리론(NPM)'는 공공정책 결정 및 공공기관 관리를 뒷받침하는 핵심 이론으로 대두하였다. 신공공관리론은 기존의 구제도주의(Old institutionalism)에 입각한 전통적 행정학과 달리 '계약에 의한 관리(management by contract)'와 '경쟁' 등을 통해 공공기관에도 효율적인 지배구조를 도입해야 한다는 점을 강조하면서 정부조직 혁신은 물론 공공기관 혁신의 이론적 근거로 자리매김하게 된다. 하지만 '신공공관리론'이 공공부문과 개별 공공기관이 갖는 차이를 인정하지 않고 효율성만을 추구함에 따라 공익적 가치가 저해될 수 있다는 비판과 지적이 대두하면서 '신공공거버넌스론'과 '신공공서비스론'이 대안적 이론으로 나타났다.

신공공거버넌스론은 관료제 중심의 전통 행정학이나 관리적 재량과 계약 메커니즘에 의한 신공공관리론과 달리 정부가 아닌 시민(citizen)을 공공정책 결정과 논의의 중심에 두는 특징이 있다. 시민을 정책과 서비스 전달의 공동생산자(co-producer)로 인정하는 점에서 국가 위주의 기존 행정학이나 시장 중심 신공공관리론과 확연하게 차별화된다. 신공공거버넌스론은 정부 및 공공조직 간 협력 관계와 과정적 프로세스를 강조하고 있다. 특히 신공공거버넌스론은 공공기관 조직구조나 기능이 아닌 신뢰와 관계자본, 관계계약이 핵심적인 거버넌스 메커니즘으로 작동하는 구조를 강조한다는 점에서 정부조직 내 협력 관계에 치중하는 전통적 접근과 차별성을 보인다. 반면 신공공서비스론은 정부의 역할이 시민에 대한 봉사 내지는 공공서비스 그 자체라는 점을 강조하고 있다. 이에 따라 신공공서비스론은 신공공관리론에서 말하는 공공정책 결정 과정에서 정부 주도의 방향 잡기(steering)가 아니라 시민의 자발적 참여와 의견 수렴, 그리고 사회 공공서비스 제공을 통해 사회구성원을 통합하는 상호작용이 중요하다고 주장한다. 이런 점에서 정책대상자는 단순한 고객(customer)이 아니라 국가운영에 적극적으로 참여하는 주권자(citizen)가 되어야 하고 담론 민주주의(discursive democracy)를 통해 개별 이익의 총합을 넘는 공익 실현에 이바지해야 한다고 보고 있다.

신공공관리론이 '효율적인' 생산과 서비스를 강조했다면 신공공거버넌스론은 '협력적인' 생산과 서비스, 신공공서비스론은 '가치 있는' 생산과 서비스를 강조한 점에서 신공공관리론은 '방법', 신공공거버넌스론은 '과정', 신공공서비스론은 '결과'를 중시하는 공공관리 이론이라고 할 수 있다. 또한, 기존 행정학 모델이 계층제도에 기반을 둔 일 방향적 서비스 제공 모델이었다면 신공공관리론은 경쟁적 시장 메커니즘에 기초한 효율성과 고객 만족 모델, 신공공거버넌스론은 참여와 협업에 기반을 둔 과정적 네트워크 모델, 신공공서비스론은 담론적 가치형성과 다면적 협력에 기초한 공공봉사 모델이라고 할 수 있다. 요컨대, 공공기관 관리에 있어서 신공공관리론의 접근방식은 효율성 추구에 집중하는 반면, 신공공거버넌스론과 신공공서비스론은 신공공관리론에 대한 반성에 기초하여 전자는 효율성보다 협업과 참여를, 후자는 공공성에 기반을 둔 서비스 제공을 중시하는 점에서 신공공관리론과 완전히 다른 모델이라고 할 수 있다.

이러한 공공기관 관리에 적용된 모델들을 토대로 공공기관에 대한 정부 정책을 분석해 보면, 노무현 정부 시절은 NPM + 일부 NPG, 박근혜 정부 시절은 NPM과 후기-NPM, 문재인 정부는 NPG + NPS의 형태를 보이는 것으로 이해할 수 있다. 또한, 공기업 통합과 방만경영 근절에 정부 정책의 방점을 두었던 이명박 정부 시절은 전통적인 NPM적 접근이었던 것으로 볼 수 있다. 이 같은 지난 정부의 공공정책과 공공관리 방향은 긍정적 효과와 부정적 측면을 동시에 보여주고 있다.

이 같은 공공관리론에 입각한 정부정책의 변화는 공공기관의 관리라는 측면에서뿐만 아니라 정책 내용의 측면에서도 매우 중요한 변화의 의미를 담고 있다. IMF 경제위기 이후 신자유주의 경제 이데올로기에 기반을 둔 '작고 효율적인 정부'론이 점차 퇴조하고 실업과 고용위기, 그리고 그것이 빚어 놓은 사회 양극화와 소득 불평등 해소를 위한 '강력하고 포괄적인 정부'론이 그 자리를 대신하고 있다. '효율'과 '경쟁'을 강조하는 시장의 논리 대신 '공정'과 '사회통합'을 이루기 위한 제도의 필요성이 강조되고 있다. 특히 디지털 경제로의 전환과 코로나바이러스 사태, 그리고 기후 위기에 맞선 새로운 공공관리이론의 필요성이 절실하게 요구되고 있다.

문재인 정부의 노동정책은 노동 존중사회 실현을 기치로 노동 배제에서 노동 참여를 강조하는 방향으로 정책의 중심을 전환하고자 하였다. 민간과 공공기관에서의 노동이사제 도입을 공약하고 경제사회노동위원회 재구성을 통한 사회적 대화를 강조했다. 공공기관 내 정규직 전환을 통한 비정규직 제로 시대 선언과 공공부문 81만여 개

일자리 창출 정책도 분명 이전 정부와 다른 정책이라고 할 수 있다. 공공기관의 개혁 측면에서도 새로운 변화가 일어나고 있다. 문재인 정부는 '사회적 가치실현을 선도하는 공공기관'이라는 정책 아래 공공기관 운영의 효율성과 함께 공공기관 설립목적에 따른 본연의 공공성 강화를 공공기관 운영의 중요한 가치로 내세웠다(국정기획자문위원회, 2017).

하지만, 문재인 정부의 공공 관리 방향에서의 변화에도 불구하고 그 성과는 국민의 기대에 미치지 못하고 있다. 문재인 정부가 시도한 공공기관의 개혁은 세부적인 개혁 청사진의 부재와 개혁의 불안정성 등으로 뚜렷한 국민 삶의 변화와 정책의 성과를 거두지 못하였다. 예컨대, 공공기관의 지배구조라는 측면에서 공공기관운영위원회나 공공기관 경영평가에서 이전 정부와 다른 질적 변화는 없었다. 공공기관운영위원회는 여전히 정부의 통제에 종속됨으로써 정부 중심・민간 및 노동배제의 지배구조를 유지하고 있다. 또한, 공공기관 내부의 지배구조로서 문재인 정부가 공약하고 국정과제로 추진한 노동이사제의 도입도 제자리걸음을 벗어나지 못하고 있다.

공공기관의 임금은 변함없이 노동이 배제된 채 결정되고 있으며, 사회적 대화도 소기의 성과를 거두지 못하고 있다. 요컨대 문재인 정부의 공공정책과 공공기관 관리는 여전히 신자유주의 경제 이데올로기에서 벗어나지 못하고 있다. 이는 결국 문재인 정부가 신공공관리론을 대체할 새로운 공공기관 개혁의 철학과 비전을 제시하지 못하였기 때문이라고 할 수 있다.

이제 공공기관의 개혁은 새 정부의 과제라고 할 수 있다. 공공관리 이론의 변화 흐름에 맞추어 차기 정부의 공공기관 개혁과정에서 어떻게 반영되고 실현될 것인가는 상당 부분 주체들 사이의 힘 관계를 반영한다는 점에서 노동조합의 주체적인 대응은 여전히 중요하다 할 수 있다. 향후 새 정부의 바람직한 공공정책 및 관리 방향은 공공성 실현을 위한 노동자와 시민의 참여와 민주적 거버넌스 하에서 추구되어야 할 것이다. 이를 위해 지난 정부가 취했던 신공공관리론과 '효율'과 '경쟁'이라는 신자유주의적 논리에서 벗어나 '사회적 통합'과 '공공성 실현'이라는 새로운 접근이 필요하다고 할 수 있다. 새로운 공공관리이론에서는 시민과 노동자의 참여와 함께 노사 사이의 협력적인 구조가 강조되는 만큼 공공정책 및 임금 결정 과정에서 노동자와 시민의 참여를 구체화해 나갈 수 있는 정책 방향 및 이를 뒷받침하기 위한 세부 정책 방안이 요구된다.

제 3 절

새로운 공공기관 정책 방향과 제도개선 방안

1. 공공성 실현을 위한 공공기관 거버넌스 재구조화 방안

1) 공공기관 거버넌스의 검토 필요성

공공성 실현을 위한 공공기관 거버넌스 설계 및 재구조화를 둘러싼 쟁점은 크게 두 가지 점으로 나누어 볼 수 있다. 첫째, 중앙정부 차원에서 어느 부처에서 공공기관을 관리할 것인가 하는 문제이다. 둘째, 공공기관 거버넌스와 관련하여 공공기관운영위원회를 정부조직 중 어디에 소속시킨 것인가는 하는 점이다. 이는 정부 차원에서의 공공기관 거버넌스 설계 문제와 맞물려 있다. 이에 대한 정부 내 조직 구성과 공공기관의 역할에 대한 적정성 검토 등 신중한 접근이 필요하다.

2) OECD 공공기관 소유권 모델의 유형화

OECD 국가에서 나타나고 있는 공공기관의 거버넌스 체계 및 공공기관의 소유권 구조는 크게 다음 네 가지로 유형화해 볼 수 있다.

① 집중형

OECD는 집중형의 유형으로 관리할 것을 주장하고 있고, 이에 따라 많은 국가가 집중형이라고 표방하고 있다. 집중형이라고 하지만 어느 부처에서 관리하는 가와 관련하여 차이가 있다. 중국, 칠레, 헝가리 등은 독립기구로 운영되는 국가들이다. 한국도 공공기관운영위원회가 소유권 집중의 권한을 행사한다고 제시되어 독립기구와 같은 의미를 전달하고 있다. 슬로베니아는 독립된 국가지주회사 형태로 운영되고 있다. 특이하게 핀란드는 총리실에서 이를 통합된 관리를 하고 있다. 재무부 소속으로는 한국, 스페인. 덴마크, 네덜란드, 폴란드 등 가장 많은 국가가 여기에 포함되고 있다. 한편 별도 부처에서 관리하는 국가로서 스웨덴은 '기업 및 혁신부', 노르웨이는 '통상 및 기업부', 남아프리카공화국은 '공공기업부'에서 관리하고 있다.

② 조정모델

조정모델은 특별한 기구를 설치하여 공기업을 관리하되 강력한 조치가 수반되는 것이 아니라 컨설팅 수준의 간여를 하는 모델이다. 각국에서 별도 기구를 설치하고 있으며, 특히 경영성과에 대한 평가 기능을 대체로 가지고 있다.

③ 듀얼모델

듀얼모델은 공기업에 관한 국가의 기능을 몇 가지로 구분하여 각 부처에서 각각의 기능을 수행하는 모델로 꽤 많은 국가가 여기에 해당한다. 개별 부처의 역할이 있더라도 재무부가 재정 관리의 관점에서 경영에 간여하는 역할을 분담하기 때문이다. 이럴 경우, 개별 공기업은 2개 이상 부처와 관련이 된다.

④ 이중트랙모델

이중트랙모델은 공기업의 유형에 따라 관리 기능을 구분하는 특징을 가지고 있다. 주식 관리나 민영화를 중시하는 기능과 일반적인 관리 기능으로 구분하는 경향을 보인다. 듀얼모델에 의하면 개별 공기업은 2개 이상의 부처와 관련하여 영향을 받지만, 이중트랙모델은 하나의 부처와 관련이 있다. 이런 관점에서 보면 우리나라의 경우 공기업과 준정부기관은 기획재정부가 통합경영평가를 하지만, 기타 공공기관은 개별 부처에서 경영평가를 담당하고 있다. 경영평가의 관점에서만 본다면 우리나라도 이중트랙모델이라고 할 수 있다.

한국의 공공기관 소유권 집중화 모델과 관련하여 가장 큰 문제점은 기획재정부가 소유권 집중(centralized ownership)의 최대 권한을 가지고 있다고 점이다. 현재 공공기관의 예산, 인사 관리, 평가 등과 관련하여 기재부의 공공정책국이 권한 대부분을 행사하고 있다. 이에 대해 몇 가지 비판의 견해가 제시되고 있다. 첫째, 경제 총괄부처인 기재부가 공공기관을 관리하게 됨으로써 공공기관의 정책 방향과 관리 운용 측면에서 경제 논리가 지나치게 개입된다는 주장이다. 하지만 공공기관 관리를 지나치게 경제 시장원리와 예산의 논리로 접근한다는 것은 자칫 시장 실패의 보완을 위한 공공기관 운영이라는 기본적 목적과 취지와 반하는 결과를 낳을 수 있다. 둘째는 기재부가 독점화된 외부 지배구조 형식을 지나치게 강조함으로써 공공기관의 자율적 운영과 관리를 크게 제약하고 있다는 점이다. 따라서 공공성 실현을 위한 부처 간, 그리고 공공기관 간 협력적 거버넌스를 담보해 낼 수 있는 민주적 절차와 과정이 필요하다는 주장이 지속해서 제기되고 있다.

3) 공공기관 거버넌스 재구조화 방안

공공성 실현을 위한 공공기관 지배구조 및 거버넌스 설계와 관련한 정책 방향 및 정책 방안으로써 다음 몇 가지 대안을 고려해 볼 수 있다. 먼저, 현행 방식으로 공공기관위원회를 기재부 소속으로 하되 위원장을 민간인으로 하여 공공기관의 자율성을 강화하는 방안을 들 수 있다. 이러한 재구조화 방안은 조직 개편이 부담은 적어 현실적인 대안으로 제시되고 있지만, 기존의 공공기관 운영에서 나타나고 있는 문제점을 해결하기에 부족하다는 점에서 가장 소극적인 대안이라고 할 수 있다.

둘째, 공공기관의 소유권 및 관리 기능을 국무총리실 산하로 이관하는 방안이다. 이러한 공공기관 거버넌스 재구조화 방안은 기재부의 독점적 권한과 경제주의적 관점에서 벗어날 수 있다는 장점을 갖고 있다. 다만, 현재 정부조직법상 국무조정실이 조정 기능 중심으로 이루어져 있고 집행 기능이 없다는 점이 단점으로 지적된다. 또한, 이 경우 국무조정실에 국정과제 평가와 공공기관 경영평가 기능도 동시에 갖게 된다. 따라서 이러한 방안으로 공공기관 관리 및 거버넌스 체계를 재구조화할 경우 기획재정부의 기능과 조직의 변화가 수반되는 큰 정부조직 개편이 요구된다.

셋째, 공공기관 운영 및 관리, 평가와 관련하여 인사와 기관평가는 국무조정실에서 담당하고 재정은 기재부가 집행하는 방안이다. 이 경우 공공기관에 대한 관리 책임이 분산되고 관리 비용이 증가하는 점이 단점으로 지적되고 있으며, 총리실과 기재부의 협조가 요구된다.

넷째, 공공기관의 자율성과 독립성을 보장하기 위한 독립된 행정위원회 형태로의 조직 개편방안이다. 이 경우, 독립성에 따른 정부정책의 연계성 부족 문제가 제기될 가능성이 크고 개별 부처와 관련된 정책 개발 이외에 기능조정이나 업무 혁신 등과 관련하여 부처와의 협의가 필요하나, 부처의 협조를 이끌어내기 그리 쉽지 않을 것이라는 점이 문제점으로 지적된다.

끝으로, 공공기관의 운영 및 관리 기능을 부처에 위임하는 방안이다. 공공기관의 관리체계를 완전히 개별 부처에 위임한다면 듀얼모델로 발전할 수 있다. 만약 정반대의 방향으로 향후 공공기관평가원이 설립되어 이들 기관에 대한 평가도 일원화한다면 온전한 집중화의 모델로 갈 수도 있을 것으로 판단된다.

4) 공공기관운영위원회 제도개선 방향

(1) 공공기관운영위원회 제도개선 방향

공공기관운영위원회는 공공기관 관리 및 감독 위원회로서 독립성과 전문성 그리고 다양성을 강화하는 것이 무엇보다 중요하다. 가장 중요한 것은 독립성이다. 특정 이해관계에 얽매이지 않고 국가적으로 바람직한 방향성을 제시할 수 있어야 한다. 그리고 이를 뒷받침할 수 있는 원칙으로 전문성이 바탕이 되어야 한다. 전문성과 관련하여 다양성도 지향해야 할 가치이다. 다양한 의견을 조정하여 방향성을 제시할 수 있어야 하기 때문이다. 이러한 가치들을 통해 궁극적으로 지속 가능한 공공기관의 운영을 위한 지원이 되도록 할 필요가 있다.

(2) 공공기관운영위원회의 기능 강화

공공기관운영위원회 기능 관련 발전방안을 정리하면 다음과 같다. 첫째, 인사권과 관련하여 공운위의 기능을 보다 강화할 필요가 있다. 향후 공공기관운영위원회에서 인사 검증 기능을 가진다면 훨씬 강력한 역할을 할 수 있다. 부처의 입장이나 정무적 판단에서 비교적 자유롭게 검증 기능을 부여할 필요가 있다. 둘째, 공공기관운영위원회의 기능 강화는 공공기관운영위원회의 독립성 수준에 달려 있다. 이를 위해 공공기관운영원회 위원장을 민간인으로 한다면 독립성을 훨씬 강할 수 있다. 셋째, 어느 정도 공공기관의 자율경영 기반이 성숙한 상황에서 매우 구체적으로 '지침'을 통해 관리하는 방식은 개선될 필요가 있다. 특히 혁신 지침과 경영지침을 통합하면서 내용을 축소하면서 혁신은 혁신에 초점을 맞출 필요가 있다. 혁신은 정부의 입장에서 혁신적인 내용을 담아낼 것이 아니라, 개별 공공기관의 입장에서 혁신을 추진할 수 있는 구심력을 부여할 필요가 있고, 이를 위한 매뉴얼을 제시하는 수준이 될 필요가 있다. 넷째, 법체계와 관련하여 정부의 정책에 관련된 부분이라면 시행령에 담아내도록 하고, 지침을 폐지하거나 대폭 축소할 필요가 있다.

(3) 공공기관운영위원회의 구성 관련 개선방안

2021년 기준으로 지금의 공공기관운영위원회 구성은 대체로 입법 취지를 반영하고 있다. 하지만, 새로운 입법을 한다면 노조 대표의 참여를 인정하는 방향으로 논의가 모여야 할 것이다. 위원회 구성에서 노동 관련 전문가를 포함하는 등 공익위원 중 노동계의 대표성을 보장하는 방안이 필요하다.

(4) 공공기관운영위원회의 조직 개편 방안

새 정부의 공공기관 지배구조에 대한 주요 개혁 방안의 하나로 공공기관운영위원회를 국무총리실로 이관하는 방안을 제안한다. 이 경우 공공기관운영위원회 위원장은 민간인 외부인사가 맡거나 국무총리가 함께 공동위원장을 맡는 방안을 검토해 볼 수 있다. 또한, 공운위를 국무총리실 산하로 이관할 경우 현재 정부조직법상 국무조정실이 집행 기능을 담당하기 어렵다면 공운위는 공공기관 운영에 관한 주요 원칙을 심의·의결하는 기능과 함께 조정의 기능 및 평가 기능을 담당하고 집행 기능은 기재부(공공정책국)가 담당하는 방안을 검토해 볼 수 있다. 하지만 공운위를 국무총리실로 이관하는 방안은 기재부의 예산권을 청와대(예산실)로 옮기는 기능을 전제로 한다. 공운위를 국무조정실로 이관할 경우 (가칭) 공공기관보수위원회도 공운위 산하에 편재되도록 할 필요가 있다.

2. 공공기관 평가체계 문제점과 제도개선 방안

1) 경영평가제도의 목적과 배경

공공기관의 경영평가를 둘러싼 비판의 핵심은 그동안 경영평가제도가 지나치게 효율성과 초점을 둠으로써 공공성을 경시해 왔다는 점이다(김철 · 김경근, 2009; 민병찬, 2014). 무엇보다 모범적 사용자의 역할을 해야 할 정부가 공공기관의 운영을 특정 잣대로 재단하여 서열화하고 과도한 성과 보상을 설정하여 단체교섭을 제약하는 요소 또한 헌법정신과 관련 법률과 배치되는 비판이 제기되고 있다. 나아가 경영평가제도가 "공공기관의 소유권 부처인 기획재정부의 통제 수단이자 관리 도구"로서 공공기관의 자율성을 크게 제약하고 있다는 점이 지적되고 있다(라영재 · 윤태범, 2013; 국회예산정책처, 2015). 현재 정부의 공공기관 평가관리는 OECD의 공공기관 관리 평가 가이드라인에 기초하고 있다. 하지만 OECD 지침은 공공기관 전반에 관련된 것이 아니라, 시장성이 높은 공기업에 관한 것이라고 할 수 있다. OECD의 공기업 평가관리는 사전적 자율성을 전제로 한 사후적 평가를 의미한다. 이는 사전적 통제를 인건비, 정원 등 예산 전반에 대해 통제하는 기재부가 사후적 경영평가를 관리 · 감독함으로써 공공기관의 책임운영 및 자율성을 가로막고 효율성 기준으로 줄 세우기를 하는 우리와는 다른 경우라고 할 수 있다.

2) 경영평가제도 내용 및 운용상의 문제점

(1) 경영실적평가 기준의 문제점

(가) 공공기관 유형 구분

공공기관 경영평가는 공공기관 유형 구분기준에 따라 공기업과 준정부기관으로 구분되어 2020년 기준으로 129개 공공기관이 경영실적 평가를 받고 있다. 하지만 공공기관 유형 구분기준이 매우 모호하다는 비판이 지적되고 있다. 또한, 경영평가 유형 구분에 따른 기관 간 형평성의 문제도 제기되고 있다. 이처럼 기관 간 형평성 문제는 계속 제기되는 것은 결국 경영평가의 대상인 공공기관의 유형 구분이 경영여건, 사업특성, 기관 규모 등 기관의 특성을 고려하여 이루어져야 함에도 현재 그렇지 못하고 있다는 점을 방증하고 있다.

(나) 평가지표체계

평가지표체계는 기관 유형에 따라 평가범주별 점수를 다르게 배정하고, '사회적 가치구현' 지표를 핵심적인 평가 지표로 설정하였다. 평가 지표의 변화에도 불구하고 평가지표체계는 여전히 많은 문제점을 안고 있다. 먼저, 공공기관의 고유업무와 기능을 평가하기에는 지나치게 무차별적이고 획일화되어 있다는 점이다. 평가지표의 획일화의 문제는 평가결과에 대한 수용성의 문제를 낳고, 지표 간 충돌을 심화시키고 있다. 또한, 평가지표체계에서 여전히 높은 수익성 중심의 계량지표도 문제점으로 지적되고 있다. 또한, 비 계량지표의 구체성 결여로 평가자의 주관성과 자의성이 개입하는 것도 문제점으로 지적되고 있다. 아울러, 세부평가지표 중 일부의 경우는 정부 정책의 일방적인 추진을 위한 방편으로 활용으로 기관 자율성을 저해하고 있다는 지적도 제기되고 있다.

(2) 평가방법의 문제점

2019년 경영평가지표에서 비(非)계량 점수의 비중이 상대적으로 커짐으로써, 수익성 및 실적 중심의 정량 평가 중심에서 기관의 특성을 고려한 정성적 평가 중심으로 강화된 것은 긍정적 변화라고 할 수 있다. 하지만 비(非)계량 점수의 상승에도 불구하고, 지표 가중치의 무 차별화로 여전히 '일률적 평가'라는 비판에서 벗어나지 못하고 있다. 또한, 비(非)계량지표 평가에서의 절대 점수체계의 평가도 등급 서열화의 활용수단에서 벗어나지 못하는 한계를 보여주고 있다. 계량지표에서도 기관이 평가방법을 자율적으로 선택할 수 있음에도 불구하고 실적 위주의 평가인 목표부여평가, 목표 대 실적 평가의 방법들에 치우쳐 있다. 때로는 이런 평가를 기관 실적 및 성과측정에 유리한 방식으로만 제시하는 경향도 나타나고 있다.

(3) 경영평가 활용 및 후속 조치

경영실적 평가는 성과급 지급의 근거로 활용되고, 우수기관에 대한 포상과 성과가 부진기관에 대한 페널티 조치로 이어진다. 하지만, 성과급이 경영평가 실적과 과도하게 연동됨으로써 문제가 발생하고 있다. 성과급의 과도한 차이는 공공기관 구성원들의 노력을 무시할 뿐 아니라 기관 간 경쟁과 갈등을 유발하는 요소로 작동하고 있다. 더 큰 문제는 성과급 연계의 경영평가가 정부의 공공기관 통제수단으로 활용된다는 점이다.

(4) 평가단 운영의 문제점

경영평가단 구성은 가장 큰 문제점은 선정기준이 명확하지 않고 매년 새롭게 구성되어 공공기관에 대한 평가의 일관성을 떨어뜨리는 요인이 되고 있다. 또한, 평가단 구성에서 다양한 전공 분야의 전문가 참여가 제한적이라는 점도 문제점으로 지적되고 있다. 평가단 구성에 있어 전문성, 객관성, 독립성의 문제도 제기된다. 평가단의 전문성 결여는 평가기관에 대한 이해 부족으로 나타나 경영평가 내용의 질뿐만 아니라 결과에 대한 객관성의 문제를 낳고 있다. 또한, 평가위원을 기획재정부장관이 위촉하는 현재의 방식과 경영평가의 책임을 평가위원에게 전가하는 행태는 평가단의 독립성을 해치는 요인이 되고 있다.

3) 경영평가의 실제와 쟁점: 사례분석 결과

이 연구에서는 공공기관 경영평가 유형별 16개 기관 및 6개 기관 경영평가 담당자를 대상으로 구조화된 설문지에 대한 답변 및 대면과 온라인을 통한 포커스 그룹 인터뷰(FGI) 조사를 (설문 조사: 7월 28일~8월 11일, FGI: 7월 28일 대면 면접, 9월 8일 비대면 온라인 면접) 실시하였다. 이번 조사 결과를 토대로 공공기관의 경영평가제도 개선을 위한 시사점은 다음 몇 가지로 정리해 볼 수 있다. 앞서 지적된 경영평가제도의 문제점들을 개선하기 위해서는, ① 평가 주체의 전환이 필요하다. 현재 평가를 진행하고 있는 기재부 중심의 평가단이 아닌, 독립적이고 상설적인 평가전담기구가 필요하다는 것이다. ② 평가 지표체계를 개편할 필요가 있다는 점이다. 특히 기관의 특성에 맞게 평가유형을 재분류하고, 평가 지표들을 간소화함으로써 기관의 평가 부담을 줄이고 기관의 운영과 사업에 집중할 수 있도록 도와줄 필요가 있다. ③ 공공기관에 대한 평가가 정부 정책의 반영을 평가하는 것이 아니라, 공공기관의 고유 목적과 업무 수행 및 운영에 관한 평가이어야 한다는 점이다.

4) 공공기관 경영평가제도의 개선방안

(1) 공공기관 평가 패러다임의 전환과 독립평가기관 설치·운영

현행 공공기관 경영평가제도의 가장 큰 문제점은 바로 예산편성지침을 통한 사전적 통제 기능과 함께 경영평가제도라는 사후 통제 기능의 독점 문제라고 할 수 있다. 만약 공공기관 지배구조 개편방안의 하나로 제안하였듯이 공공기관에 대한 소유권을 갖는 공공기관운영위원회를 기재부에서 분리하여 국무총리실로서 이관할 경우 공공기관 평가제도와 기구, 그리고 운영방안에 관한 재검토가 요구된다. 이와 관련하여 이 연구에서는 공공기관평가제도를 지금까지의 경영평가제도에서 운영평가제도로 전환할 것을 제안하고자 한다.

새로운 공공기관 평가 패러다임에서는 기존 경영평가 대상을 시장성이 높은 공기업으로 한정하고, 수익성 측정이나 계량 평가가 곤란한 일반 공공기관의 경우 성과협약과 컨설팅 방식으로 대체하는 방안의 하나로서 공공기관 '운영평가제도(가칭)'의 도입을 적극적으로 검토할 필요가 있다. 새로운 평가제도는 수익성을 중심으로 성과를 측정하는 민간부문의 기관 평가모델을 보다는 공공성에 초점을 두고, 주어진 정부의 위탁대행 사업을 제대로 수행하는지 여부를 평가를 중심으로 한 사업성과 평가모델로 자리매김해야 한다. 또한, 새로운 공공기관의 평가제도에서는 개별 공공기관의 사업성과에 대한 객관적 평가를 위해 독립된 평가기관을 설치할 필요가 있다. 현재 기재부 산하에 있는 공공기관운영위원회가 정부조직 개편을 통해 국무총리실로 조직 이관될 경우 그 산하의 공공기관 평가기관을 설치·운영하는 방안을 적극적으로 검토할 필요가 있다.

(2) 공공기관 평가제도의 시나리오별 개선방안

공공기관 경영평가제도 개선방안은 다음 세 시나리오별로 나누어 살펴볼 수 있다. 첫째, 현행 경영평가제도에서 사회적 가치 중심 평가 기준으로 이행을 더 강조하는 미시적 재조정 방안이다. 기존 제도의 틀은 유지하여 지속성을 장점으로 삼을 수 있지만, 사회적 가치 반영 비율을 높이는 수준으로는 기존 개선방안과 질적인 차이는 없다는 점에서 경영평가제도 평가 기준의 획기적 변화를 꾀하기 어렵다는 문제점이 있다. 이 경우 평가 지표, 평가방법, 평가결과 활용, 평가단 운영 등 경영평가의 프로세스 개편에 더 강조점을 두는 결과로 이어질 가능성이 크다. 둘째, 공공기관의 경영평가제도의 패러다임을 ESG 모델을 포함한 사회적 가치 중심으로 전면 전환하는 방안이다. 예컨대, UN의 지속 가능한 발전 패러다임을 담고 있는 ESG 모델과 정책 내용을 공공기관 평가의 틀로 적극적으로 재구성하는 방안이다. 이 경우 포괄적이며 추상적 기준을 어떻게 공공기관에 맞게 세부평가 지표와 평가 기준, 그리고 평가방법으로 구체화할 것인가 하는 고민이 필요하다. 셋째, 현행 경영평가제도에서 사회적 가치와 공공성 실현에 기반을 둔 공공기관의 운영성과를 중심으로 평가제도를 대체하는 방안이다. 이 경우 정성적 운영평가 중심의 평가절차, 성과급과 기관 평가결과 활용의 폭 축소, 평가단 운영과 구성의 변화가 수반되어야 할 것으로 판단된다.

(3) 공공기관 운영평가제도로의 패러다임 전환

공공기관의 경영평가제도라는 틀 자체를 바꾸기 위해서는 ‘경영’이 아닌 ‘공공서비스’ 중심, ‘평가’가 아닌 ‘운영 개선’을 중심으로 한 평가 패러다임 전환이 필요하다. 공공기관의 운영평가제도 패러다임은 공공기관 본연의 업무와 사회적 가치실현을 중심으로 평가함으로써 기재부의 사전적, 사후적 통제의 독점에서 벗어나 기관의 운영목적에 따라 사업과 조직이 운영되는지를 점검하고 재조정하기 위한 것이라고 할 수 있다. 새로운 운영평가제도는 공공기관에 적합하며 각 기관의 설립목적에 맞는 부가가치 향상을 잣대로 평가한다. 이 경우, 경영 효율화는 획일적 잣대로 이루어지는 것이 아니라 그 기준에 맞는 시장성이 높은 공기업에만 일부 제한적으로 적용되어야 한다. 또한, 공공기관 운영의 개선을 위해서 과도한 성과급으로 보상하는 체계와도 연동하지 않아야 한다. 공공기관의 외부적 감시체계는 산업별, 공공부문 단위의 사회적 교섭제도를 통해서 달성되어야 한다.

(4) 세부적 평가제도 개선방안

현행 공공기관 경영평가제도의 문제점도 적극적으로 개선해 나갈 필요가 있다. 먼저 공공기관의 특성에 따라 공기업과 준정부기관을 기관의 특성에 따라 산업별 또는 고유업무의 유사성을 중심으로 재유형화해야 한다. 또한, 평가 지표 체계도 기관운영 및 사업 중심으로 더 간소화함으로써 평가대상 기관의 업무 부담을 줄이고 기관의 고유업무 및 사업에 집중할 수 있도록 해야 한다. 평가방법도 공공기관의 특성과 고유 목적에 따른 운영과정 및 결과를 평가하는 체계로 전환할 필요가 있다. 평가결과의 활용은 공공기관의 운영상에 나타나고 있는 문제점에 대한 컨설팅 방식을 통해 사회적 가치구현과 공공성 실현에 적합한 기관으로 지속발전이 가능할 수 있도록 해야 한다. 이를 위해 공공기관 간 또는 공공기관 내 임금 격차의 원인이 되는 평가결과에 따른 성과급 연동을 축소하고 공공기관에 대한 줄세우기식 평가 대신 모범 기관 운영사례 및 정책을 발굴, 확산하는 방식으로 전환해야 한다. 평가단의 구성에 있어도 공공기관의 특성에 맞는 다양한 전공 분야의 전문가 풀을 확대하고 평가에 대한 자율성과 독립성을 보장해야 한다. 이를 위해 독립된 상설 평가전담기구를 설치·운영할 필요가 있다.

3. 공공기관 임금 결정구조 문제점과 정책 제안

1) 공공기관 임금 결정구조의 문제점

(1) 공공기관 임금 결정과 정부의 일방적 통제

공공기관 임금 결정구조의 가장 큰 문제점은 정부의 일방적 결정과 통제구조라고 할 수 있다. 앞서 살펴보았듯이, 공공기관 유형별 또는 공공기관 간 임금 격차도 이 같은 정부의 일방적 임금 결정과 통제구조가 가져온 결과라고 할 수 있다. 정부는 예산편성지침 단계에서 공공기관 임금 지급기준 및 인상안이 포함된 예산편성지침 마련, 기관 예산편성 단계에서의 이사회 결의, 규정변경 단계에서 이사회 결의, 그리고 주무 기관의 승인 등 삼중의 통제구조 하에 놓여 있다.

(2) 노동의 배제와 노동기본권 제한

공공기관 임금 결정구조의 또 다른 문제점은 임금결정과정에서의 노동의 배제와 노동기본권이 크게 제약되고 있다는 점이다. 공공기관의 임금결정과정에서 예산편성 기준, 수준 및 절차 등을 기재부가 대부분을 결정함으로써 정작 공공기관의 단체협약의 당사자인 공공기관 사용자 측과 노동조합의 참여와 의사결정과정에서의 배제를 통해서 노동기본권을 크게 제한하고 있다.

(3) 단체협약 수시 변경 및 자율적 노사합의사항 파기

공공기관 임금 결정 과정에서의 통제를 통해 정부는 노사가 적법하게 체결한 임금체결 및 단체협약에 관해서도 규정 변경단계에서 이사회, 주무장관 승인권을 활용하여 그 효력을 정지하거나 왜곡하는 사례도 발생하고 있다.

2) 국내외 공공기관 임금제도 및 결정구조 분석의 시사점

OECD 국가의 임금 결정구조는 대체로 중앙집중 단체교섭 (독일, 영국 지방정부), 분권적인 단체교섭 (영국 중앙정부), 제3의 기구(영국 Pay Review Bodies, 일본 인사원 등)의 조정 등의 형태를 보인다. 반면, 우리의 경우 공무원 보수위원회와 공무직위원회 등 공공기관의 임금 결정 과정에서 사회적 대화 기구의 관여가 부분적으로 이루어지고 있다. 하지만 한국의 공공기관 지배구조와 경영평가제도 등을 고려해 볼 때 현 단계에서 공공기관 임금 결정 과정은 노사 간 단체교섭의 대상이 되기 매우 어려운 구조라고 할 수 있다. 따라서 장기적으로 임금 결정 과정에서 노동자가 직접 교섭상대자로 나서거나 임금 결정구조에 노동자가 참여 방안에 대한 정책적 모색이 요구된다.

3) 공공기관 신 임금 결정구조의 정책 방향

(1) 노동기본권 보장

향후 공공기관의 임금 결정구조는 노동기본권 보장이 보장되는 방향에서 이루어져야 한다. 공공기관 임금 결정구조에서의 노조 참여는 노동기본권을 행사할 수 있는 시스템을 만드는 문제라고 할 수 있다.

(2) 노동참여형 임금 결정

공공기관 임금 결정은 반드시 노동이 참여한 가운데 이루어져야 한다. 공공기관의 임금 결정구조에서 정부의 일방적 결정과 통제는 공공기관 간 또는 공공기관 내 임금 격차의 문제를 낳고 있다. 따라서 현행 공공기관 임금 결정구조가 갖는 문제점을 해결하기 위해서는 노동참여 보장방안과 민주적 거버넌스 체제를 어떻게 구축할 것인가 하는 점에 달려 있다.

(3) 초기업별 단체교섭을 통한 임금 결정

공공기관 임금 결정구조가 제대로 자리매김하기 위해서는 장기적 관점에서의 초기업별 임금교섭 제도의 모색이 필요하다. 공공부문에서의 초기업별 임금 결정제도의 모색은 공공기관 임금 결정 과정을 노조 내부화하는 동시에 노동기본권을 행사할 수 있는 공간을 창출할 수 있다.

4) 공공기관 신 임금 결정구조 제도화를 위한 정책 제안

(1) 공공기관 보수위원회 구성 및 운영

공공기관의 임금 결정 과정에서 이해관계 당사자의 참여와 민주적 절차를 확보하기 위해 공공기관 보수위원회 (또는 공공기관 임금위원회) 설치하여 운영하는 방안을 적극적으로 검토할 필요가 있다. 공공기관 보수위원회는 공공기관운영위원회 산하에 둔다. 공공기관 보수위원회 구성은 공공기관 사측 기관 협의회 대표 5인, 공공기관 노조 대표 5인, 민간 공익위원 5인 등으로 구성한다. 이 경우 공공기관 보수위원회의 노사 대표는 공공기관 기관 유형별 공기업, 준정부기관(기금관리형, 위탁집행형, 강소형), 기타 공공공기관 대표 1인씩 총 5명으로 구성한다. 공공기관 보수위원회는 공공기관운영위원회 산하에 두도록 하되, 필요할 경우 전문위원회를 구성하여 운영할 수 있다. 공공기관 보수위원회 결정 사항은 기획재정부의 공공기관 임금 지급기준 및 인상안이 포함된 예산편성지침 마련 이전으로 한다. 이를 고려하여 공공기관 보수위원회는 매년 5월부터 9월까지로 활동 시간을 정하여 운영한다.

(2) 공공부문 임금조사연구회 설치·운영

공공기관 보수위원회가 공공기관운영위원회 산하에 설치되어 운영할 경우 필요시 산하 전문위원회 형태로 '공공부문 임금조사연구회'설치·운영하는 방안도 검토할 수 있다. 이 경우 공공부문 임금조사연구회는 매년 공공부문 임금실태 및 임금인상 관련 데이터에 대한 조사 분석을 토대로 공공기관운영위원회 및 공공기관 보수위원회에 공공기관 임금 결정을 돕기 위한 임금 기초자료를 제공하도록 한다.

(3) 공공부문 유형 재분류를 위한 조사기구 및 기획단(TF) 구성

공공기관 임금 격차 해소를 위해서는 공공기관 조직 유형 분류에 대한 전면적인 재검토가 필요하다. 특히 위탁집행형 준정부기관, 기타 공공기관의 경우 그 수가 많고 동일한 부처 산하에도 공공기관서비스 종사자들의 임금수준과 격차가 큰 것으로 나타나고 있다. 따라서 공공기관 종사자들의 직원 평균 보수액 등 공공기관 노동자 간 임금 격차를 어떻게 해소할 것인가에 대한 근본적인 검토가 필요하다. 이와 관련하여 현재 기타 공공기관에 속한 기관들을 공공기관의 특성과 업무 성격에 따라 기존의 준정부기관 유형으로 재배치하여 최소화하는 동시에 보다 논리적이고 객관적인 기준에 근거하여 세밀한 유형으로 재분류하는 노력이 요구된다. 이를 위해 먼저, 기존 위탁집행형, 기타공공기관 분류에 대한 재검토 및 공공기관의 재분류 작업에 대한 분석 및 기준 마련을 위한 조사기구 구성을 적극적으로 검토할 필요가 있다. 이 경우 반드시 공공기관 이해당사자와 노조 이해관계자들이 논의 구조에 포함되어야 한다.

(4) 공공기관 산업별 노정 교섭의 제도화

공공기관 임금 결정구조의 개편은 장기적으로 공공기관 단체교섭 형태로 추진해 나갈 필요가 있다. 공공기관 간 격차 문제에 대한 해결 방식도 정부의 일방적 결정과 강요방식보다는 노조가 참여하는 가운데 그 방안을 모색한다면 연대 임금정책을 통해 내부화할 수 있다. 이 경우 정부는 공공기관에 교섭의 장을 만들어주고 공공기관의 노사가 단체교섭의 질서와 문화를 세워나가도록 할 필요가 있다. 이 경우 공공기관 보수위원회는 과도기적인 준 단체교섭기구로 배치하고 점차 공공기관 임금 결정의 경험을 바탕으로 노사 간 또는 노정 간 단체교섭으로 발전할 수 있도록 도모해야 한다. 산별 또는 업종별 단체교섭을 통한 공공기관의 임금 결정구조에서 반드시 간과하지 않아야 할 것은 바로 공공기관의 임금 결정 과정에서의 두 가지 원칙, '민간 · 공공 대등의 법칙(the principle of comparability)'과 '동일가치 노동 동일 임금의 원칙(the principle of equal pay for work of equal value)'을 지켜야 한다는 점이다. 또한, 공공기관 노사단체 교섭 또는 노정 교섭을 지원하는 방안으로써 추후 국무조정실 산하에 공공기관 임금 결정을 지원하기 위한 공공기관 노사교섭국 또는 노정교섭국을 설치하여 운영할 것을 제안한다.

참고문헌

국정기획자문위원회. 2017. 『문재인정부 국정운영 5개년 계획』.

국회예산정책처. 2007. 『공공기관 지배구조 평가』. 국회예산정책처 발간.

국회입법조사처. 2013. “공공기관 임원 선임제도의 현황 및 개선과제”. 『이슈와 논점』 제742.

_____. 2014. “공공기관 부채 현황과 재무 건전성 제고를 위한 과제.” 『이슈와 논점』. 제786호.

기획재정부. 2011. 『2008~2010 공공기관 선진화백서』.

_____. 2013a. 『공공기관 합리화 정책 방향』(7월 8일).

_____. 2013b. 『공공기관 정상화 대책』(12월 11일).

_____. 2014. 『경제혁신 3개년 계획 실현을 위한 중점관리대상기관 부채 감축계획 및 방만 경영 이행계획』(2월 27일).

_____. 2015. 『성과 중심의 2단계 정상화 추진 방향』(1월 19일).

_____ 2019. 『2018 공공기관 평가보고서』.

_____. 2020. 『경영평가 개편방안 보도자료. 2020. 12. 27.

_____. 2021a. 『2020 공공기관 경영평가 편람』.

_____. 2021b. 『190726 보도자료』. 2018년도 공공기관 경영평가 결과 설명회.

_____. 2021c. (보도자료) 2019년도 공공기관 경영실적 평가결과 발표(최종).

_____. 2021d. 200825 (보도설명) 2020.8.26(수) 가판 국민일보 기사.

_____. 2021e. 200827 (보도설명) 2020.8.27(목) 국민일보 기사.

_____. 2021f. 210625 (보도자료) 20년도 평가결과 수정(최종).

_____. 2021g. 『공공기관 경영평가제도 개편 방안』. 2021. 8. 31.

김경호・정영기. 2012. 『공공기관 감사제도의 문제점과 개선과제』. 국회예산정책처.

김기우・조임영・김영미. 2017. 『사회공공성 제고를 위한 공공기관의 단체교섭에 관한 법률 제정에 관한 연구』. 한국노총 중앙연구원 · 전국공공노동조합연맹 · 전국공공산업노동조합연맹.

김대성 · 이현선. 2008. “행정관료의 변형적 역할에 대한 비판: 신공공서비스이론을 중심으로.” 『한국정책연구』 8(1): 21-35.

김동관 · 김경근 · 김철 · 온명근 · 이승협. 2020. 『공공기관 경영평가제도에 관한 비판적 분석』. 한국노동연구원.

김석은 · 홍다연. 2017. “공공기관의 미션과 사회적 책임의 전략적 연계.” 『한국행정학보』 제51권 제2호.

김석준 외. 2002. 『거버넌스의 이해』. 서울: 대영문화사.

김성희 외. 2014. 『보건의료산업 성과급체계 개편의 평가와 대안』. 보건의료산업노동조합.

김인재 · 노광표. 2010. 『공무원보수 결정제도의 현황과 개선방안』. 공무원노동조합총연맹.

김재필. 2021. 『ESG 혁명이 온다』. 서울: 한스미디어.

김주찬 외. 2014. 『공공기관 경영실적 평가의 효과성에 대한 직무 담당자 인식조사』. 국회 예산정책처.

김철. 2015. 『공공기관 경영평가의 비판적 검토: 제도개선 및 평가지표 메타평가를 중심으로』, 사회공공연구원.

____. 2021. “사회공공성 측면에서 본 공공기관 개혁 방향.” 발표 토론문: 2021.4.8.

____. 2015. 『「공공기관의 운영에 관한 법률」 개정이 쟁점과 대안』. 사회공공연구원.

____. 2012. “한국 공공기관 지배구조의 민주화 방안: 공공기관운영위원회를 중심으로.” 『공공사회연구』. 2(1), 5-42.

김철수 · 박영희. 2017. “일자리 전망 및 향후 과제.” 『일자리비평』, 제23호: 130-162.

김태룡. 2007. 『행정이론』. 서울: 대영문화사.

김태영, 2017. “서울시 5개 투자기관 2016년 성과연봉제 관련 집단교섭 사례.” 고려대 노동대학원 · 노동문제연구소 · 전국공공운수노조 공동주최 제4회 노동학 콜로키움 「공공부문 노정교섭 방안」 자료집.

김태일. 2019. “공공기관 경영평가제도의 기본 재검토.” 『KIPF 공공기관 이슈포커스』 28, 한국조세재정연구원.

김현희 · 박광동. 2018. 『공공기관의 사회적 가치 강화를 위한 관련 법제 개선

방안 연구』. 한국법제연구원.

김훈 · 박준식. 2016. "공무원 임금 결정 제도와 운영에 대한 비판적 고찰." 『산업노동연구』 22권 2호: 213~242.

나태준, 2006. "거버넌스 이론의 세 가지 근원적 질문에 대한 해답가능성의 모색." 『연세행정논총』 29: 103-127.

남일총. 2012. 『2012 경제발전경험 모듈화 사업: 한국 공기업 및 공공기관의 지배구조』. KDI 국제정책대학원.

노광표. 2017. "공공부문 노동개혁 10대 과제." 한국노동사회연구소 이슈 페이퍼 제5호.

_____. 2016a. "공공부문 개념정의와 현황." 『공공부문 정책이슈 보고서』(11월호). 전국공공산업노동조합연맹(8월호).

_____. 2016b. "공공부문 단체교섭의 진단 및 평가." 『공공부문 정책이슈 보고서』 제23호. 전국공공산업노동조합연맹.

_____. 2016. "공공부문 개념 정의와 현황." 『공공부문 정책이슈보고서』 제20호. 전국공공산업노동조합연맹.

_____. 2015. "공공부문 정상화 정책 진단과 향후 전망." 『노동리뷰』(5월호). 한국노동연구원.

_____. 2014. "공공부문 노사관계의 진단과 노정관계의 재정립 방안." 한국노동사회연구소 이슈페이퍼 21호.

노광표 · 김철 · 조일영. 2014. 『「공공기관의 운영에 관한 법률」 개정(안) 연구』. 양대 노총 공공부문 공동대책위원회.

라미경. 2009. "거버넌스 연구의 현재적 쟁점." 『한국거버넌스학회보』 16(3): 91-107.

라영재 · 윤태범. 2013. 『공공기관 경영평가제도 분석과 새로운 모델 개발』. 한국조세재정연구원.

라영재. 2015. "공공기관 경영평가의 특징과 개선방안." 『KIPF 브리프』 제4호. 한국조세재정연구원.

_____. 2018. 『공공기관 경영평가제도 변천과정 연구: '공운법' 제정 이후를 중심으로』. 한국조세재정연구원.

라영재 · 임미화 · 이주경 · 서영빈. 2018. 『공공기관의 혁신방향과 실천방안』. 한국조세재정연구원.

라준영 외. 2017. 「사회성과인센티브 사회성과 측정 매뉴얼」. 사회성과인센티브추진단.

민병찬. 2014.『공공기관 경영실적평가의 문제점과 개선과제, 사업평가 현안분석』 제52호, 국회예산정책처.

박석희 외. 2012.『해외 공공기관 관리기구 연구』. 국회예산정책처.

박성용. 2021. "공공기관 경영평가제도의 주요 변천과정과 향후 과제."『이슈와 논점』 제1886호, 국회입법조사처.

박순애. 2017. "경영평가 패러다임의 변화와 도전과제."『공공기관 경영평가제도 개편을 위한 공개토론회(2017. 11. 16) 자료집』.

박정수 외. 2011.『공기업 지배구조』. 한국조세연구원.

박정수・유효정. 2020.「해외 주요 국가의 공공기관 평가 및 관리방안」. 국회예산정책처.

박철민. 2015. "고용정책조정 성과와 함의."『정책연구』. 제11권 3호. pp. 73-83.

박태주. 2021. "전환의 시대, 공공기관 노조의 길을 묻는다." 공공부문 노동운동 전략 미출간 발표문.

_____. 2016a. "노동은 대안성장전략의 주체가 될 수 있는가: 산별체제 구축을 위한 시론."『노동연구』(제33집), 고려대학교 노동문제연구소.

_____. 2016b. "한국에서 '근로자이사제'의 도입은 어떻게 가능한가: 서울시 투자・출연기관의 시도를 중심으로."『노동법 포럼』, 노동법이론실무학회.

_____. 2016c. "산별노조의 전진은 멈추었는가: 보건의료노조의 산별체제 발전전략을 중심으로." 서울사회경제연구소 엮음.『노동현실과 희망찾기』. 한울.

박태주・이종선・노광표・유병홍. 2017. "공공기관의 노정교섭 및 정책협의 제도화 방안."『노동연구』 35: 39-77.

______. 2019.『공공기관 노정교섭』. 백산서당.

배규식. 2017. "공공기관 노동이사제 도입방안: 유럽의 노동이사제를 참조하여."『노동리뷰』. 한국노동연구원.

배너지・아비지트・뒤플로・에스테르. 김승진. 2020.『힘든 시대를 위한 좋은 경제학』. 생각의 힘.

배응환. 2005. "로컬거버넌스: 갈등에서 협력으로."『지방행정연구』 19(2): 187-215.

서상목・이상우 외. 2019.『가치를 창출하는 사회공헌』. 한국사회복지협의회.

성승재・고재종・이훈종・하영태. 2012.『금융 공공기관 지배구조에 대한 공공기관운영법 법제 개선방안 연구』. 한국법제연구원.

성지은. 2010. “새로운 행정개혁 기조로서 통합형 정부의 등장과 과제.” 『정부와 정책』. 2(2): 1-19.

손호철. 2017. 『촛불혁명과 20-17년체제: 박정희, 87년, 97년 체제를 넘어서』. 서강대학교 출판부.

신용철. 2013. “諸外國の地方公務員の給與決定に關する研究會報告書.” 自治總合センタ.

심재승. 2014. “NPG형 지역재생을 통한 지자체의 발전: 영국의 지자체경영을 중심으로.” 『한국지적정보학회지』 16(2): 93–110.

양기용. 2000. “신공공관리이론의 비판적 고찰과 적용방안: 책임경영기관과 책임경영제를 중심으로.” 『지방정부연구』 4(1): 113-131.

양대노총 공공부문 노동조합 공동대책위원회(2012). 「공공기관 임금정책 연구」.

양승일. 2013. 『뉴거버넌스론』. 온라인행정학전자사전. http://www.kapa21.or.kr/epadic/epadic_view.php?num=865&page=23&term_cate=&term_word=&term_key=&term_auth= 접속일: 2021.7.5.

오건호 외. 2012. 『공공기관 체제 전환의 기본 방향 모색』. 사회공공연구소.

오세윤 · 노시평 · 박희서. 2002. “신공공서비스의 배경과 한국행정에 대한 함의.” 『한국사회와 행정연구』 13(1): 1–19.

오연천. 1999. “공기업 민영화 이후의 바람직한 기업지배구조에 관한 연구: 한국담배인삼공사를 중심으로.” 『행정논총』 제37권 2호: 185-221.

우양호. 2008. “공공서비스 관리이론의 한국적 적실성에 관한 비교연구: 신공공관리론과 신공공서비스론을 중심으로.” 『지방정부연구』 12(2): 249-273.

우윤석. 2021. 『영화로 보는 행정관람』. 서울: 박영사.

______. 2020. “공공기관의 사회적 가치 성과와 이론적 재음미.” 한국조세재정연구원 공공기관연구센터 편. 『2020 공공기관과 국가정책』. 63-126.

______. 2017. “공공기관 주요사업 평가지표의 평가성 검토 (Evaluability Assessment): 공기업 1군을 중심으로 한 탐색적 연구.” 『사회과학논총』 제19호. 숭실대학교 사회과학연구소.

______. 2013. “정부 3.0의 이론적 배경과 해외사례에 관한 연구.” 『사회과학논총』 16: 21–47.

______, 2009. “지방정부 간 협력을 위한 거버넌스 모델의 구상: 미국의 MPO 사례를 중심으로.” 『국토연구』 제60권: 189-214.

______. 2007. “지역개발사업의 통합적 추진방안: 신공공관리적 접근방법을 중심으로.” 『국토연구』 제52권: 17-38.

유병홍・이정봉・허인. 2017.『지방공공기관 노사관계 발전방안—주요 지방자치단체의 공공기관 사례 비교를 중심으로』. 한국노총 중앙연구원.

유병홍・박용철. 2014.『공공부문 및 민간서비스산업 작업장규칙 형성실태 연구(Ⅱ)』. 한국노총 중앙연구원.

유승원, 2013. "공기업 CEO의 정치적 독립성, 이사회 의장 분리, 임원의 전문성과 성과."『한국개발연구』 제35권 2호: 1-39.

윤상우. 2013. "공공기관 지정제도의 문제점과 개선과제."『사업평가현안분석』 제47호. 국회예산정책처.

윤태범. 2015. "우리나라 공공기관 지배구조의 쟁점과 개선방안." 서울행정학회 학술대회 발표논문집.

이갑수. 2021.『ESG, 기업경영의 뉴 패러다임』. 삼성SDS 디지털 금융. https://www.samsungsds.com/kr/insights/esg_paradigm.html

이명석, 2006. "제도, 공유재 그리고 거버넌스."『행정논총』 44(2): 247-275.

이문호. 2016. "서울시 투자출연기관의 집단교섭 및 사적 조정 도입방안 모색." 노사정 서울모델 포럼 제1회 발제자료.

이상철. 2006. "융합적 공기업 지배구조에 관한 연구: 발전적 · 민주적 · 조합주의 모델을 중심으로."『한국행정논집』 제18권3호: 867-890.

이성희・김동배. 2012.『공공부문 임금결정 방식에 관한 연구』. 한국노동연구원.

이승협. 2019. "해외 주요 국가들의 공공기관 관리체계: 독일." 정동관 외『공공부문 인력관리체계 및 임금 결정에 관한 국제 비교연구』. 한국노동연구원.

이제항・박대식. 2017. "공공기관 성과관리의 인과구조 분석: 2009-2012 년도 공기업 및 준정부기관 경영평가결과를 중심으로."『한국행정학보』 제51권 제3호.

이종선・최용희・장재규. 2020.『공공부문 임금체계』. 백산서당.

이주경・김윤승. 2016. "공공기관 이사회 제도 변화에 따른 이사회 운영성과 분석." 서울행정학회 학술대회 발표논문집.

이창길. 2017. "공공기관 거버넌스 모델의 탐색적 연구: 조직 간 네트워크 관점에서."『한국조직학회보』 제14권 제3호.

이형종・송양민. 2021.『ESG 경영과 자본주의 혁신』. 서울: 21세기북스.

정동관・김철・박우성・이승협. 2019.『공공부문 인력관리체계 및 임금 결정에 관한 국제 비교연구』. 한국노동연구원.

정동관・김경근 외. 2020.『공공기관 경영평가제도에 관한 비판적 분석』. 한국노동연구원.

조성한. 2005. “거버넌스에 대한 새로운 이해.”『국가정책연구』 19(2): 47-68.

______, 2020. “신공공관리 행정개혁의 개혁: 민간위탁과 책임운영기관을 중심으로.”『현대사회와 행정』 제30권 제4호.

조수진. 2015. 이명박 정부 자원외교 사례를 중심으로 본 공기업 제도 개선방안(참여연대 행정감시센터, 조세재정개혁센터 주최, 공공기관 개혁 연속토론회 자료집 2015).

조영철. 2014. “공공기관 관리정책의 현황과 개선과제.”『공공기관 관리정책의 진단과 대책』. 국회기획재정위원회 · 국회예산정책처 · 국회국가재정연구포럼 주최 토론회 자료집.

조 택. 2007a. “우리나라 공공기관의 지배구조에 관한 연구.『한국정책과학학회보』 제11권 4호: 251-274.

______. 2007b. “공공기관의 지배구조와 윤리경영 확보방안.”『사회과학연구논총』 18: 115-141.

주재복 · 김필두 · 고경훈. 2005.『지방자치단체의 행정혁신 추진전략에 관한 연구』. 한국지방행정연구원.

채준호. 2012. “영국 공공부문 임금결정시스템 연구: 임금평가기구를 중심으로”『EU학 연구』 제17권. 한국EU학회.

최대식 · 조대엽 외. 2018.『공공부문 쟁점과 사례』. 레인보우북스.

최순영. 2016.『환경변화에 대응한 공무원 보수체계의 개편방안』. 한국행정연구원.

하상진. 2014. “공공부문의 임금결정에 관한 연구.” 한국기술교육대학교 대학원 석사학위 논문.

한국개발연구원(2018).『중장기 미래트렌드와 향후 정책과제』.

한국정보화진흥원(2019). “빅데이터 시대, AI의 새로운 의미와 가치.”『IT & Future Strategy』 제7호: 1-22.

한국조세재정연구원. 2013.『주요국의 공공기관 관리방식』.

한국행정연구원. 2021. “정부혁신 성과와 개선방향 (1): 문재인 정부의 참여혁신 프로그램을 중심으로.” 정부혁신실 정부혁신 1차 포럼 자료.

한상일. 2010. “한국 공공기관의 민주적 책임성과 지배구조.”『한국조직학회보』 제7권 제1호.

한승준. 2020. “공공기관의 특성에 따른 경영실적 평가의 합리성 제고 방안.”『현대사회와 행정』 제30권 제1호.

허경선. 2021. “공공기관의 사회적 가치추구와 재무성과 연구.” 『조세재정브리프』 제111호. 한국조세재정연구원(7.22).

허경선・라영재. 2011. 『공공기관 성과 향상을 위한 공공기관 지배구조의 연구』. 한국조세재정연구원.

허철행, 2009. “신공공관리론과 신공공서비스론의 한국적 적실성.” 『한국지방정부학회 학술대회자료집』 5-22. (2009.11).

황선자. 2004. 『공공부문의 임금결정체계와 개선방안』. 한국노총 중앙연구원.

홍길표. 2012. 『공공기관장 선임제도와 지배구조 개선』. 한국조세재정연구원.

Adams, R. 1992. “Efficiency Is Not Enough.” *Labor Studies Journal*, 17(1), 18-29.

Acemoglu, D. 2002. “Technical Change, Inequality and the Labor Market.” *Journal of Economic Literature*. Vol. 40. 7-72.

__________. 2015. “Social Expenditure.” OECD Social Expenditure Statistics (database), DOI: http://dx.doi.org/10.1787/data-00166-en (Accessed on 21 August 2015).

Alford, J. 1993. “Towards a New Public Management Model: Beyond Managerialism and its Critics.” *Australian Journal of Public Administration*, 52(2), 135-148.

Bell, S., & Hindmoor, A. 2009. *Rethinking Governance: The Centrality of the State in Modern Society*. Cambridge: Cambridge University Press.

Bevir, M. 2007. *Theories of Governance*. ed. M. Bevir. Public Governance. London : SAGE.

Boston, J, et al. 1996. Public Management: The New Zealand Model.” Auckland: Oxford Univ. Press.

Bowen, H. 1953. *Social Responsibilities of Businessmen*. Univ. of Iowa Press.

Bryson, J., B. Crosby and L. Bloomberg. 2014. “Public Value Governance: Moving beyond Traditional Public Administration and the New Public Management.” *Public Administration Review*, 74(4): 445-456.

Carroll, A. 1991. “The Pyramid of Corporate Social Responsibility: Toward the Moral Management of Organizational Stakeholders.” *Business Horizon*,

July-August, 39-48.

Chouinard, J. & Milley, P. 2015. "From New Public Management to New Political Govenance: Implications for Evaluation." *Canadian Journal of Program Evaluation*, 30(1): 1-22.

Christensen, T. & Læegried, P. 2012. "Beyond NPM? Some Development Features." In Christensen, T. & Læegried, P. (eds.) *The Ashgate Research Companion to New Public Management*. Aldershot: Ashgate.

Denhardt, J., & Denhardt, R. 2007. "The New Public Service: Serving, Not Steering." N.Y.: M.E.Sharpe.

________, 2003. "The New Public Service: An Approach to Reform." *International Review of Public Administration*. 8(1): 3-10.

________, 2000. "The New Public Service: Serving Rather than Steering." *Public Administration Review*, 60(6): 549-559.

Dickinson, H. 2016. "From New Public Management to New Public Governance: The Implications for a New Public Service." In J. Butcher & D. Gilchrist (Eds.), *The Three Sector Solution: Delivering Public Policy in Collaboration with Not-For-Profits and Business* (pp. 41–60). ANU Press.

Dunleavy, P., Margetts, H., Bastow, S., and J. Tinkler. 2006. *Digital Era Governance: IT Corporations, the State, and E-Government*. London: Oxford Univ. Press.

Frederickson, H. George. 1999. "The Repositioning of American Public Administration," *Political Science and Politics*. 32: 701-711.

Hardin, Garrett. 1968. "The Tragedy of the Commons." *Science* vol. 162: 1243-1248.

Jessop, B. 2003. "Governance and Meta-Governance: On Reflexivity, Requisite Variety and Requisite Irony." In H. Bang (Ed.), *Governance as Social and Political Communication* (pp. 101–116). Manchester University Press.

_______. 2000. "Governance Failure."In Stoker, G. (ed.) *The New Politics of British Local Governance*. Basingstoke: Macmillan.

_______. 1999. "The Dynamics of Partnership and Governance Failure." In Stoker, G. (ed.) *The New Politics of Local Governance in Britain*. Oxford : Oxford Univ. Press

_______. 1997. "The Governance of Complexity and the Complexity of Governance:

Preliminary Remarks on Some Problems and Limits of Economic Guidance." In Amin, A. and Hausner, J. (Eds.) *Beyond Market and Hierarchy: Interactive Governance and Social Complexity*. Lyme, U.S.: Edward Elgar.

_______. 2000. "Governance Failure. In Stoker, G. (ed.) The New Politics of British Local Governance." Basingstoke: Macmillan.

_______. 1999. "The Dynamics of Partnership and Governance Failure." In (ed.) Stoker, G. *The New Politics of Local Governance in Britain. Oxford*: Oxford Univ. Press

_______. 1997. "The Governance of Complexity and the Complexity of Governance: Preliminary Remarks on Some Problems and Limits of Economic Guidance." In Amin, A. and Hausner, J. (Eds.) *Beyond Market and Hierarchy: Interactive Governance and Social Complexity*. Lyme, U.S.: Edward Elgar.

Jouve, B. 2005. "From Government to Urban Governance in Western Europe: A Critical Analysis." *Administration and Development*, 25, 285-294.

Kramer, R. M. 1994. "Voluntary Agencies and the Contract Culture: Dream or Nightmare?" *Social Service Review*, 68, 33-60.

Light, P. C. 1999. *The New Public Service*. Washington, D.C.: Brookings Institution Press.

Maesschalck, J. 2004. "The Impact of New Public Management Reforms on Public Servants" *Ethics: Towards a Theory*. Public Administration, 82(2), 465-489.

Mulgan, G. 2005. "Joined-up Government: Past, Present and Future." In Bogdanor, V. (ed.) *Joined-Up Governmen*t. Oxford: Oxford Univ. Press, pp. 175-187.

NAO. 2009. *NHS Pay Modernisation in England: Agenda for Change*. London: The Stationery Office.

OECD. 2005a. *OECD Guidelines on Corporate Governance of State -owned Enterprises*. Paris: OECD.

______. 2005b. *2005 Recommendation, provide a set of good practices on the legal and regulatory framework for state-owned enterprises.*

______. 2015a. *OECD Guideline on Corporate Governance of State-owned Enterprises 2015 EDITION*. Paris: OECD.

______. 2015b. *DRAFT RECOMMENDATION OF THE COUNCIL ON*

GUIDELINES ON CORPORATE GOVERNANCE OF STATE-OWNED ENTERPRISES.

Osberg, L., & Sharpe, A. 2005. How should we measure the 'economic' aspects of well-being?. *Review of Income and Wealth*, Vol. 51. No. 2. 311-336.

Osborne, D., & Gaebler, T. 1992. "Reinventing Government: How the Entrepreneurial Spirit Is Transforming the Public Sector." *Reading,* MA: Addison-Wesley.

Osborne, S. P. 2006. "The New Public Governance?"*Public Management Review*, 8(3), 377-388.

______. 2010. *The New Public Governance*. London: Routledge.

______(ed.). 2010. *The New Public Governance? Emerging perspectives on the theory and practice of public governance*. London and New York. Routledge.

Porter, M., & Kramer, M. 2011. Creating Shared Value: How to Reinvent Capitalism and Unleash a Wave of Innovation and Growth,"*Harvard Business Review*, Jan/Fer, 62–77.

Robinson, M. 2015. "From Old Public Administration to the New Public Service: Implications for Public Sector Reform in Developing Countries."UNDP Global Centre for Public Service Excellence.

Rhodes, R. A. W. 2021. "Beyond New Public Governance." In Podger, A., de Percy, M. and Vincent, S. (Eds.). *Politics, Policy and Public Administration in Theory and Practice: Essays in Honour of Professor John Wanna*. ANU Press, The Australian National University, Canberra, Australia.

______. 1997. "Understanding Governance: Policy Networks, Governance," *Reflexivity and Accountability*. Public Policy and Management Series, Milton Keynes, UK: Open University Press.

______, 1996. "The New Governance : Governing without Government." *Political Studies* vol.44. pp. 652-667.

Scharpf, F. 1993. "Coordination in Hierarchies and Networks."In Scharpf, F. W. (ed.) *Games in Hierarchies and Networks: Analytical and Empirical Approaches to the Study of Governance Institutions*. Tennessee: Westview Press Inc. 125-165.

Skelcher, C. 2000. "Changing Images of the State: Overloaded, Hollowed-out, Congested." *Public Policy and Administration*, 15(3), 3–19.

Sorrentino, M., Sicilia, M., & Howlett, M. 2018. "Understanding Co-production as a New Public Governance Tool."*Policy and Society*, 37(3), 277–293.

Stoker, G. 2006. "Public Value Management: A New Narrative for Networked Governance?." *American Review of Public Administration*, 36(1), 41-57.

______. 1998. "Governance as Theory-Five Propositions, International." *Social Science Journal*. vol. 155. Published in UNESCO.

Terry, L. D. 1998. "Administrative Leadership, Neo-Managerialism, and the Public Management Movement." *Public Administration Review*. 58(3).

The Global Compact. 2004. *Who Cares Wins: Connecting Financial Markets to a Changing World.*

https://www.unepfi.org/fileadmin/events/2004/stocks/who_cares_wins_global_compact_2004.pdf.

Torfing, J., & Triantafillou, P. 2013. "What's in a Name? Grasping New Public Governance as a Political-Administrative System." *ECPR General Conference in Bordeaux*, 4-7. September, 2013.

Williamson, Oliver. 1979. "Transaction-Cost Economics: The Governance of Contractual Relations." *The Journal of Law and Economics*, vol.22. 233-261.

부 록

[부록 1] 평가기관 유형 분류 예시(안)

현재의 평가기관 유형을 기관의 특성과 사업을 고려하여 전면적인 개편을 시도해 보고자 한다. 평가기관 유형을 재분류함으로써 유형에 맞는 평가지표체계와 평가기준을 새롭게 정비하고 기관간 형평성 문제를 완화할 수 있을 것으로 기대한다.

평가기관의 유형 분류는 15개 기관을 전후로 평가군을 구성하되, 업종별 기능별로 구분하는 방식으로 진행하고자 한다. 평가기관 유형은 업종 및 기능에 따라 크게 에너지, 금융, 사회간접자본(SOC), 고용복지, 산업지원 등 크게 5가지로 구분하고 이를 다시 세부 기능별로 분류하여 10개의 평가군으로 분류하고자 한다. 자세한 분류는 다음 [표]와 같다.

〈부록 표 1〉 공공기관 경영평가 유형 분류 제안

구 분	공기업		준정부기관		계
	시장형	준시장형	기금관리형	위탁집행형	
에너지 Ⅰ	11	5			16
에너지 Ⅱ			1	8	9
금융		1	9	1	11
SOC Ⅰ	4	8		3	15
SOC Ⅱ		2		10	12
고용복지			1	15	16
산업 지원 Ⅰ	1	4	2	9	16
산업 지원 Ⅱ				13	13
산업 관리				11	11
연구 지원			1	11	12
계	16	20	14	81	131

평가유형 분류 예시(안)에 따른 기관별 구분은 다음과 같다

〈부록 표 2〉 평가 유형

유형		기관명
에너지 (25)	에너지 1 (16)	한국전력공사, 한국남동발전. 한국남부발전, 한국동서발전. 한국서부발전. 한국중부발전, 한국지역난방공사, 한국수력원자력, 한국광물자원공사, 한국석유공사, 한국가스공사, 대한석탄공사, 한국가스기술공사, 한국전력기술
	에너지 2 (9)	한국원자력환경공단, 한국에너지공단, 한국전기안전공사, 한국전력거래소, 한국가스안전공사, 한국석유관리원, 한국가스안전공사, 한국에너지기술평가원, 한국광해관리공단
금융 (11)	금융 (11)	주택도시보증공사, 공무원연금공단, 국민연금공단, 기술보증기금, 사립학교교직원연금공단, 신용보증기금, 예금보험공사, 한국무역보험공사, 한국자산관리공사, 한국주택금융공사, 우체국금융개발원

SOC (27)	SOC 1 (15)	인천국제공항공사, 한국공항공사, 부산항만공사, 인천항만공사, 제주국제자유도시개발센터, 주식회사 에스알, 한국도로공사, 한국철도공사, 한국토지주택공사, 한국수자원공사, 여수광양항만공사, 울산항만공사, 한국농어촌공사, 한국철도시설공단(국가철도공단), 한국산업단지공단
	SOC 2 (12)	한국감정원(한국부동산원), 해양환경공단, 한국해양교통안전공단, 한국교통안전공단, 한국국토정보공사, 도로교통공단, 한국환경공단, 국립공원공단, 국립생태원, 한국시설안전공단(국토안전관리원), 국토교통과학기술진흥원, 한국산림복지진흥원
고용복지 (16)	고용복지 (16)	근로복지공단, 건강보험심사평가원, 국민건강보험공단, 한국산업안전보건공단, 한국산업인력공단, 한국장애인고용공단, 한국보훈복지의료공단, 한국사회보장정보원, 한국고용정보원, 한국건강증진개발원, 한국노인인력개발원, 한국보건복지인력개발원, 한국청소년상담복지개발원, 한국청소년활동진흥원, 한국보건산업진흥원, 한국보육진흥원
산업지원및관리 (52)	산업지원 1 (16)	㈜강원랜드, 그랜드코리아레저(주), 한국마사회, 한국방송광고진흥공사, 한국조폐공사, 중소벤처기업진흥공단, 국민체육진흥공단, 우체국물류지원단, 대한무역투자진흥공사, 소상공인시장진흥공단, 한국관광공사, 한국국제협력단, 한국농수산식품유통공사, 한국수산자원공단, 한국특허전략개발원, 한국임업진흥원
	산업지원 2 (11)	축산물품품질평가원, 한국소비자원, 한국승강기안전공단, 한국산업기술진흥원, 한국인터넷진흥원, 한국식품안전관리인증원, (재)대한건설기계안전관리원, (재)한국우편산업진흥원, 해양수산과학기술진흥원, 농림수산식품교육문화정보원, 한국소방산업기술원
	산업관리 (13)	한국산업기술평가관리원, 한국환경산업기술원, 한국방송통신전파진흥원, 농업기술실용화재단, 한국정보화진흥원, 농림식품기술기획평가원, 정보통신산업진흥원, 중소기업기술정보진흥원, 한국기상산업기술원, 한국디자인진흥원, 농림식품기술기획평가원, 창업진흥원, 한국콘텐츠진흥원
	연구지원 (12)	한국언론진흥재단, 한국연구재단, 한국장학재단, 한국과학창의재단, 한국재정정보원, 한국교육학술정보원, 연구개발특구진흥재단, 한국해양수산연수원, 국제방송교류재단, 시청자미디어재단, 아시아문화원 , 독립기념관

평가기관 유형 분류 예시(안)

〈부록 표 3〉 평가기관 유형 분류 예시(안): 에너지 1

순번	기관명	유형	주무부처	인원	비고
1	한국전력공사	시장형	산업통상자원부	23,353	
2	한국남동발전	시장형	산업통상자원부	2,545	
3	한국남부발전	시장형	산업통상자원부	2,472	
4	한국동서발전	시장형	산업통상자원부	2,576	
5	한국서부발전	시장형	산업통상자원부	2,551	
6	한국중부발전	시장형	산업통상자원부	2,774	
7	한국지역난방공사	시장형	산업통상자원부	2,129	
8	한국수력원자력	시장형	산업통상자원부	12,591	
9	한국광물자원공사	시장형	산업통상자원부	551	
10	한국석유공사	시장형	산업통상자원부	1,472	
11	한국가스공사	시장형	산업통상자원부	4,272	
12	대한석탄공사	준시장형	산업통상자원부	1,002	
13	한국가스기술공사	준시장형	산업통상자원부	1,713	
14	한국전력기술	준시장형	산업통상자원부	2,371	
15	한전KDN	준시장형	산업통상자원부	2,829	
16	한전KPS	준시장형	산업통상자원부	6,617	

〈부록 표 4〉 평가기관 유형 분류 예시(안): 에너지 2

순번	기관명	기관유형	주무부처	인원수	비고
1	한국원자력환경공단	기금관리형	산업통상자원부	405	
2	한국에너지공단	위탁집행형	산업통상자원부	183	
3	한국전기안전공사	위탁집행형	산업통상자원부	3,078	
4	한국전력거래소	위탁집행형	산업통상자원부	512	
5	한국가스안전공사	위탁집행형	산업통상자원부	1,546	
6	한국석유관리원	위탁집행형	산업통상자원부	434	
7	한국가스안전공사	위탁집행형	산업통상자원부	1,546	
8	한국에너지기술평가원	위탁집행형	산업통상자원부	167	강소형
9	한국광해관리공단	위탁집행형	산업통상자원부	314	강소형

〈부록 표 5〉 평가기관 유형 분류 예시(안): 금융

순번	기관명	유형	주무부처	인원	비고
1	주택도시보증공사	준시장형	국토교통부	819	
2	공무원연금공단	기금관리형	인사혁신처	662	
3	국민연금공단	기금관리형	보건복지부	7,396	
4	기술보증기금	기금관리형	중소벤처기업부	1,454	
5	사립학교교직원연금공단	기금관리형	교육부	239	
6	신용보증기금	기금관리형	금융위원회	2,716	
7	예금보험공사	기금관리형	금융위원회	804	
8	한국무역보험공사	기금관리형	산업통상자원부	757	
9	한국자산관리공사	기금관리형	금융위원회	1,682	
10	한국주택금융공사	기금관리형	금융위원회	909	
11	우체국금융개발원	위탁집행형	과학기술정보통신부	760	

〈부록 표 6〉 평가기관 유형 분류 예시(안): SOC 구축

순번	기관명	유형	주무부처	인원	비고
1	인천국제공항공사	시장형	국토교통부	1,641	
2	한국공항공사	시장형	국토교통부	2,622	
3	부산항만공사	시장형	해양수산부	245	
4	인천항만공사	시장형	해양수산부	271	
5	제주국제자유도시개발센터	준시장형	국토교통부	367	
6	주식회사 에스알	준시장형	국토교통부	668	
7	한국도로공사	준시장형	국토교통부	5,515	
8	한국철도공사	준시장형	국토교통부	32,430	
9	한국토지주택공사	준시장형	국토교통부	9,456	
10	한국수자원공사	준시장형	환경부	6,112	
11	여수광양항만공사	준시장형	해양수산부	155	
12	울산항만공사	준시장형	해양수산부	113	
13	한국농어촌공사	위탁집행형	농림축산식품부	6,811	
14	한국철도시설공단 (국가철도공단)	위탁집행형	국토교통부	2,018	기관명 변경
15	한국산업단지공단	위탁집행형	산업통상자원부	609	

〈부록 표 7〉 평가기관 유형 분류 예시(안): SOC · 환경 관리

순번	기관명	유형	주무부처	인원	비고
1	한국감정원(한국부동산원)	준시장형	국토교통부	1,009	명칭 변경
2	해양환경공단	준시장형	해양수산부	699	
3	한국해양교통안전공단	위탁집행형	해양수산부	470	
4	한국교통안전공단	위탁집행형	국토교통부	1,763	
5	한국국토정보공사	위탁집행형	국토교통부	4,516	
6	도로교통공단	위탁집행형	경찰청	3,001	
7	한국환경공단	위탁집행형	환경부	2,997	
8	국립공원공단	위탁집행형	환경부	2,538	
9	국립생태원	위탁집행형	환경부	601	
10	한국시설안전공단 (국토안전관리원)	위탁집행형	국토교통부	662	명칭 변경
11	국토교통과학기술진흥원	위탁집행형	국토교통부	144	강소형
12	한국산림복지진흥원	위탁집행형	산림청	405	강소형

〈부록 표 8〉 평가기관 유형 분류 예시(안): 고용복지

순번	기관명	유형	주무부처	인원	비고
1	근로복지공단	기금관리형	고용노동부	9,481	
2	건강보험심사평가원	위탁집행형	보건복지부	3,630	
3	국민건강보험공단	위탁집행형	보건복지부	16,145	
4	한국산업안전보건공단	위탁집행형	고용노동부	1,988	
5	한국산업인력공단	위탁집행형	고용노동부	1,856	
6	한국장애인고용공단	위탁집행형	고용노동부	1,212	
7	한국보훈복지의료공단	위탁집행형	국가보훈처	6,795	
8	한국사회보장정보원	위탁집행형	보건복지부	403	
9	한국고용정보원	위탁집행형	고용노동부	477	
10	한국건강증진개발원	위탁집행형	보건복지부	151	강소형
11	한국노인인력개발원	위탁집행형	보건복지부	150	강소형
12	한국보건복지인력개발원	위탁집행형	보건복지부	254	강소형
13	한국청소년상담복지개발원	위탁집행형	여성가족부	184	강소형
14	한국청소년활동진흥원	위탁집행형	여성가족부	217	강소형
15	한국보건산업진흥원	위탁집행형	보건복지부	385	강소형
16	한국보육진흥원	위탁집행형	보건복지부	371	강소형

〈부록 표 9〉 평가기관 유형 분류 예시(안): 산업지원 1

순번	기관명	유형	주무부처	인원	비고
1	(주)강원랜드	시장형	산업통상자원부	3,745	
2	그랜드코리아레저(주)	준시장형	문화체육관광부	1,880	
3	한국마사회	준시장형	농림축산식품부	3,160	
4	한국방송광고진흥공사	준시장형	방송통신위원회	316	
5	한국조폐공사	준시장형	기획재정부	1,562	
6	중소벤처기업진흥공단	기금관리형	중소벤처기업부	1,351	
7	국민체육진흥공단	기금관리형	문화체육관광부	1,711	
8	우체국물류지원단	위탁집행형	과학기술정보통신부	1,609	
9	대한무역투자진흥공사	위탁집행형	산업통상자원부	1,255	
10	소상공인시장진흥공단	위탁집행형	중소벤처기업부	730	
11	한국관광공사	위탁집행형	문화체육관광부	731	
12	한국국제협력단	위탁집행형	외교부	573	
13	한국농수산식품유통공사	위탁집행형	농림축산식품부	875	
14	한국수산자원공단	위탁집행형	해양수산부	330	강소형
15	한국특허전략개발원	위탁집행형	특허청	230	강소형
16	한국임업진흥원	위탁집행형	산림청	240	강소형

〈부록 표 10〉 평가기관 유형 분류 예시(안): 산업지원 2

순번	기관명	유형	주무부처	인원	비고
1	축산물품품질평가원	위탁집행형	농림축산식품부	411	
2	한국소비자원	위탁집행형	공정거래위	497	
3	한국승강기안전공단	위탁집행형	행정안전부	1,502	
4	한국산업기술진흥원	위탁집행형	산업통상자원부	398	
5	한국인터넷진흥원	위탁집행형	과학기술정보통신부	766	
6	한국식품안전관리인증원	위탁집행형	식품의약품안전처	242	강소형
7	(재)대한건설기계안전관리원	위탁집행형	국토교통부	198	강소형
8	(재)한국우편산업진흥원	위탁집행형	과학기술정보통신부	506	강소형
9	해양수산과학기술진흥원	위탁집행형	해양수산부	89	강소형
10	농림수산식품교육문화정보원	위탁집행형	농림축산식품부	156	강소형
11	한국소방산업기술원	위탁집행형	소방청	291	강소형

〈부록 표 11〉 평가기관 유형 분류 예시(안): 산업관리

순번	기관명	유형	주무부처	인원	비고
1	한국산업기술평가관리원	위탁집행형	산업통상자원부	391	강소형
2	한국환경산업기술원	위탁집행형	환경부	635	
3	한국방송통신전파진흥원	위탁집행형	과학기술정보통신부	540	
4	농업기술실용화재단	위탁집행형	농촌진흥청	315	강소형
5	한국정보화진흥원	위탁집행형	과학기술정보통신부	667	강소형
6	농림식품기술기획평가원	위탁집행형	농림축산식품부	86	강소형
7	정보통신산업진흥원	위탁집행형	과학기술정보통신부	426	강소형
8	중소기업기술정보진흥원	위탁집행형	중소벤처기업부	216	강소형
9	한국기상산업기술원	위탁집행형	기상청	148	강소형
10	한국디자인진흥원	위탁집행형	산업통상자원부	136	강소형
11	농림식품기술기획평가원	위탁집행형	농림축산식품부	86	강소형
12	창업진흥원	위탁집행형	중소벤처기업부	202	강소형
13	한국콘텐츠진흥원	위탁집행형	문화체육관광부	510	강소형

〈부록 표 12〉 평가기관 유형 분류 예시(안): 연구지원

순번	기관명	유형	주무부처	인원	비고
1	한국언론진흥재단	기금관리형	문화체육관광부	206	강소형
2	한국연구재단	위탁집행형	과학기술정보통신부	581	
3	한국장학재단	위탁집행형	교육부	176	
4	한국과학창의재단	위탁집행형	과학기술정보통신부	184	강소형
5	한국재정정보원	위탁집행형	기획재정부	230	강소형
6	한국교육학술정보원	위탁집행형	교육부	322	강소형
7	연구개발특구진흥재단	위탁집행형	과학기술정보통신부	145	강소형
8	한국해양수산연수원	위탁집행형	해양수산부	241	강소형
9	국제방송교류재단	위탁집행형	문화체육관광부	228	강소형
10	시청자미디어재단	위탁집행형	방송통신위원회	225	강소형
11	아시아문화원	위탁집행형	문화체육관광부	249	강소형
12	독립기념관	위탁집행형	국가보훈처	145	강소형

[부록 2] 경영평가 인식조사 설문

공공기관 경영평가제도 인식 조사

ID				

안녕하십니까?

본 조사는 「공공성 실현을 위한 공공기관 거버넌스 연구」의 일환으로 공공기관 경영평가제도에 대한 인식 조사입니다. 본 조사는 공공기관 경영평가제도 개선 방향에 대한 연구 자료로 활용되며, 연구 목적 이외에는 사용되지 않습니다.

바쁘시더라도 각 문항에 빠짐없이 응답해 주십시오.

감사합니다.

2021년 7월

기관 기초 현황

<table>
<tr><td>기관명</td><td></td><td>기관 유형</td><td></td></tr>
<tr><td colspan="4">기관명을 밝히기 곤란하다고 생각하시면, 기관의 유형을 아래에서 골라 표시하여 주십시오.
① 공기업Ⅰ ② 공기업Ⅱ ③ 기금관리형 준정부기관
④ 위탁집행형 준정부기관 ⑤ 강소형 준정부기관 ⑥ 기타( )</td></tr>
<tr><td>경영평가등급</td><td colspan="3">□ 2018년 ( ) □ 2019년 ( ) □ 2020년 ( )</td></tr>
<tr><td>기관의
주요 목적
(고유 업무)</td><td colspan="3"></td></tr>
</table>

※ 다음 질문들에 대하여 지면에 구애받지 말고 조정하여 답변해 주시면 됩니다.

Ⅰ. 경영평가 지표와 관련된 질문입니다.

1. 공공기관 경영실적 평가체계를 보면, 경영실적 평가의 주요 범주를 경영관리와 주요사업 2개 범주로 구성하고 범주에 따른 평가 지표를 제시하고 있습니다. 현재의 평가 기준이 귀 기관의 경영실적 평가에 적절하다고 생각하십니까?
적절하다/적절하지 않다고 생각하신다면, 어떤 점에서 적절하다/적절하지 못하다고 생각하십니까?

2. 경영 평가 지표는 비계량과 계량으로 구분하여 가중치를 주고 있습니다. 이들 지표 중에서 귀 기관의 경영실적을 평가할 때, 계량화하기 어렵다고 생각하는 지표는 어떤 것입니까? 그 이유는 무엇입니까?

2-1. 계량화하기 어려운 지표로 인해, 귀 기관의 경영평가에 불리하게 작용한 사례가 있습니까? 있다면 어떠한 사례였습니까?

3, 경영평가 지표 중 귀 기관의 사업 수행에서 반영하기 어려운 지표가 있다면 어떤 것입니까? 또한, 그 이유는 무엇입니까?

4. 경영평가 지표와 귀 기관의 본연 임무(기관 설립목적)이 서로 충돌하는 경우가 있습니까? 있다면 무엇이고, 그 충돌을 어떻게 해결합니까?

5. 현 정부에서 사회적 가치 지표를 새롭게 경영평가 지표에 반영하였습니다. 사회적 가치지표의 반영으로 인해 귀 기관에 미친 영향이 있습니까? 있다면 어떤 점인지 말씀해 주십시오.

6. 귀 기관의 특성을 고려할 때, 평가 지표(기준)에 들어가면 좋겠다고 생각하시는 것이 있으시면 말씀해 주십시오.

Ⅱ. 경영평가 과정과 관련된 질문입니다.

7. 귀 기관의 경영실적 평가를 수행하는 경영평가단이 어떻게 구성되어 있는지 알고 계십니까? 경영평가단의 구성이 적절하다고 생각하십니까?
적절하다/적절하지 않다고 생각하신다면, 어떤 점에서 적절하다/적절하지 못하다고 생각하십니까?

8. 경영평가단이 귀 기관에 대한 경영실적을 평가하는 기간은 어느 정도 됩니까? 또한 평가기간 동안 귀 기관 혹은 귀하(경영평가 담당자)께서 느끼시는 애로나 문제점이 있다면 어떤 것입니까?

9. 귀 기관 혹은 귀하께서 경영평가 과정에 대하여 불만사항이 있다면, 어떤 것입니까?

Ⅲ. 경영평가 결과에 대한 질문입니다.

10. 경영평가는 공공기관 경영평가 편람에 의거하여 수행됩니다. 경영평가 결과가 경영평가 편람내용에 의거하여 잘 수행되었다고 생각하십니까? 그렇다/아니다라면, 어떤 점에서 그렇다/아니다라고 생각하십니까?

11. 경영실적 평가 결과에 따른 후속 조치(인사상 조치, 기관 대우, 성과급 지급 관련 등)의 사례 중에서 기억에 남거나 불만이었던 조치가 있었습니까? 있다면, 어떤 사례였는지 말씀해 주십시오.

11-1. 후속조치에 대하여 귀 기관의 구성원들의 반응은 어떠하였습니까?

12. 경영실적 평가 보고서의 평가 내용을 기관 경영에 활용(예, 경영 및 사업계획 수정, 조직 개편 등)한 적이 있습니까? 있다면, 어떤 것이었습니까?

Ⅳ. 기타 질문입니다.

13. 경영평가 편람에 따르면, 경영평가제도는 공기업·준정부기관의 자율·책임경영체계 확립을 위한 공정하고 객관적 제도입니다. 귀하께서는 경영평가제도가 귀 기관의 자율성과 책임성 강화에 도움을 주고 있다고 생각하십니까? 그렇게 생각하시는 이유는 무엇입니까?

14. 경영평가제도에서 가장 바뀌었으면 하는 점이 있다면, 무엇입니까?

오랜 시간 조사에 응해주신 것에 대해 다시 한 번 감사드립니다.

찾아보기

필자소개

박태주

고려대학교 노동문제연구소 선임연구위원

영국 Warwick대학교에서 Industrial Business로 박사학위를 받았다. 경제사회노동위원회 상임위원, 산업노동학회 회장 등을 지냈으며 전국전문기술노동조합연맹(현 공공운수노동조합) 위원장 등으로 일했다. 저서로는 『현대자동차에는 한국 노사관계가 있다』, 『공공기관 노정교섭』(공저) 등이 있다.

이종선

고려대학교 노동문제연구소 부소장

고려대학교 사회학과를 졸업하고 동 대학원에서 사회학 박사학위를 받았으며. 한국직업능력개발원 부연구위원, 대통령비서실 사회정책비서관실 행정관으로 근무하였다. 그뒤 미국 켄트주립대학교에서 정책행정 및 분석을 세부전공으로 정치학 박사학위를 수여받았다. 저서로는 『DJ 정부의 구조개혁과 노동시장 변화』, 『세계의 지역혁신체계』(공저), 『공공기관 임금체계』 등이 있다.

이원희

한경대학교 총장

서울대학교 경제학과를 졸업, 동 대학 행정대학원에서 석사, 박사를 취득했다. 국회입법조사분석실 재정담당 연구관, 한경대 행정학과 교수, 조세재정연구원 공공기관 연구센터 소장. 한국정부회계학회 회장. 한국행정학회 회장, 지방공기업평가단장을 역임했으며 현재 한경대학교 총장으로 재직하며, 공공기관운영위원으로 활동하고 있다. 주요 저서로 『열린 행정학, 나라살림 이야기』 등이 있다.

우윤석

숭실대학교 행정학부 교수, 대외협력실장

서울대학교 학사, 동 행정대학원 석사, 영국 카디프 대학교 박사 학위를 취득하였다. 제36회 행정고등고시에 합격하여 국토교통부 서기관, 대통령자문 국가균형발전위원회 과장으로 근무하였고, 국무조정실 정부업무평가위원, 기재부 공공기관 경영평가위원 등을 역임하였다. 저서로는 『영화로 보는 행정관람』, 『성공하는 정부를 위한 제언』(공저), 『공공부문의 성과측정과 관리』(공저) 등이 있다.

김성희

산업노동정책연구소 소장

고려대학교 경제학과를 졸업하고 동 대학원에서 경제학 박사학위를 받았다. 사)한국비정규노동센터 소장, 한국노총 중앙연구원 연구조정실장, 서울노동권익센터 소장으로 근무했고 고려대학교 노동대학원에서 강의하고 있다. 저서로는 『노동시간단축의 쟁점과 과제』, 『고용구조재편의 세계적 추세와 노동조합의 대응』(편저), 『비정규 노동과 사회양극화』 등이 있다.

김종권

(사)정책연구소 이음 책임연구원

고려대학교 경영학과를 졸업하고 성공회대학교 사회학과에서 석사학위를 받았으며, 고려대학교 사회학과에서 박사과정을 수료했다. 다른백년

연구원 연구위원을 거쳐 연구실장으로 근무했으며, 이후 정책연구소 이음의 소장을 역임하였다. 현재는 정책연구소 이음의 책임연구원으로서 한국 사회의 불평등과 노동문제에 관한 연구를 진행하고 있다.

남태섭
한국노총 전국공공산업노동조합연맹 정책기획실장
고려대학교 서어서문학과를 졸업하고, 동 대학 에너지환경대학원에서 공학석사학위를 받았으며, 현재는 동 대학 노동학 박사과정을 수료중에 있다. (주)한국동서발전에 근무하며 당지화력지부 위원장, 동서발전노동조합 위원장을 역임하고, 현재는 한국노총 전국공공산업노동조합연맹 정책기획실장으로 일하고 있다.

노동학총서 8

공공성 실현을 위한 공공기관 거버넌스

초판 제1쇄 펴낸날 : 2022. 12. 31.

지은이 : 박태주 · 이종선 · 이원희 · 우윤석 ·
김성희 · 김종권 · 남태섭

펴낸이 : 김 철 미

펴낸곳 : 백산서당

등록 : 제10-42(1979.12.29)
주소 : 서울 은평구 통일로 885(갈현동, 준빌딩 3층)
전화 : 02)2268-0012(代)
팩스 : 02)2268-0048
이메일 : bshj@chol.com

값 30,000원

ISBN 978-89-7327-846-6 93330